KB235471

다른 누군가의 세기

다른 누군가의 세기

다른 누군가의 세기

탈서구 시대, 이제 아시아가 답할 차례다

Somebody Else's Century

패트릭 스미스 지음 | 노시내 옮김

마티

국립중앙도서관 출판시도서목록(CIP)

다른 누군가의 세기 / 패트릭 스미스 지음, 노시내 옮김
― 서울 : 마티, 2011
p.304; 152×220mm

원표제: Somebody else's century
원저자명: Patrick Smith
영어 원작을 한국어로 번역
ISBN 978-89-92053-43-3 03900 : ₩15000

아시아[Asia]

309.11-KDC5
950-DDC21   CIP2011001677

다른 누군가의 세기; 탈서구 시대, 이제 아시아가 답할 차례다

패트릭 스미스 지음 | 노시내 옮김

초판 1쇄 인쇄 2011년 4월 25일
초판 1쇄 발행 2011년 5월 2일

발행처 · 도서출판 마티 ㅣ 출판등록 · 2005년 4월 13일 ㅣ 등록번호 · 제2005-22호
편집 · 이창연 ㅣ 마케팅 · 오주형 ㅣ 디자인 · 이원재
주소 · 서울시 마포구 서교동 481-13번지 2층 (121-839)
전화 · 02. 333. 3110 ㅣ 팩스 · 02. 333. 3169 ㅣ 이메일 · matibook@naver.com
블로그 · http://blog.naver.com/matibook ㅣ 트위터 · http://twitter.com/matibook

값 15,000원   ISBN 978-89-92053-43-3   (03900)

역사는,
동서를 나누는 상상의 경계선을
번갈아 넘나드는 움직임으로 규정된다.
_ 헤로도토스, 『역사』

들어가며 **역사의 굴곡**

1장 **서예와 시계**

*** 일러두기**

• 일본인과 중국인은 외국인에게 자기 이름을 소개할 때 다양한 표기방식을 택한다. 이 책에서도 이름을 표기할 때, 정해진 규칙을 따르기보다는 개인의 선호를 존중했다. 따라서 경우에 따라 성이 이름보다 먼저 올 때도 있고, 이름이 성보다 앞에 올 때도 있다. 무엇이 성이고 무엇이 이름인지는 맥락상, 혹은 반복되면서 자연스럽게 알 수 있을 것이다.

• 인도의 도시 이름을 표기하는 데도 일정한 고려가 필요했다. 예를 들어 '봄베이'냐 '뭄바이'냐, '캘커타'냐 '콜카타'냐 하는 문제가 있었다. 나는 영국 식민통치 시절에 널리 사용되고 인도 독립 후에도 한동안 통용되던 도시명을 사용하기로 했다. 일부 독자에게는 그게 더 익숙하리라는 이유도 있고, 또 그럼으로써 역사의 한 단면이 온전히 드러나는 효과도 누릴 수 있다고 판단했다.

우리가 겪고 있는 정체성 위기의 원인을 밝힌다

패트릭 스미스 선생은 저명한 저널리스트이자 저술가로서, 미국 동아시아학의 태두 찰머스 존슨Chalmers Johnson 교수, 일본 사람보다 일본을 더 잘 이해한다는 영국의 로널드 도어Ronald Dore 교수 등과 함께 동서양을 넘나드는 시각으로 동양을 이해하고, 어떤 면에서는 동양인보다 동양을 더 잘 이해하는, 세계적으로 드문 분이다.

나와 스미스 선생의 인연은 1998년 초로 거슬러 올라간다.

당시 태국, 인도네시아, 말레이시아, 한국 등 아시아 국가에서 금융 위기가 연달아 터지자(1997년 하반기), 미국과 영국을 비롯한 서양의 정책 입안자들, 주류 경제학자들, 그리고 주류 언론들은 아시아 금융 위기의 원인이 아시아 국가들이 제대로 된 시장자본주의를 하지 않고 '정실 자본주의'를 했기 때문이라고 일제히 공격을 퍼부었다. IMF 수뇌부와 미국 고위 공직자들은 특히 한국의 경우는 정실 자본주의에 더해, 시장을 왜

곡하는 정책, 재벌이라는 기형적 기업 등 잘못된 요소가 더 많다고 한국 정부를 압박하면서 전면적인 개혁을 요구하고 나섰다.

나는 그즈음 미국을 비롯한 서구를 중심으로 전 세계적으로 퍼져가던 아시아 경제에 대한 잘못된 시각을 바로잡고자 나름대로 노력하고 있었다. 지금에야 많은 사람들이 인정하지만, 그때만 하더라도 우리나라의 경제 위기가 지나친 정부 개입이나 재벌 구조 때문이 아니라 지나친 규제 완화에서 기인한 것이라는 나의 견해는 소수 의견에 불과했다. IMF가 우리나라를 비롯한 아시아 국가들에 내린 정부 지출 삭감, 고이자율, 부실 금융기관들의 급격한 청산 등의 처방은 병세를 더 악화시킨다는 주장도 1998년 초에는 '물정 모르는 소리' 취급을 받았다. 지금은 도미닉 스트라우스-칸Dominique Strauss-Kahn 총재를 위시해 IMF도 그릇된 판단을 인정하지만 말이다.

'소수 의견'이 실제 정책 방향에 조금이라도 영향을 주려면, 학술 논문으로는 역부족이었다. 상황은 시시각각 급변하는데, 학술 논문이 출간되려면 아무리 짧아도 1년은 걸리기 때문이다. 고민 끝에 국제 언론, 특히 세계 언론을 지배하는 영미계 언론에 의견을 발표하는 것이 중요하다는 결론을 내렸다. 하지만 30대 중반, 교수가 된 지 7년 남짓한 소장 학자, 그것도 비주류 시각을 가진 학자가 영미계 주류 언론의 벽을 뚫기는 어려웠다. 한국이 IMF와 협정을 체결한 지 얼마 되지 않은 1997년 12월에 『엘에이 타임스』에 한 편의 글을 실을 수 있었지만, 국제 정책 논쟁의 중심에 있는 신문은 아니었기에 영향력이 그리 크지는 않았다. 그러던 중에 찰머스 존슨 교수의 소개로 알게 된 스미스 선생이 다리를 놓아주고 글도 다듬어 준 덕분에 아시아 경제에 대한 논쟁의 장이던 주요 매체 가운데 하나인 『인터내셔널 헤럴드트리뷴』에 글을 실을 수 있었고, 그 글이

나름대로 국제적으로 영향을 미치게 되었다. 나와 스미스 선생의 첫 인연이었다.

스미스 선생과 나의 인연을 맺어준 아시아 경제 위기가 이 책에서 직접 거론되지는 않지만, 한국이 해방, 특히 외환 위기 이후 걸어온 길을 이해하는 데에 이 책의 문제의식은 결정적이다.

외환 위기 이후, '한강의 기적'을 일으킨 경제 체제의 근간을 바꾸는 대규모 구조조정을 시작한 계기가 (IMF가 되었건, 신용평가 기관들이 되었건, 외국인 투자자들이 되었건) 비단 금융시장을 통한 외부의 압력 때문 만은 아니다. 우리가 급진적인 개혁을 하게 된 데에는 스미스 선생이 이 책에서 이야기하는, 무조건 서양을 따라야 한다는 강박 관념이 다분히 작용했다. 단순히 서양의 물질적인 것(용)만 모방하는 것이 아니라 기업 지배구조, 정부의 역할, 노사관계 등 제도적, 정신적인 것(체)까지 바꾸어야 한다는 강박이었다.

물론 박정희 시대로 대표되는 소위 '개발 시대'에도 미국을 비롯한 서양을 모방하려는 생각은 굴뚝 같았다. 1970년대 내가 초등학생이던 시절, "미국 가면 거지도 양담배 피우고 애들도 다 영어 할 줄 안다더라"는 농담이 유행했다. 유치한 농이지만, 나는 아직도 이 말이 미국에 대한 깊은 열등감과 막연한 동경, 미국을 그대로 따라할 수 없다는 자괴감을 동시에 잘 드러낸다고 생각한다.

1970년대의 한국은 경제 수준이 낮아서 '미국식'으로 할 수 없었던 일이 많았다. 예를 들어, 양담배 수입 금지는 미국식 자유시장주의의 근간인 '소비자 선택권'을 제약한다 하더라도, 국내 사정을 고려할 때 필요한 조치였다. 첫째, 정부가 세금을 걷을 능력이 떨어져 담배 같은 기호품을 독점판매(전매)해서라도 재원을 마련해야 했고, 전매 수익을 최대화하기 위해서는 수입 금지를 통해 더 좋은 경쟁품(양담배)들의 시장 진입을 원천 봉쇄하는 것이 가장 효과적이었기 때문이다. 둘째, 당시 우리나라는 목숨을 걸고 수출에 매달려 외화를 벌어들었지만, 항상 무역 적자에 시달렸고, 벌어들인 외화를 기계나 원자재 수입에 다시 소비해야 했기에, 담배, 위스키, 자동차 등 '사치재' 수입을 최소화해야만 했다.

양담배 문제를 넘어서 상황을 더 크게 보면, 일인당 소득이 미국을 비롯한 선진국의 5퍼센트에도 못 미치는 후진국에서 산업화를 하려니 (관세 및 보조금을 통한 유치산업 보호, 경제개발 5개년 계획, '정책 금융'을 통한 투자에 대한 통제, 포항제철 등 국영기업의 적극적인 이용 등) '미국식'과 거리가 먼 정책을 쓰지 않을 수 없었던 것이다.『사다리 걷어차기』『나쁜 사마리아인』『그들이 말하지 않는 23가지』에서 자세히 설명했듯, 미국이 유치산업 보호의 본산지임에도 그런 실상도 당시에 거의 알려지지 않았다.

이렇듯 경제 조건에 의해 '미국식'이 아닌 '다른 식'으로 자본주의를 하면서도 근저에는 항상 한국의 자본주의는 뭔가 왜곡되고 잘못된 것이고, 서양 선진국, 특히 미국을 따라해야 제대로 된 자본주의라는 생각이 깔려 있었다. 그러다가 7~80년대를 거치면서 경제가 발전하자, 유치산업 보호라던가 사치품 수입 규제 등 가난해서 '할 수 없이' 해오던 '잘못된' 정책들의 필요성이 상대적으로 줄어들었고, 동시에 개방과 규제 완화를 통해 '제대로 된' 자본주의를 해야 한다는 주장이 힘을 얻기 시작했다. 80년대 말에서 90년대 초에 이르면 대부분의 엘리트들이 이런 생각을 하게 되어 90년대 초 김영삼 정부를 맞아 정책으로 실현된다. 경제개발 5개년 계획이 폐지되고, (일부 첨단사업 지원을 제외한) 산업정책이 폐기되고, 무엇보다도 금융시장의 대규모 자유화 및 일부 개방이 이루어진 것이다.

1997년 금융 위기가 닥치자 김대중 정부는 그나마 남아 있던 외국 자본에 대한 자본시장 진입 규제마저 폐기했고, 무역 업무가 상공부에서 외무부로 이전되면서 산업정책은 그야말로 유명무실해졌다. 이어 '고용 유연성의 증진'이라는 미사여구 아래 노동자의 권리는 약화되고 고용은 불안정해졌다. 노무현 정부는 이런 정책들을 계승하는 데 나아가, 우리나라를 금융, 물류 등에서 동북아의 '허브'로 만든다는 명목으로 규제완화와 개방을 한 발 더 진전시켰고, 집권 후반부에는 한미 FTA 협상을 시작해 우리의 제도를 완전히 미국식으로 뜯어 고치는 노선을 택했다. 이명박 정부가 이전 정부보다 한국의 '미국화'에 훨씬 더 적극적이라는 사실은 더 길게 설명할 필요도 없을 것이다.

이런 흐름 속에서 국민도 '미국화'를 대대적으로 수용해 왔다. 미국에서 교육을 받고 미국식으로 사고하는 엘리트들이 득세를 하면서 영어를 배워야 새 시대의 흐름에 동참할 수 있다는 생각에 많은 국민들이 엄청난 시간과 돈을 들여 영어를 배우기 시작했고, 대학은 질을 막론하고 영어강의 비율을 높이는 것이 교육의 질을 높이는 것처럼 부채질을 했으며, 정부도 영어교육에 막대한 자원을 투입하고 나섰다.

그렇다면 우리나라를 '미국화'해서 얻은 결과가 무엇인가? 이전보다 성장이 더뎌지고, 불평등도 늘어나고, 무엇보다도 국민들의 고용과 생활이 비교조차 할 수 없을 만큼 불안해졌다. 국민들이 몸으로 느끼는 현실이니 더 이상 이야기할 필요가 없다고 본다. 장기적으로 더 큰 문제는 이 책에서 스미스 선생이 이야기하는 서구식 근대화의 극복, 근대라는 개념의 새로운 규정 등 지금 세계적으로 진행되고 있는 '탈서구화'의 흐름을 우리나라만 역주행하고 있다는 점이다.

북한처럼 '우리 식으로 살자'며 억지를 부리는 것도 곤란하지만, 경제 발전을 이룬 일본을 필두로 한 다른 비서구 국가들이 19세기식의 서구에 대한 열등감에서 서서히 벗어나 새로운 세계관을 건설하기 시작한 반면 왜 우리는—하다못해 박정희 식의 '한체서용'적 접근마저도 못 하고—이룰 수도 없는 완전한 서구화를 추구하면서 '나 홀로 역주행'을 하고 있는 것일까? 세계적으로 예를 찾기 힘든 정체성의 위기라 하지 않을 수 없다.

게다가 지금 우리가 추구하는 서구화는 일반적인 의미의 서구 지향도 아니다. 오직 미국을 모방하는 미국화이다. 그나마 이마저도 미국 역사에 관한 진지한 이해를 바탕하지 않은 지극히 편협하게 해석된 미국식 신자유주의를 모방하는 것이기에 더 걱정이 크다.

경제학자인 나는 지금 우리가 겪고 있는 정체성의 위기를 날카롭게 분석할 능력이 없다. 스미스 선생이 한국을 직접 다루고 있지는 않지만, 이 책은 현재 우리가 겪고 있는 정체성 위기의 원인을 밝히고 그에 대한 해결책을 도모하는 데 귀중한 통찰력을 제공한다.

중국, 일본, 인도 등 아시아 각국의 역사를 대하는 태도, 근대화 과정 등을 자신의 경험과 엮어가며 아시아의 탈서구 시대를 그리는 스미스 선생의 여행에 많은 한국 독자들이 동참하기를 기대한다.

2011년 3월

장하준

추천사

유혹하는 자와 유혹당하는 자

2005년 가을 나는 홍콩에서 『인터내셔널 헤럴드트리뷴』 아시아판 편집을 담당하면서 이 책에 담을 내용을 정리하고 있었다. 그때 기억이 생생하다. 줄기세포 논문을 조작해 명예가 실추된 한국 과학자 '황우석 사건'이 당시 우리가 다루던 주요 뉴스 가운데 하나였다. 우리 신문의 서울 특파원이자 친애하는 친구 최상훈 기자는 연일 '황우석 사건'에 관한 기사를 작성했다. 최 기자의 기사는 늘 그렇듯이 훌륭했다. 한 발 떨어져 사건을 있는 그대로 바라보는 절제된 기사였고 나는 그 점을 높이 샀다. 그런데 그의 기사에는 어떤 슬픔도 함께 묻어났다. 사회적 지위와 능력을 갖춘 사람이 그런 잘못을 저지르고, 여러 가지로 엄청난 피해를 끼친 데 대한 분한 마음이 배어 있었다. 나 또한 마찬가지 심정이었다. 그리고 실제로 그런 심정의 일부가 이 글에—전혀 암묵적이지 않게—투영되어 있다.

황우석이 자초한 몰락의 진정한 의미는 무엇인가? 그가 돌연 한국의 자존심을 드높였다가 결국 심한 국가적 망신을 초래한 사실은 이 질문을 던질 수밖에 없도록 만든다. 해답은 황우석이 무엇을 중요시하고 무엇을 도외시했는가에 있다. 그는 19세기 중반 서양을 통해 아시아로 유입된 논리, 연구조사, 실험, 연역적 추론의 열매인 과학기술 분야에서 서양을 앞지르겠다는 야심을 품고 있었다.

과학기술 분야에서 성취를 이루어 물질세계를 꾸준히, 가차 없이 정복하는 것은 한 국가가 다른 국가에 대해 우월성을 증명하는 길이었다. 이것이 산업자본주의가 전 지구로 확장되는 동안 서구가 아시아에 가르쳐준 요령이었다. 그런데 이 우월성은 우리가 인도적 가치나 보편가치라고 부르는 것, 혹은 사회를 보다 인간적으로 만드는 그 어떤 관념과도 무관하다. 오로지 물질적인 발명과 발견만이 '발전'하거나 '선진사회'로 나아가는 유일한 길로 제시됐다.

그러나 이것은 심각한 오해였다. 진정으로 선진화된 사회에서는 과학이 인류에 봉사하지, 인류가 과학에 봉사하지 않는다. 황우석은 이 점을 착각했다. 그러나 이는 비단 그의 착각만도, 한국의 착각만도 아니었다. 19세기 말, '진보'를 신봉했던 모든 이들이 그러한 착각에 빠져 있었다. 그리고 서구가 아시아에 산업자본주의를 수출할 때 이 같은 착각도 함께 수출됐다.

서구의 신념에 따르면, 모든 발전은 인류의 상태를 개선하려는 목적으로 전개된다. 그러나 무의식적 차원에서는 너나할 것 없이 오로지 과학만이 우리를 발전으로 이끌어줄 수 있다고 믿었다. 이런 믿음은 지금으로부터 한 세기 반 전에 철도, 전신, 면 방직공장, 과학 실험실과 함께 서쪽에서 동쪽으로 전해져 아시아를 유혹했다. 하지만 그 서구는 이미 과학과 진보라는 유혹에 눈이 먼 상태였다. 황우석도 바로 이 유혹의 덫에 빠졌다.

철학적 관점에서 물질주의 혹은 유물론의 역사는 오래다. 이 주제를 다룬 프리드리히 알베르트 랑게는 유물론의 기원을 찾아 고대 그리스까지 거슬러 올라간다(비서구의 역사는 연구에 포함되지 않았다). 그러나 현재 우리가 알고 있는 형태의 물질주의는 19세기 후반 서구에서 본격적으로 나타났다. 이때부터 물질주의는 사회 구석구석에 스며들었고, 지극히 당연한 것으로 여겨진 나머지 사람들은 여기에 무감각해졌다. 이 책을 쓰기 시작할 무렵, 나는 이 점에 흥미를 느꼈고, 서구가 지금까지도 자신들이 아시아의 근대화에 진정 어떤 역할을 맡았는지 이해하지 못하고 있다는 점을 새삼 깨닫게 됐다. 이러한 몰이해는 서구가 아시아뿐 아니라 자기 자신도 유혹해야 했기 때문이다. 스스로에 대해 무지하고, 한 치 앞밖에 내다보지 못하는 서구의 세계관은 훌륭한 집필 소재가 되어주었다.

동서 문제를 이런 식으로 조명한 책이 아직 없는 것으로 안다. 서구인은 감히 아시아가 물질적인 것에 집착한다고 비난할 자격이 없다는 게 내 생각이다. 아시아를 바라보는 서구인은 자신들의 유산을 목도하고 있다. 아시아는 근대적인 철학적 관점을 생산하기보다는 이를 남들로부터 물려받은 사회의 집합체다. 그렇기 때문에 아시아는 그러한 관점을 뛰어넘거나 '돌파할' 방법을 제공할 수 있다. 이것이 바로 프리드리히 니체의 허무주의다. 산이나 강을 피해 빙 돌아가는 길은 없다. 모든 가치관을 내려놓고 상황을 정면돌파해, 모든 것을 씻어낸 채 뚫고 나와야 한다.

이 책을 쓰기 시작할 때 나는 마음 가장 깊은 곳으로부터 출발하고 싶었다. 아시아와 인연을 맺은 지 거의 30년에 이른다. 그동안 내 안에 가장 깊이 자리잡은 생각은 무엇인가? 아시아에 살면서 그 오랜 세월, 그 많은 곳에서 본 모든 것들 가운데 더이상 단순화할 수 없는 본질은 무엇인가? 물질주의 철학의 도래, 새로운 열의와 헌신을 담아낼 그릇으로써의 근대적 국민국가의 중요성, 이런 것들을 근대적 세계로 가는 (혹은 되돌아가는) 경로로 수용한 아시아 등이 이 책의 주제다. 여기서 '되돌아가는'이라고 표현한 이유는, 우리가 지금은 옛것으로 치부하는 것도 한때는 '근대적 세계'에 해당했고, 아시아도 그 일부였기 때문이다.

내가 랑게의 저서 『유물론의 역사』를 조금 일찍 접했더라면 이 책에서 '유물론'이나 '물질주의'라는 용어를 좀 더 두드러지게 사용했을 것이다. 랑게는 취리히와 마르부르크에서 교수 생활을 했다. 하지만 버트런드 러셀은 『유물론의 역사』 영어판 소개글에서 랑게가 학계에서 활동하기 전, 당시에 부상하던 '비즈니스 세계'에서 상당한 경험을 축적했다는 점을 강조했다. 이 책은 1865년 독일에서 처음 출간됐는데, 그 출간일 또한 흥미롭다. 출간과 함께 상당한 영향력을 발휘했던 『유물론의 역사』는 '물질주의적 60년대'로 알려진 당시의 불안을 생생히 반영하고 있다. 과연 자신의 불안을 지속적인 탐구의 원동력으로 삼았던 이의 저작물다웠다. 책의 완전한 제목, 『유물론의 역사와 그 현재적 의미에 대한 비판』 *Geschichte des Materialismus und Kritik seiner Bedeutung in der Gegenwart*을 보면 뭔가 느껴지는 바가 있다.

훌륭한 일간지였으나 지금은 폐간한 『파 이스턴 이코노믹 리뷰』*Far Eastern Economic Review*의 젊은 특파원으로 처음 아시아에 도착하던 순간이 기억에 생생하다. 무언가 특별한 일이 벌어지고 있는 곳에 도착한 것만 같았다. 지금도 그렇지만 그때도 아시아는 역동적이었다. 그럼에도 아시아는 '원인'의 세계가 아니라 '결과'의 세계, 발산하는 세계가 아니라 흡수하는 세계라는 생각이 내 머릿속에 뿌리내렸다. 즉 아시아는 스스로 자극요소를 생성하기보다는 여전히 외부에서 가해지는 자극에 반응하고 있었다.

내가 이런 견해를 정연하게 표현할 수 있게 된 것은 비교적 최근이다. 이전에는 적절한 표현을 찾지 못한 직감에 가까웠다. 그 생각은 이제 또 한 번 진화를 겪었다. 아직 추측에 불과하다고 보는 이도 있겠지만, 그래도 나는 그것을 언급하며 이 글을 마무리할 생각이다.

사람들은 아시아가 근대를 초월할 탈물질주의적 관점을 내놓을 준비가 되어 있거나, 이를 시도하고 있다는 증거를 잘 보지 못한다. 그러나 아시아는 19세기 후반에 시작된 여정의 끝에 와 있다. 그 증거는 엄연히 존재하며 '아시아 공동체' 내부로, 그들의 땅으로 걸어 들어가야 찾을 수 있다. 거기에는 조급, 초조, 불만, 환멸, 미완의 프로젝트가 존재한다. 이 모든 용어는 종착지를 찾는 시도가 시작됐다는 느낌, 고유한 철학적 전통을 지닌 아시아가 앞으로 새로 시작될 여정에 관해 자기만의 목소리를 낼 것이라는 느낌을 준다. 벌써 도쿄의 철학자들은 일본은 세계 최초의 '탈성장사회'라고 선언했다. 서구인은 이러한 관념을 (비서구 지역의 철학적인 영향을 받지 않고는) 절대로 생각조차 못하는 것이다.

'황우석 사건'도 같은 차원에서 조명해볼 수 있다. 황우석이 저지른 엄청난 잘못과는 별도로 그의 관점에는 흥미로운 구석이 있다. 이것은 야심이라는 문제와 연관된다. 황우석은 자기 분야에서 한국이 서구에 맞먹거나 앞지르게끔 하려는 야심이 있었다. 이 야심은 조금 전에 언급한 조급증과 상통한다. 남이 발견한 것을 늘 응용만 하기보다는 스스로 무언가를 이룩해 인류에 기여하려는 욕망은 사실 칭찬할 만한 일이다. 나는 아시아인들이 결국 이 같은 욕망을 이루게 될 것이라고 확신한다. 이런 측면으로 한정할 때, 황우석의 잘못은 아주 간단하다. 그는 서구가 설정한 요건에 맞추어 새것을 발견하고 인류에 기여하고 싶었다. 이 욕망은 논문 조작과 직업윤리 위반을 정당화할 만큼 중요했다. 하지만 아시아가 21세기에 진정한 성취를 이루게 되면 상황은 달라질 것이다. 아시아가 성취를 이룬 분야 자체가 재창조되고, 이에 따라 '성취'의 정의도 아시아에 의해 재규정될 것이다.

한국어판 출간을 도와준 이들에게 무한한 감사를 전하며 이 글을 끝맺고자 한다. 이 책의 번역자이자 친애하는 친구 노시내는 영어판이 출간되기 전부터 내 작업에 관심을 보였다. 시내가 나의 전작 『일본의 재구성』을 번역해 한국 독자들에게 소개한 지 얼마 되지 않은 시기의 일이었다. 마티 출판사는 시내가 소개한 본서를 높이 평가하여 출간을 결정했고, 결국 한국어판은 이 책의 첫 번째 번역판이 됐다. 내 작업에 확신을 가져준 마티 편집자들께 감사드린다. 끝으로 이 대양, 저 대양을 사이에 두고 오랜 우정을 나눠온 장하준 교수에게 고마움을 전한다.

2011년 1월
뉴욕 주 클러몬트에서
패트릭 스미스

"잘 살펴보면 진짜 일본이 아직도 어딘가 분명히 존재할 겁니다."

내 말에 그는 고개를 가로저었다.

"그걸 보존할 방법이 정녕 없을까요?"

내가 다시 묻자 그가 대답했다.

"없습니다, 보존할 만한 것이 전혀 남아 있지 않습니다."

【 도널드 리치, 미시마 유키오와의 대화 중에, 1970 】

역사의 굴곡

° 진짜 동양을 찾아서

몇 년 전 여름, 도쿄 시내의 아파트에 살던 때다. 보스턴에 사는 친구 두 명이 도쿄에 방문하겠다는 전갈을 보내왔다. 한 명은 변호사, 한 명은 디자이너였는데 둘 다 아시아는 처음이었다. 최초로 태평양을 건너는 그들의 아시아 관광 일정에서 일본은 첫 번째 정거장이었다.

두 친구는 며칠간 도쿄의 큰길, 샛길, 뒷길을 탐험하더니, 이제 진짜 일본을 좀 봐야겠다고 말했다. 그들에게 도쿄는 하나의 현대 도시이지 일본이 아니었다(파리가 프랑스가 아니고 뉴욕이 미국이 아니듯, 도쿄가 일본이 아닌 것은 사실 맞다). 그래서 우리는 경로를 정하고 도쿄를 벗어나 서남쪽으로 차를 몰았다. 푸른 논과 계단식 차밭을 지나 수풀 우거진 높은 산을 향해 달렸다.

슬슬 점심시간이었다. 시골동네 언저리에 맑은 시내가 흘렀고 거기에 갈 만한 식당이 보였다. 돈가스 집이었다. 돈가스 집에서는 보통 돈가스만 파는 경우가 많다. 그날 야마나시 현에서 발견한 그 집도 그랬다. 여름철 음식으로 돈가스가 썩 어울리지는 않았지만 그래도 나름대로 역사가 있다. 19세기 말 일본이 서양의 문물을 수용하는 과정에서 유럽 음식이 일본식으로 재탄생한 것이기 때문이다. 나는 맥주를 시키며 친구들에게 이 얘기를 해주었다(물론 일본의 맥주양조 기술도 독일을 통해 들어왔다).

친구들은 돈가스의 기원을 듣더니 다소 실망한 듯했다.

"이거 지금 우리가 정말 일본식으로 먹고 있는 것 맞아?"

변호사 친구가 물었다. 그러자 친구들의 눈동자가 식당 구석구석을 살피기 시작했다. 식당 입구에 마련된 진열장에는 플라스틱 돈가스 모형이 메뉴별로 들어 있었다. 식당 뒤로 낸 전깃줄은 냇가에 매단 등불로 이어졌다. 천장에는 줄을 잡아당겨서 켜고 끄는 원형 형광등이 달려 있고, 유리문 달린 냉장고에는 아사히, 삿포로, 기린 등 갈색 맥주병이 가득했다. 음식이 나오자 옆자리 손님은 우리에게 혹시 젓가락 말고 포크와 나이프가 필요한지 정중하게 물었다.

"여기 진짜 일본 음식점 맞아?"

변호사 친구가 또 물었다.

몇년간 이 일을 완전히 잊고 있었다. 별로 특별한 기억이 아니었기 때문일 것이다. 그런데 몇년이 지나 일본에서 엄청나게 멀리 떨어진 캘리컷에서 문득 그 일이 떠올랐다. 캘리컷은 인도양 말라바르 해안 남쪽 끄트머리에서 서쪽을 바라보는 곳으로, 바스쿠 다 가마가 1498년 상륙한 지점이다. 500여년 전 해변을 딛는 묵직한 가죽 장화와 함께 동서양의 근대적 만남이 시작됐을 이곳을 보려고 나는 한참을 별러 왔다.

캘리컷 시내에서 존 오찬투루트 교수를 찾아갔다. 역사학자인 존은 이 근방의 역사와 지형을 훤히 꿰고 있었다. 그는 지도, 문헌, 일기 등의 자료와 수년간의 해안탐사를 통해 바스쿠 다 가마가 닻을 내린 날짜와 장소(5월 20일 저녁, 카파드—이곳에 기념비가 있다), 포르투갈 선원들이 상륙한 날짜와 장소(이튿날, 인근 마을 판다라니), 튼튼한 다리를 자랑하는 이 탐험가가 캘리컷 일대를 다스리는 토후 자모린을 만나러 간 경로를 정확히 알고 있었다.

존은 해안으로 가는 도중에 내게 몇 가지를 보여주고 싶어 했다. 캘리컷은 포르투갈인이 오기 전까지 세계 후추 무역의 중심지였다. 그는 바로 그 후추 시장을 보여준 뒤, 힌두교 사원을 닮은 14세기 이슬람 사원, 고대 그리스식 기둥과 아치가 설치된 이슬람 사원을 차례로 구경시켜주었다. 그런 다음 우리는 기독교 교회를 닮은 도로변의 힌두 사원을 지나쳤다. 우리는 모계를 따르는 무슬림과 인도 남부에 정착한 고대 유대인과 시리아계 그리스도교도에 관한 대화를 나눴고, 파시교도들의 묘지와 시내 곳곳에 아랍어로 새긴 글귀와 이곳 방언에 대해서도 이야기했다.

서사의 큰 줄기가 모습을 드러냈다. 힌두인, 아랍인, 페르시아인, 터키인, 네스토리우스교도, 알렉산드리아인, 아비시니아인, 베니스인, 약간의 중국인, 약간의 자바인 등 다양한 인종과 민족이 이곳에 와서 캘리컷과 말라바르 해안을 싱크레티즘(syncretism, 혼합주의)의 눈부신 결정체로 만들어 놓았다. 인도인이 즐겨 지적하듯, 바스쿠 다 가마는 무엇을 '발견'한 것이 아니다. 원래 융성하고 활기차던 곳에 어쩌다보니 도달했을 뿐이다. 다 가마에게 풍향을 읽어주고 뱃길을 안내한 사람은 다 가마가 동아프리카에서 만난 아랍인 항해사였다.

그러나 이 땅딸막하고 볼품없던 포르투갈 출신의 탐험가가 온갖 인종이 뒤섞여 시끌벅적하게 살아가던 이곳을 바꿔놓았다. 독점무역 제안을 거절당한 다 가마는 1503년 총칼로 뜻을 관철시켰고, 불과 몇 년 만에 수많은 향료 상인들이 오늘날 아랍에미리트연합국에 해당하는 지역으로 피신했다. 종교나 인종에 상관없이 누구나 환영받던 이곳은 순식간에 피비린내 진동하는, 분열시켜 정복해야 할 장소로 변했고, 이전에 볼 수 없던 인종·종교 갈등이 발생했다. 당시 캘리컷에 살던 무슬림들이 선언한 '지하드'는 근세 최초의 지하드라고 해도 좋을 것이다. 서구의 동진은 어떤 의미에서 근세로 이어진 십자군 원정이라고 볼 수 있다.

직접 찾은 바스쿠 다 가마 기념비는 해변에 놓는 파라솔 크기의 작고 초라하게 이끼 낀 콘크리트 오벨리스크였다. 부서진 울타리 안에 들어앉은 기념비에는 조그만 명판이 붙어 있고, 주변은 쓰레기 천지였다. 그런데 근처 해안가에는 흥미로운 건물이 서 있었다. 무슬림 주민들이 지어놓은 작은 이슬람 사원이었다. 건물 벽은 햇볕에 바래 창백한 녹색이었고, 물결처럼 주름진 지붕에는 자그마한 첨탑 두 개가 달렸다. 보아하니 지금은 찾는 사람이 얼마 되지 않는 것 같았다. 오히려 상징적인 의미가 더 커 보였다. 포르투갈 선원들을 기리는 명판과 그들을 이리로 실어온 바다의 중간지점에 버티고 서 있는 무슬림들의 예배당.

존과 나는 해안가를 거닐었다. 존이 희한한 이야기를 들려주었다. 몇 년 전 바스쿠 다 가마의 캘리컷 상륙 500주년을 맞아 학자들이 기념행사를 준비했다. 연구자들이 모여 논문을 발표할 예정이었다. 뉴델리 중앙정부와 포르투갈 재단 몇 곳이 지원해 다 가마가 타고 온 배의 모형을 만들어 진짜 항로를 따라 띄울 계획도 세웠다. 그런데 정작 각종 행사를 주관해야 할 이곳 마을과 말라바르기독대학에서 잡음이 일었다.

식민지를 삼으려고 온 유럽인의 상륙을 기념하다니 있을 수 없으며, 학회나 모형선박도 싫고, 정부와 포르투갈 재단이 주는 돈 또한 절대로 받지 않겠다는 것이었다. 이동하려면 하루가 꼬박 걸리는 북쪽 고아(Goa, 인도 남서 해안 지방의 휴양지)에서까지 시위대가 원정을 왔다. 결국 계획은 무산되고 다 가마의 상륙을 기념하는 행사는 취소됐다.

존이 유감 어린 미소를 지으며 말했다.

"시위대가 저 기념비에 똥까지 뿌렸어요."

그는 말을 멈췄다. 당시를 회상하는 듯 다소 멍한 표정이었다. 우리는 텅 비어 고요한 이슬람 사원 옆 해변에 서 있었다. 모래는 이미 뜨겁게 달궈져 있었다.

"사실 계획하던 행사는 뭘 기리고 축하하자는 게 아니었거든요. 과거를 분석하고 이해하자는 취지였어요. 기억하고 싶었거든요."

"기억하다니, 뭘요?"

"우리 자신을요."

야마나시 현의 녹음이 우거진 여름이 인도 남부의 해안 마을과 대체 무슨 상관이란 말인가? 왜 나는 말라바르 해변에서 야자수 이파리를 깔고 앉아 오래전 일본 시골에서 먹던 점심을 떠올렸을까?

한마디로 '관점'과 관계가 있다. 관점은 이 책의 주제이기도 하며 '보는 것'과 관련된다. 아니 거꾸로, '보지 못하는 것'과 관련된다 해도 좋다. 보지 못하는 이유는 눈이 멀어서가 아니라, 선입관을 극복하지 못한 상태(혹은 선입관이 있다거나 선입관에 지배된 삶을 산다는 사실조차 모르는 상태)이기 때문이다. 흐려진 시야는 질병이라기보다 하나의 증상이다. 그 병의 원인은 우리 마음속에 있다.

　서구인에게 일본은 목조건물과 초가집의 나라, 신사에 금줄이 걸려 있는 나라, 비단과 화선지와 대나무의 나라다. 거기에 유리, 강철, 유치한 색의 플라스틱은 존재하지 않는다. 근대적이면 일본적이지 않다. 근대적이면 서구적이므로 일본까지 찾아온 보람이 없다. 일본에서 다른 서구인과 마주쳐서도 안 된다. 도착했을 때 오로지 '타자'들만 사는 완전히 딴 세상에 온 것처럼 느껴져야 한다. 별세계에 입장한다는 느낌은 중요하다. 그래야만 '퇴장'할 때 희열을 느낄 수 있기 때문이다.

　보스턴에서 놀러온 친구들은 자기도 모르게 바로 그런 태도를 보였다. 캘리컷에서 발생한 기념식 거부 사태도 또 다른 측면에서의 의식적인 '서구 삭제' 행위다. 서구인이 오고부터 아시아인 본래의 정체성이 파괴되고 궤도를 이탈했으니, 이를 극복하고 본궤도로 돌아가자는 것이다. 이런 논리는 상황에 따라 여러 형태로 존재하지만 테마는 늘 똑같다. 조화로운 과거, 외부의 침범, 과거에 대한 향수, 프랑스 철학에서 말하는 '르상티망'(ressentiment, 원한), 잃은 것을 되찾고 새로 출발하려는 욕망. 이런 식의 서사를 가장 극명하게 보여주는 사례를 홍콩의 어느 개인 클럽에 초대받아 갔다가 접했다. 그날 저녁행사 주최자는 청나라 말기의 유명한 개혁가 캉유웨이의 손자, 폴 호였다. 당시 중국으로 장기간 여행을 떠날 예정이던 내게 폴은 본토 출신인 자기 친구를 소개했다. "이 친구 나름의 독특한 관점이 있어요."

　저녁식사가 나오고 다양한 요리만큼이나 다양한 대화가 오갔다. 우리는 표의문자인 한자의 특성, 음양의 원리, 1920년대 신문화운동, 마오쩌둥에 대해 이야기했다. 폴의 친구 조 푼은 연약한 몸집을 지닌 수염이 하얗게 센 나이 지긋한 사람이었다. 나는 중국을 여행하는 동안 각지에서 목격한 온갖 종류의 향수鄕愁에 대해 물었다. 상하이에 대한 향수,

시안에 대한 향수, 베이징에 대한 향수, 쑤저우에 대한 향수, 1920년대·
1950년대·19세기에 대한 향수, 명나라에 대한 향수, 송나라에 대한 향
수……. 그가 들려준 이야기는 굉장히 흥미로웠다. 각각의 향수마다 '중
국은 이래야 한다'는 생각과, 그렇지 않은 중국의 현실에 대한 비판이 담
겨 있었다. 향수도 이 책을 관통하는 하나의 씨실이다. 향수야말로 수많
은—대다수라 해도 좋을 것이다—아시아인의 감정을 특징짓는 요소
이기 때문이다.

"저는 중국인의 향수병이 그렇게까지 심하다고 보지 않는데요."

그는 잠시 생각한 뒤 답했다. "향수에는 지금보다 옛날이 좋았다는
감상적인 향수가 있는가 하면, 지금보다 옛날이 낫다는 이성적이고 논리
적인 향수가 있지요."

"단어 하나만 바꾸셨을 뿐 같은 얘기 아닙니까."

내가 항의하자 조 푼이 갑자기 흥분해서 말이 많아졌다. 그는 일본말
로 '혼네'(本音, 본심)에 해당할법한 속마음을 드러내기 시작했다.

"내가 중국 시골에 관해 말해 드리리다. 옛날에 중국 시골이 어땠는
지 좀 아시오?"

"네, 사실……."

"내가 말해 드리지. 옛날에 중국 시골에는 말이죠, 뽕나무가 있었어
요. 그게 제일 먼저야. 그리고 그 뽕나무에 누에가 살았어요. 누에가 뽕
나무 옆 호수에 똥을 싸면 그 똥을 물고기가 먹어요. 그 물고기가 싼 똥
이 호수바닥에 가라앉으면 우리는 그걸 건져서…… 영어로 뭐라고 하더
라? 왜 밭에다가……."

"비료요?"

"그렇지. 물고기 똥으로 밭에다 비료를 줬어요. 인분은 비료로 주면

안 되고, 그러려면 먼저……."

"처리요?"

"응, 처리를 해야 돼요. 그렇게 자연환경 속에서 한 바퀴 순환이 일어나는 거지요. 물은 늘 깨끗하고, 공기도 좋고, 입을 옷과 먹을 음식이 있고, 마을 안에 분열도 없었어요. 소비사회가 아니라 모든 것을 보존하고 아끼는 사회였지요. 남편, 아내, 가정이 온전하고 이혼 같은 건 없었어요."

조 푼이 잠시 말을 쉬었다가 곧 계속 이어갔다.

"그런데 서양인들이 뭘 가지고 왔는지 아시오?"

이 대목에서 조 푼이 주먹으로 탁자를 내리쳤고, 분위기가 험해졌다. 나는 아무 대답도 하지 않았다.

"아편!" 조 푼이 소리 질렀다. "공해! 소비!"

잠깐 침묵이 있었다. 잠시 후 그가 말을 이었다. "내가 외국인을 싫어하는 게 아닙니다. 난 그저 당신에게 역사를 말하려는 것뿐이오. 거 뭐더라? 별에서 지구를 내려보 듯 큰 그림을 보여주려는 거예요."

조 푼은 좀 진정되는 듯했지만 폴은 이쪽을 쳐다보다 엉뚱한 데로 눈길 돌리기를 어색하게 반복했다.

"흥미롭네요."

빈말이 아니라 정말 흥미로웠다. 그가 묘사하는 중국의 옛날은 부채나 두루마리에 그려진 그림을 떠올렸다. 중국은 온전하고 순수하고 행복한 곳이었는데, 서구가 와서 다 망쳐놓았다는 줄거리. 이야말로 중국인의 향수이자 르상티망—이 용어에 관해서는 나중에 다시 다루겠다—의 순수한 결정체였다.

      들어가며

° 미시마 유키오의 착각

서양인이든 동양인이든 아시아에 대해 자기 나름의 이미지가 있다. 보스턴에서 온 친구들도 그랬다. 일본을 처음 여행하는 이들에게 약간의 실망은 공통되는 감정이다. 조 푼에게도 아시아에 대한 자신만의 이미지가 있었다. 그는 새가 내려다보는 조감도도 아닌 "별에서 내려다보는" 듯한 큰 그림을 그리는 자신의 설명이 정확하다고 믿었다. 캘리컷의 무슬림들도, 도널드 리치도, 미시마 유키오도, 전부 아시아에 대한 일정한 관념을 지니고 있었다. 서구는 물론이고 중국, 일본, 인도 및 다른 아시아 사회도 마찬가지다. 아시아만큼 다른 대륙 사람들에게 많은 상상을 일으키는 곳도 없는 듯하다. 미국은 어떤 곳이냐는 질문에 대해서도 의견이 분분하지만 아시아에는 상대가 안 된다.

아시아 특파원으로 생활하는 동안 나는 아시아에 대한 부정확한 관념(완전히 틀린 것, 일부 맞기도 하고 틀리기도 한 것, 맞기는 한데 오해를 일으킬 여지가 있는 것 등)을 타파할 용어를 하나 고안했다. 그리고 어색하나마 이를 줄여서 수첩 여기저기에 AAII, 혹여 과학자적인 감상에 젖었을 때는 A^2I^2라고 적어 넣었다. 'Asia as it is', 즉 '있는 그대로의 아시아'라는 뜻이다. 단순한 외양이나 통념을 뛰어넘어 아시아를 바라본다는 의미다.

이 용어를 이 책에서 종종 사용되는 것 이상으로 독립된 의미로 사용할 생각은 없다. 영리한 칼럼니스트들이 만들어내는 각종 신조어와 경쟁하기 위해 만든 말이 아니기 때문이다. 이 용어는 특정한 목적을 지닌다. 그리고 기억을 지우거나 더하는 행위와 깊은 관련이 있다. 이 용어는 근대화된 아시아도 여전히 아시아임을 지적할 것이다. 근대성을 아시아와 무관한 것으로 보는 습관, 동서양이 만나면서 아시아성은 상실되고 이후 전개된 모든 것은 지워야 할 무의미한 것으로 치부하는 몹쓸 습관을 버리도록 종용할 것이다. 다시 말해, 서구는 근세 이후부터 확고하게 아시아의 일부로 존재했으며, 따라서 오염되지 않는 순수한 아시아를 찾는 일은 불가능하다. 그런 것은 애당초 존재하지 않았다.

우리가 아시아를 있는 그대로 바라보기 위해서는 금기를 없애야 한다. 특히 지금 중국 정부가 하는 식의 검열은 곤란하다. 눈에 뻔히 보이는 것을 외면하거나 있지도 않는 것을 존재한다고 상상하지 말아야 한다. 캔자스시티에 있을 법한 빌딩이 오사카나 마드라스에 서 있다고 해서 그게 일본 빌딩이나 인도 빌딩이 아니라고 우기지 말 것이며, (조 푼처럼) 현실을 만화영화 수준으로 단순화하거나, (내 보스턴 친구들처럼) 아시아에서 서구를 지우려 들거나, (캘리컷의 무슬림들처럼) 액자를 움직여 그림의 일부를 가리려고 해서도 안 된다. 특히 내 친구이자 아시아 문화평론가인 도널드 리치처럼, 아시아가 옛날 같지 않다고 애통해 하는 일은 정말 하지 말아야 한다. 아시아를 세상의 다른 지역보다 특별히 더 (또는 덜) 애석하게 여겨야 할 이유는 없다. 그리고 미시마 유키오처럼 "보존할 만한 것이 전혀 남아 있지 않다"는 식으로 생각할 필요도 없다. 미시마는 일본의 이국적인 면을 추구하던 오리엔탈리스트였다. 옹호할 여지가 없는 입장이었는데도 미시마는 이 문제를 너무 심각하게 받아들인 나머지 『일본 저널』*The Japan Journals*에 실린 리치와의 인터뷰 직후 자결했다. 1970년대 일본에서 더 이상 살아갈 가치가 없다고 믿었던 것으로 짐작된다.

그림의 전경 및 배경 개념은 우리가 역사를 인식하는 데 시사점을 제공한다. 아득히 먼 과거와 비교적 최근의 과거를 각각 한 그림의 배경과 전경으로 이해할 수 있을 것이다. 이때 서구인들은 무엇보다도 자신은 이 그림 속에 포함되어 있지 않다는 환상부터 버려야 한다. 서구는 벌써 150년 이상 아시아와 긴밀한 관계를 맺어 왔고, 그림 속 전경에 펼쳐지는 역사는 바로 동서 간 관계맺음의 역사다. 아시아와 서구가 연루되지 않은 부분은 전혀 없다. 이런 상태를 일컫는 강렬하고도 유용한 용어가 하나 있다. 아시아는 '이종교배'miscegenation 된 곳이다. 이 점을 제대로 파악해야 '있는 그대로의 아시아'를 파악할 수 있다.

모든 과거는 풍성하고 다채로우며 그런 점에서 '평등하다'는 것이 내 시각이다. 과거를 거슬러 오르면 결국 모든 것의 시초는 같다고 봤을 때, 이런 생각은 새삼스러울 것도 없고 논리적으로도 큰 무리가 없을 것이다. 그러나 연속성이라는 측면에서 아시아는 서구와 구별된다. 아시아 역사에도 다른 곳 못지않게 커다란 사건이 많이 있지만, 아시아에는 '새 출발'departure이라는 개념이 없기 때문에 과거는 현재와 유리된 '별세계' 가 아니다. 그들은 대대적인 전환기에도 과거를 뒤로 하고 떠나지 않는다. 과거와 현재는 불가분이며 역사적 사건은 하나의 사슬처럼 길게 이어진 것으로 파악된다. 아시아에서 '먼' 과거는 그리 멀리 있지 않다. 반면에 서구인은, 역사란 중대한 사건들이 불연속적으로 갑작스럽게 모습을 드러내며 펼쳐지는 것이라고 생각한다. 미국인이 어떤 일을 두고 "이제 그건 역사가 됐다"It's history고 말하면 '다 지나가서 별로 중요하지 않은 일'을 의미하지만, 아시아에서는 역사를 그렇게 부정적인 어조로 표현하지 않는다.

아시아가 사건을 시간 순으로 배열하는 서구식 관념을 배운 것은 근대에 들어서면서부터다. 하지만 유연하고 유동적인 시간 관념은 아직 사라지지 않았다. 과거는 여전히 유효하며 때로는 현재를 규정하고 결정한다. 군중 앞에서 유교를 비판했던 마오쩌둥도 저녁이면 유교 고전을 읽으며 통치자의 올바른 자세를 배우려 했다는 일화는 유명하다.

인도의 구자라트 주는 남아시아와 서아시아가 만나 수천 년 동안 뒤섞인 지점이다. 지금 이곳에서 일어나는 종교갈등에 관해 인도인에게 물어보라. 인도인의 답변은, 1026년 힌두교 사원 약탈사건이나, 인도 북부에 있는 16세기 이슬람 사원 건물이 원래 힌두 사원이 서 있던 자리를 부당하게 차지하고 있다고 굳게 믿은 신도가 여기에 불을 지른 1992년 사건에 대한 언급으로 시작될 가능성이 높다. 이것은 일종의 '사회적 기억'으로, 근대적인 것들에 장악된 아시아에서 더욱 큰 위력을 발휘한다.

힌두교와 이슬람교의 갈등에도 불구하고 포괄성과 흡수력은 아시아의 과거를 특징짓는 두드러진 속성이다. 캘리컷의 자모린 토후국* 역시 그런 성향을 보였다. 토후는 바스쿠 다 가마와 선원들을 위해 환영행사를 마련했고, 주민들은 일행이 토후의 궁전으로 가는 동안 길가에서 열렬히 환호했다. 선원들이 묵직한 장홧발로 육지를 디딘 지 불과 여드레째 되는 날, 다 가마는 그렇게 아시아의 일부가 됐다. 다 가마가 아시아에 처음 온 인물은 아니지만 그의 상륙에는 분명히 새로운 요소가 있었다. 그 순간 꽤 중요한 '새 출발'이 이루어졌던 것이다. 그것은 다 가마가 일을 처리한 방식과 무관하지 않으며, 그의 접근법은 당시 아시아가 물질적으로 덜 발전한 상태였다는 점을 반영하고 있었다. 그러나 그뿐이었다. 표면은 소란스러워도 본질은 그대로였다.

'있는 그대로의 아시아'의 일부가 되는 일은 피부색이나 눈동자색, 가

---

* 12~18세기 인도 서남부 해안을 통치하던 힌두 국가. 말라바르 해안 최고의 무역항인 캘리컷을 중심으로 번성했다.

족 사이의 유대감과는 아무런 관계가 없다. 근대 이후의 개념인 국경선과는 더욱 상관이 없다. 아시아인에게 국경이라는 관념은 부자연스럽다. 실제로 국경은 아시아 여러 지역의 육지와 바다를 어색하게 가르고 있다. 아시아는 고정된 어떤 것이 아니다. 항상 유동적이고 정의가 아예 불가능한 큼직한 땅덩어리 하나를 상상하는 편이 더 적절하다. '있는 그대로의 아시아'는 사실상 끊임없이 변하고 있다. 고정성은 서구의 수사법이다. 21세기를 맞아 우리는 이 점을 더 잘 인식해야 한다.

중국은 (중국인을 포함한) 수많은 이들에게 매우 고정적이고 동질적인 지역으로 간주된다는 점에서 주목해야 할 대상이다. 저명한 미술가 아이 웨이웨이艾未未는, 중국을 논하려면 우선 어느 중국을 말하는지부터 규정해야 한다고 이야기한 바 있다. 한나라냐(사실 꽤 작은 나라였다), 당나라냐(나라를 서쪽으로 상당히 넓혔다), 만주냐(1911년에 멸망한 청나라)에 따라 완전히 얘기가 달라진다. 현재 중국 남부에 해당하는 지역은 1700년경까지, 즉 프란치스코 하비에르가 상촨(중국 광동성에 위치한 섬)에 도착한 (그리고 그곳에서 사망한) 이후 한 세기 반이 지나도록 중국령이 아니었다. 오늘날 우리가 말하는 중국은 자신들을 중국인이라고 생각하지 않는 티베트인과 위구르족까지 아우르는, 역사가 불과 반세기 정도에 지나지 않는 국가다. 여러 가지 '중국' 가운데 하나일 뿐이다. 인간은 타고나길 근시안적이다. 우리가 스스로를 이해하고 위치 지으려면 이 근시안을 극복해야 한다.

"중국은 다원적이고 파편화되고 교란된 상태입니다. 일부 전통은 이미 오래전에 소멸됐고, 살아남은 전통은 동서양 어느쪽 관점으로 보아도 '중화된' 형태를 띱니다."

은퇴한 하버드 대학 교수 리어우판(李歐梵)이 내게 한 말이다. 그나 나나 홍콩에 살았고, 우리의 화제는 늘 중국이었다. 리어우판의 의견은 아시아 전체에 적용할 수 있다. 그도 틀림없이 내 입장에 동의할 것이다.

그의 설명에는 전경과 배경이 담겨 있다. 물론 전경과 배경은 우리가 그림을 보고 이해하는 방식에 따라 구별되며, 이는 캔버스 위가 아니라 우리 마음속에서 일어난다. 아시아를 바라볼 때도 마찬가지다. 궁극적으로 먼 옛날의 일, 근래에 발생한 일, 미래에 생길 일 사이에는 우리가 생각하는 만큼 그렇게 큰 차이가 존재하지 않는다. 아시아의 과거가 지녔던 (시리아계 기독교도, 베니스인, 기타 각종 요소를 아우르는) 포괄성은, 아시아의 현재가 갖고 있는 (우리 서구를 끌어안는) 포괄성과 닮아 있다. 따라서 배경과 전경을 구분하는 미적 감각은 유용하지만, 일단 활용한 후에는 전체적인 그림을 놓치지 않기 위해 옆으로 치워둘 필요가 있다.

° 불경한 로마군단의 동진

중국인으로서 오늘을 산다는 것은 '중국적인 것'의 의미를 규명하는 일에 혼란을 겪는다는 것을 의미한다. 내가 아는 중국인 가운데 이 문제로 고민하지 않는 사람은 없다. 마찬가지로, 일본인으로 21세기를 살아간다는 것 역시 어떤 의미로든 자신의 '일본성'을 일부 포기했음을 의미한다. '인도인이 된다는 것의 의미'에 관해 다른 국민보다 자신감을 보이는 인도인도 지금은 그것의 부실함을 은근히 걱정하고 있다. 나는 이런 현상을 미리 전제하고 자료를 조사하지 않았다. 이러한 특징을 미리 수첩에 메모하고서 사실여부만을 확인한 게 아니라, 자료조사 끝에 이 같

  들어가며

은 결론에 도달했다.

　보스포루스 해협에서 도쿄 만에 이르기까지 수많은 사람들이 이처럼 착잡한 심정을 느끼는 이유는 왜일까? 사실 세상 사람 누구나 스스로에게 같은 질문을 던진다. 브라질인도 나이지리아인도 미국인도 모두 마찬가지다. 유럽에서는 이런 문제가 공공연한 토론의 주제이다(오늘날 프랑스인으로 산다는 것은 어떤 의미인가?). 그런데 이 문제가 유독 아시아에서만 마음 깊은 곳까지 파고든다. ‘오늘날 ○○인으로 산다는 것은 어떤 의미를 갖는가?’ 라는 질문이 유럽이나 미국에서 제기될 때는 주로 피부색이나 출생증명서나 베일이 문제가 된다(베일 문제는 참으로 이상한 집착이다. 특히 종교의식용 베일을 고안한 것이 원래 기독교였다는 점에서 더욱 그렇다).

　아시아는 다르다. 아시아에서는, 나는 누구인가? ‘중국인’이란 무엇을 뜻하는가? 무엇이 나를 중국인으로 규정하는가? ‘아시아인’─인도인은 이 용어를 별로 좋아하지 않는다 ─이란 무엇을 의미하는가? 하는 질문들이 제기된다.

　왜일까? 왜 인류의 절반 이상이 그토록 근본적인 자기이해에 몰입하게 됐을까?

　내가 직접 아시아인을 만나거나 다른 서구인이 아시아인과 맺는 관계를 수없이 관찰하면서 느낀 한 가지 사실은, 지난 160여 년의 역사와 그에 수반한 불평등 문제가 초래하는 부담감이 어떤 식으로든 영향을 미쳤다는 것이다. 많은 지인들─물론 서구인들─은 이 얘기를 듣고 충격을 받는다. “넌 정말 지독하게 서구중심적인 오리엔탈리스트구나” 하고 그들은 외친다. 그러나 나는 전혀 그렇게 생각하지 않는다. 나를 서구중심적인 오리엔탈리스트라고 비판하는 이들이야말로 아시아를 단순히 상하 위계질서가 지배하는 사회로 보는 사람들일 때가 많다. 아시아를 수직적 사회로 파악한다면 서구도 그 위계질서 내에 자리매김해야 할 것 아닌가? 우리는 논외라고 변명하고 큰 그림에서 삭제해 버릴 셈인가? 내재적 비판immanent critique을 약간 해보자면, 그런 태도야말로 절망적인 오리엔탈리즘이다. 어느 미국 작가의 말처럼 우리는 "역사를 염두에 두고 사고하는" 법을 배워야 한다. 근대에 들어 동서양 간에 발생했던 그 모든 일을 고려할 때, 오늘날 우리의 만남에 과거가 스며 있지 않다면 그게 오히려 이상한 일일 것이다.

동서 간의 친밀한 문화 교류 밑에 무엇이 도사리고 있는지 좀 더 깊이 들여다보는 것은 그리 어려운 일이 아니다. 친구나 동료도 좋고 택시 운전기사도 좋다. 가까운 곳을 편안한 마음으로 바라보면 항상 무언가를 발견할 수 있다. 내가 그렇게 해서 발견한 세 가지를 적어보면 다음과 같다. 이 책의 핵심적인 내용이기도 하다.

첫째는 과거에 대한 향수다. 이에 대해서는 앞에서 언급했다. 나는 향수를 우울증의 한 형태로 본다. 그 실체가 뭐든 간에, 향수는 과거와 맺는 어떤 부적절한 관계 및 현재에 대한 자기방어를 내포한다. 즉 과거에서 피난처를 구하는 것이다. 아시아인에게 과거에 대한 향수가 만연하다면 우리는 그 이유를 살펴야 한다.

둘째는 아까 말한 르상티망이다. 여기에는 약간의 설명이 필요하다. 나는 이 책에서 프랑스 용어를 그대로 사용하고자 한다. 분개, 억울함을 뜻하는 영어의 '리센트먼트'resentment보다 훨씬 많은 의미를 함축하기 때문이다. 르상티망은 타인 앞에서 느끼는 침잠된 무기력 혹은 임포턴스(impotence, 이를 문자 그대로 받아들여도 좋다)를 뜻한다. 이것은 끊임없이 치고 올라와 적개심을 조장하면서 사람의 진을 빼는, 극복하기 매우 어려운 감정이다. 그리하여 결국 르상티망은 열등하다고 인식되는 쪽을 드높이고 우월하다고 인식되는 쪽을 깎아내리는 기능을 한다. 쉬운 예로, 조 푼은 르상티망이 줄줄 넘쳐흐르는 인물이다. 르상티망을 느끼는 주체는 개인에 국한되지 않는다. 집단이나 사회, 국가 단위의 집단에서도 나타난다. 르상티망이라는 용어의 의미를 정교하게 다듬은 것은 독일 철학자들이었다. 독일어에도 르상티망에 정확하게 맞아떨어지는 단어는 없었다. 20세기 위대한 철학자 중 한 명인 막스 셸러는 르상티망을 철저히 연구했고, 그의 철학에 친숙한 이들은 이 책에서 드러나는 르상티망 관념의 쓰임새를 알아볼 수 있을 것이다.

　마지막 발견은 무력함 — 무력감과 무력한 현실 — 에 관한 것이다. 이를 단순히 강대국에 대비되는 약소국의 실상으로만 간주한다면 큰 그림의 일부만 바라보는 꼴이다. 아시아의 무력감은 근대에 심화됐다. 서구가 자랑하는 물질적 우월성 앞에서 아시아인은 자신들에게 유전적 결함이 있다고 결론 내렸고, 그런 생각은 열등감에 완전히 굴복해 버리려는 충동을 일으켰다. '무력함'은 바로 이런 상태를 뜻한다.

　영국의 시인 매슈 아널드가 1867년에 발표한 시 가운데 몇 줄을 소개한다. 첫 번째 시에서 "젊은 세계"는 서구를 가리킨다.

　　음울한 동양은 경외심을 가지고
　　불경한 젊은 세계를 바라보았다.
　　로마의 폭풍은 자꾸만 거세져,
　　동양의 머리 위로 몰아쳤다.

　　꾹 참으며, 깊이 경멸하며,

동양은 폭풍 앞에 머리를 조아렸다.
동양은 우레 같은 로마 군단에 길을 내주고,
다시 생각에 잠겼다.
_ 「오버만, 한 번 더」"Obermann Once More"

아! 이제 변했다. 밝은 햇빛을 정복한
담대한 서양인이 지금 도착했다.
신비로운 동양인은 밤의 손길에 닿았다.
_ 「동과 서」"East and West"

아널드라는 인물은 물론 시대의 산물이다. 위 시구는 영토정복과 식민지 확장이 한창이던 빅토리아 시대에 한 영국인의 눈에 비친 동양의 무력함을 묘사한다. 위 작품들은 어떤 의미에서 해부학 수업이다. "음울한" "꾹 참으며" "깊이" "생각에 잠겼다" "신비로운". 이것이 바로 아시아다. 즉 아시아는 햇빛을 자기 것으로 거머쥔 담대한 서양인의 불경한 로마 군단(적절한 단어 선택이다)에 감히 대거리 할 수 없다는 것이다. 적어도 아널드는 서양의 물질적 우월성에 동양이 기여한 바를 인정했다. 그래도 우리의 관념은 아널드보다는 나아야 하지 않겠는가.

『인도의 발견』에서 자와할랄 네루는 '게으른 현지인을 쏜살같이 지나치는 우레 같은 기마부대'라는 관념을 놓고, 이는 인도에 대한 묘사로나 사건 묘사로나 적합하지 않다고 주장했다. "인도는 언제나 침입자에 저항했다. 때로는 성공하고 때로는 실패했지만 실패한 순간에도 인도는 늘 다음 침입에 대비했다"고 네루는 적고 있다. 사실이다. 외래 요소를 수용해 자기 것으로 만드는 인도의 놀라운 능력과는 별개로, 근대 동서의

들어가며

만남에서 저항은 현실이고 일상이었다. 인도의 탈식민주의적 '하위주체' subaltern 개념과 식민지 시점에서 행해지는 각종 연구들이 이런 역사적 사실을 뒷받침한다.

그렇다고 해서 19세기 유럽의 관점을 모조리 폐기할 수는 없다. 그러면 인도인 친구의 말처럼 "승리를 공으로 얻는" 게 될 것이다. '부국강병'은 일본 메이지 시대의 유명한 구호였다. 그러나 일본인들은 서구가 몰려오기 시작하자 자국의 현실이 '부국'이나 '강병'과는 거리가 멀다는 점을 깨달았다. 중국에서는 19세기 중반부터 자강운동 논의가 벌어지는데, 이때 '자강'이라는 용어도 마찬가지다. 그런 용어들 자체가 현실이 그렇지 않다는 사실을 거울처럼 반영했다. 혹자는 아편전쟁 이후 본토 중국인들의 심리 속에 피해의식이 깊숙이 뿌리박혀, 아무리 국력이 커져도 극복이 안 된다고 탄식한다. 인도의 경우는 구호 따위를 거론할 필요도 없다. 19세기 후반부터 축적된 방대한 문헌이 인도의 '무력함'을 논하고 있기 때문이다. 수많은 인도의 작가와 사상가, 극력분자들이 '우리는 무력하다' '우리 인성은 선천적으로 나약하다' '신체도 허약하다' '힌두교도는 수세기에 걸쳐 나약해졌다' 같은 내용을 써내려갔다. 이들이 자신의 무력함을 주제로 삼기 시작한 시기는 매슈 아널드가 위에서 소개한 시들을 발표한 시기와 얼추 들어맞는다.

혼란과 불안. 과거에 대한 향수, 르상티망, 무력함. 아시아를 바라볼 때 이것들을 너무 조심스레 다룰 필요는 없다. 이유는 간단하다. 이를 거론할 때 눈치 보는 습관이 오히려 그동안 아시아에 대해 적잖은 오해를 낳았기 때문이다. 30여 년 전 아시아에 첫발을 내딛은 이래 이 같은 문제들이 내 앞에 매우 선명하게 그 모습을 드러냈다. 그렇지 않았다면 그것들을 내가 여기서 논할 이유가 없다. 이 문제는 최근에 다시 새롭게 불거졌다가 마침내 잦아들기 시작했다. 그러면서 아시아는 오랫동안 잊고 있던 자존감을 되찾고 있다. 이것이 지금 아시아에서 은근히, 예고 없이, 그러나 확실하게 일어나고 있는 새로운 현상이다. 그와 같은 본질적인 변화를 포착하는 것이 이 책의 목적이다.

쇄국鎖國은 밀려오는 외세에 대항하여 아시아가 보인 몇 가지 반응 가운데 하나였다. 고문서나 옛 그림을 보면 당시 분위기가 느껴진다. '문을 잠그는' 행위는 아시아가 외세에 대해서만 취한 행동은 아니었다. 내부적으로도 그와 같은 행동 양식은 존재했다. 예를 들이, 일본인은 겉으로 내보이는 태도를 '다테마에'建前라 하고 가둬둔 본심을 '혼네'라 한다. 이슬람 궁전 창문에 정교하게 세공된 금줄 장식을 다는 이유는 안에서 밖을 내다볼 때 궁전 밖에 있는 사람의 눈에 뜨이지 않기 위해서다. 서구에 대한 봉쇄 행위는 장기간 이어졌다. 나는 그 봉쇄된 부분을, 많은 것을 담아 그 존망의 순간을 유보시킨 '광대한 슬픔의 호수'라고 생각한다. 이제 호수는 물이 말라 그 안에 살던 것들이 또렷이 드러나고 있다. 그것들은 살아남지 못할 운명이다.

오늘날 아시아는 향수와 르상티망을 해소하고 정체성과 역사를 재확립하고 있다. 이것은 세상의 근본적인 변화와 트라우마 없는 새 출발을 예고한다. 이 책에서도 해묵은 감정이나 습관이 아닌, 사고와 감각과 관점의 전환을 주제로 삼고자 한다.

° 분열된 이중적 자아

서구는 이른바 '아시아의 도전'에 오랫동안 집착했다. 이 용어는 아시아의 물질적 발전과 함께 힘의 증가를 의미했다. 실제로 아시아는 1980년 대 이후 이런 식의 도전으로 서구의 넋을 빼놓았다. 1980년대 말에 예일대학 폴 케네디 교수가 유명한 명제를 던졌다. "권력의 영고성쇠는 서진西進한다. 먼저 대서양을 건넜고 이제 태평양을 건너간다." 나는 늘 이 말에 의심의 여지가 없다고 생각했다. 역사에서 우리가 서 있는 지점을 이해한다면 당연한 말일 수밖에 없다. 논란 많았던 부트로스 부트로스-갈리 전 유엔 사무총장은 1996년 사무총장직에서 물러나면서 회고록에 이런 말을 남겼다. "초강대국 하나가 헤게모니를 쥐는 것은 일시적인 현상이다." 나는 이 말에 열렬히 찬성한다. 이제 미국의 운명은 명백하다. '자비로운 패권'(1990년대 말에 창조된 기막힌 모순 어법이다)은 이미 바닥을 드러냈다. 역사의 굴곡이랄까. 케네디 교수는 아예 이렇게 덧붙여도 좋았을 것이다. 흥망성쇠는 공지되지 않으며 그저 눈앞에서 펼쳐질 뿐이라고. 때로는 벌거숭이 임금님처럼 명백한 진실을 인정할 수밖에 없는 순간이 온다고.

이 책에서는 역사의 장기지속longue durée 현상 — 끝났다고 확신했는데 여전히 계속되는 것 — 에 좀 더 주목할 것이다. 오늘날 아시아의 현저한 특징은 아시아의 근대 전체를 규정해온 근본적으로 물질적인 프로젝트가 거의 혹은 이미 완료됐다는 점이다. 그런데 지금 다른 종류의 프로젝트가 막 시작되려고 한다. 이 후자야말로 아시아가 본격적으로 벌이는 대외적인 도전의 기반이 될 것임에도 서구는 아직 이를 눈치 채지 못한 상태다.

건설 현장을 생각해 보면 이해가 쉽다. 아시아의 근대화는 무엇보다도 물질적인 신세계를 구축하고, 근대를 구성하는 요소라고 여기는 각종 제도를 확립하는 데 중점을 두고 진행됐다. 그리하여 마천루, 철도,

전화, 의회, 사법제도, 선거제도, 조세체계가 마련됐다. 그중에서 선두를 달린 일본은 이 방면에서 '완공'됐다. 다른 나라도 완성이 눈앞에 보인다. 그러나 이 지점에서 우리는 이 책에서 심심치 않게 언급될 또 하나의 역설과 맞닥뜨린다. 바로 이 건설 사업이 완료됨에 따라 더욱 의미심장한 다음 사업이 촉발되고 있다는 점이다. 이 부분에서 인도 최초의 노벨문학상 수상자 라빈드라나트 타고르의 말을 빌리면, '근대화'modernization와 '근대성'becoming modern은 구별된다. 후자는 근대적인 주체의 확립, 혹은 일본 페미니스트들이 말하는 '내면적 체계'의 재정립에 관한 문제다. 우리 서구인들은 21세기 아시아에서 바로 이 점을 놓치고 있다. 아시아를 후자로 이끄는 충동은 실로 강력하다. 지금 전국 방방곡곡에서 옛것을 전부 뜯어내고 새것을 세우는 중국의 모습은 경제적 욕구만으로는 설명되지 않는다. 단순히 그렇게 보기에는 그 기세가 도에 넘친다. 중국의 개발사업은 자기쇄신, 즉 '중국적인 것'의 의미를 새롭게 갱신하려는 강박적인 심리적 충동을 드러낸다.

이중적 자아는 아시아인들의 근대적 경험 가운데 가장 핵심적인 것에 속한다. 아시아의 문인과 사상가들은 19세기 말 이래로 이를 늘 지적해왔다. 이것은 앞에서 말한 '봉쇄' 현상을 일정 부분 반영한다. 아시아의 자아는 근대를 맞아 전통적 자아와 근대적 자아로 분열되는 경향을 보였다. 전자는 기모노나 치파오, 사롱을 입고 가족, 부족, 마을에 전통적인 소속감을 느끼며, 스스로의 삶을 영원히 흐르는 물줄기의 일부로 규정했다. 반면, 근대적 자아는 뭔가를 스스로 택해 '걸쳐야' 했다. 근대적 자아는 깃에 풀을 빳빳이 먹인 셔츠에 가죽 구두를 신고, 생판 모르는 사람들 속을 거닐며 전통적인 심리적 방벽을 전부 상실한 채 자의식 강한 개인으로 사느라 진이 빠지는 존재였다. 이 두 자아는 공존하면서 한 편이 다른 한 편을 부분적으로 봉쇄했다. 이 두 자아의 합체가 근대 아시아의 성격을 형성했다고 해도 무리는 없을 것이다. 그리고 각 개개인의 내면에는 '타자'가 웅크리고 있었다.

이중적 자아는 아시아인에게 일정한 특성을 부여했다. 근대적 자아는 아무런 저항 없이 주어진 것을 흡수했다. 모든 서양문물과 습관을 용인하고 학습하고 수용했다. 과학적 사고, 서구식 예의범절, 서양식 시간관, 현상에 대한 이해보다 사실관계에 집착하는 경향 등을 전부 받아들였다. 한편 전통적 자아는 침잠沈潛과 자기보호를 통한 '봉쇄'에 바빴다. 비근대적이고 익숙하고 토종인 것은 무가치했다. 이 또한 집착이었다. 곧 역설이 발생했다. 지역 고유의 전통은 '열등하지만 소중한' 것으로 취급됐다. 또한 이중적 자아는 일정한 방식으로 살면서도 이것과는 완전히 다른 존재가 될 수 있었다. 무력감, 과거에 대한 향수, 르상티망은 전부 이 역설 속에 뒤엉켜 있다.

서구는 이런 식의 자아분열을 경험하지 못했기 때문에 왜 아시아에서 그런 현상이 점차 사라지고 있고, 왜 이 사실이 근본적으로 중요한지 잘 이해하지 못한다. 아시아는 지난 10년간 근대와 부대끼면서 근대에 익숙해졌다. 근대는 더 이상 서구의 전유물이 아니다. 역설적이게도 아시아가 이런 상황에 도달한 것은, 니체의 표현처럼, 아시아가 너무 오래 서구의 복장을 하고 살았기 때문이다. 그러다 어느 순간 아시아는 자신감을 갖게 되고 서구와 상대되는 자아 개념을 발견한다. 이중성이라는 심리적인 버릇은 불필요해진다. 전통과 근대, 동양과 서양, 토종과 외래종이란 관념은 21세기적 의식 속에서 모두 유효하기 때문이다. 쉽게 말해서 서구는 더 이상 근대를 독점하지 않는다. 새로운 시대를 열 만한 변화다.

겉보기에는 모순으로 보인다. 지금 중국은 서구가 상상하는 가장 서구적인 것보다도 더욱 서구화되고 있다. 어떻게 이것을 굴욕 당한 옛 자아가 살던 세상을 버리는 행위로 볼 수 있단 말인가? 그러나 우리는 중국의 서구화가 목적이 아닌 수단임을 인식해야 한다. 서구화는 한 국면에서 다른 국면으로 넘어가는 하나의 단계에 불과하다. 아직 이야기는 끝나지 않았다. 니체는 우리에게 "너 자신이 돼라"고 말했지만, 오직 운좋은 소수만이 니체의 충고를 따를만한 능력이 있다. 아시아인들도 마찬가지다. 그럼에도 그들을 가까이에서 살피면 '자신이 되어'가는 훌륭한 모습을 확실히 목격할 수 있다.

이 책은 독자들이 흔히 기대하는 종류의 실용서가 아니다. 중국, 인도를 비롯한 각국의 국내총생산 통계치를 평가, 분석하는 책도 아니고, 자동차산업, 화폐, 생산설비, 혹은 각 산업분야의 비교우위를 논하는 책도 아니다. 제조업이냐 서비스업이냐, 신기술 연구개발이냐 하는 문제도 이 책의 관심사가 아니다. 나는 의도적으로 이런 주제들을 다루지 않았다.

서구는 동쪽을 바라볼 때 이상한 버릇이 있다. 이상하다고 표현하는 이유는, 서구의 시선이 19세기 후반을 아직 벗어나고 있지 못하기 때문이다. 사실 그때도 마크 트웨인 같은 소수의 명민한 사람들은 우리가 아시아를 바라보는 시선이 착취하는 자가 착취당하는 자를 내려다보는 것임을 알고 있었다. '공리주의적'인 서구에게 아시아는 쓸모 있는 존재였다. 지금도 서구의 관점은 경제중심적이고 도구적 합리성에 기반한 기술관료적 관점이라고 볼 수 있다. 주로 기업 간부나 정책 입안자가 — 물론 이 두 집단은 서로 긴밀한 관련을 맺는다 — 아시아에 대한 서구의 담론을 주도하기 때문이다. 언론도 대체로 여기에 충실히 제 역할을 다해왔다. 그 결과 지금 서구는 엔화나 위안화의 동향, 중국 자동차공장, 도쿄 자본시장 등은 조금 알지만 중국인이나 일본인에 대해서는 사실상 아는 게 없다. 서구는 아시아를 해체된 기계, 즉 부속품처럼 여긴다. 최하급 지식에 속하는 통계치는 넘쳐나지만 최상급 지식이라 할 수 있는 총체적 이해는 형편없는 수준이다.

친디아Chindia는 이런 사고방식이 빚는 지적 망발을 잘 보여주는 개념이다. 친디아는 전형적인 공리주의의 산물로, 중국과 인도를 비교하면서 20억 명이 넘는 인구를 몰개성적인 하나의 거대한 집단으로 취급한다. 친디아 개념이 비용효과, 임률賃率, 물권법 등에 대해서 온갖 유용한 정보를 제공할지는 모르겠으나, 역사, 종교, 제도, 또는 양국에 사는 거의 무한대로 다양한 인간들을 탐구할 공간은 허락하지 않는다.

이런 식의 사고는 이제 할 만큼 했다. 우리는 지금 수세기 전에 잣기 시작한 실의 맨 끄트머리를 쥐고 있다. 진실을 감추는 구식 사고방식을 얼마나 더 오래 고수할 작정인지 스스로 자문해야 한다. 이제는 눈에 보이는 물질적 측면뿐 아니라 그림 전체를 보는 안목이 필요하다.

어느 유력한 미국 기업의 아시아 지사 최고경영자가 하루는 내 앞에서 전형적인 '친디아적' 통념 한 가지를 들먹였다. "인도는 과도하게 민주화된 나라여서 인도인하고는 비즈니스 하기가 힘들어요."

우리는 멋진 식당에서 저녁식사 중이었다.

"저는 오히려 민주화가 덜 된 것이 인도의 문제점이라고 보는데요."

내가 답했다.

"그렇지 않습니다. 인도야말로 덩샤오핑 같은 인물이 필요해요."

"어떤 덩샤오핑을 말씀하시는 겁니까? 무자비하기 짝이 없는 노련한 정치위원 덩샤오핑이요? 아니면 우리 서구 언론이 만들어낸 개혁의 마술사 덩샤오핑이요?”

분위기가 불편해지면서 화제가 바뀌었다. 그러나 다른 이야기를 하는 동안에도 그의 논지는 자주 반복됐다. 결국 나는 그 얘기가 고객을 대상으로 하는 프레젠테이션에 — 불가해한 동양에 사는 숙달된 주재원의 현명하고 신선한 견해로—단골로 등장하는 내용이라는 사실을 깨달았다.

문제는 바로 여기에 있다. 이 기업인은 비즈니스 세계의 유력자이고 그의 발언은 주목받는다. 그리고 이게 바로 그런 사람이 주도하는 ‘기술관료적 담론’이다. 합리성이 과도하면 비합리적이 되면서 설득력을 잃는다. “볼테르의 사생아”란 바로 이런 경우를 두고 하는 말이다. 그때의 대화를 염두에 두면서 이 책에 담긴 에피소드가 제기하는(혹은 하지 않는) 문제들을 간단히 정리해본다.

° 파노라마 렌즈에 담은 아시아

이 책을 쓰기 훨씬 전의 일이다. 인도 델리의 어느 날 저녁, 국립현대미술관에서 사진작가 라구 라이 회고전이 열렸다. 장관, 문인, 외교관, 예술가, 영화인, 언론인 등 약간이라도 사회적 지명도가 있다는 인물들은 전부 전시회 개막식에 와 있었으니, 필시 그날 저녁 델리의 엘리트들의 저택은 하나같이 텅 비었을 것이다. 화려하면서도 세련된 행사였다. 인도인들은 이런 측면으로 일가견이 있다. 동서양의 중간에서 양편을 오가기 때문에, 그러나 그 어느 편도 온전히 될 수 없어 오히려 얻을 수 있는 유리한 특성인 듯하다.

라구 라이Raghu Rai는 이런 대접을 받을 만했다. 1942년생인 라이는 1965년에 첫 작품 「델리 부근의 아기 당나귀」를 선보였다. 그는 40년 이상 인도의 살아 숨 쉬는 모습을 카메라에 담았다. 라이는 흑백사진에 몰입하던 시절, 앙리 카르티에 브레송이 1940년대 말 중국을 기록하던 것처럼 인도를 촬영했다. 그의 작품은 처음 보는 듯한 이미지마저도 관람객의 마음에 남는다. 광대한 범람원, 촌락과 도시, 해안과 슬럼을 드러내는 깔끄러운 회색빛 화면. 라이의 인도는 모든 이의 인도였다. 그가 창조한 이미지에는 보편성이 있었다.

분위기가 무르익자 라이는 수년 전 전시회를 위해 프랑스 아를에 갔다가 자신이 왜 파노라마 카메라를 사용하는지 설명해야 했던 이야기를 꺼냈다. 파노라마 카메라는 당시로서는 다소 이색적인 선택이었다. 그러나 인도의 먼지, 몸부림, 소란, 격동, 다채로움을 파노라마 카메라의 길고 넓은 화면에 제대로 담아냈기에 라이의 명성은 더욱 높아졌다.

"내게 인도를 찍는 작업은 수평적인 경험입니다. 참으로 다양한 측면이 공존하기 때문에 이를 한꺼번에 화면에 담아내야만 합니다."

라이는 자기가 방금 얼마나 비범한 이야기를 했는지 깨닫지 못하는 듯했다. 내가 이 이야기를 언급하는 이유는, 라이의 작업 방식과 내 작업 방식에 공통점이 있기 때문이다. 내가 사진작가였다면 파노라마 렌즈를 쓰고 노출은 32정도에 맞출 것이다. 파노라마 렌즈는 시야를 시원하게 넓힐 것이고, 좁아진 조리개는 초점을 또렷하게, 피사계 심도를 깊게 할 것이다.

나는 1981년 뉴욕을 떠나 아시아에 도착했다. 이런 경우 특파원들은, 이를테면 베이징에서 일정 기간 근무한 다음 도쿄, 방콕, 델리 등으로 한 번 옮겼다가 본사로 복귀하든가, 아니면 파리나 부에노스아이레스로 떠나는 것이 보통이다. 내 운명은 조금 달랐다. 그리고 이 책은 내가 사 반세기 넘게 아시아에서 일하고, 공부하고, (아시아인의 저술을 포함하여) 독서한 결과물이다. 많이 대화하고, 보도하고, 집필한 경험이 서서히 축적되면서 초기의 수많은 의문들은 하나둘씩 해답을 얻거나 중요성을 잃었다. 시간이 지나면서 일정한 윤곽이 드러났다. 결국 나의 질문은 (적어도 현재로서는) 세 가지로 압축됐다. 그 세 가지가 이 책의 기본 틀을 이룬다.

1장의 제목은 '근대성은 무엇을 의미하는가?'로 바꿔 달아도 상관없다. 그게 1장이 제기하는 핵심 질문이다. 내가 "서예와 시계"라는 제목을 택한 이유는, 아시아의 근대를 이해하려면 '서예'와 '시계'가 대표하는 것의 차이를 파악하는 일이 기본이기 때문이다. 그 두 가지가 각각 '정신'과 '물질'을 상징한다고 해도 좋다. 그런 구분을 가리키는 용어는 이 밖에도 많지만, 중요한 것은 아시아에 이러한 구별이 확실히 존재한다는 점이다. 한편에 오늘날 '가치'라고 통칭하는 전통, 문화, 신념, 관행이 있는가 하면, 다른 편에는 철도, 제철소, 구두 주걱, 자동차, 주방용품, 컴퓨터 등이 있다. 즉 '돈가스 집 전깃줄'로 상징되는 것들이 존재한다. 물론 이런 구분이 꼭 아시아에만 있는 것도 아니고, 아시아에서도 요즘은 현대적 물품이나 기술을 당연시한다. 그러나 일본과 중국을 선두로 19세기 아시아에서 시도된 정신과 물질의 구분은, 아시아가 '근대'를 경험하는데 있어서 핵심적이었다. 나는 이것이 근대 아시아의 운명을 결정지은 최대의 실수라고 생각한다. 이것 때문에 160여 년이나 이어진 신념과 존재의 미, 정체성의 위기가 지금에야 비로소 수그러들고 있다. 실로 기념할 만

들어가며

한 순간이다.

나는 수년간 아시아에 살면서 아시아가 자신의 역사와 독특한 관계를 맺고 있음을 알아챘다. 이것이 2장 "서하사栖霞寺의 부처들"의 주제다. 아시아를 자주 괴롭히는 일종의 '기능장애'가 서구와 마주한 근대 경험과 관계가 있다는 사실을 깨닫기까지는 그로부터 몇 년이 더 걸렸다. 확실히 피해가 있었다. 중국은 ·그 피해가 아주 적나라한 경우다. 20세기 중국 역사는 잔해로 가득하다. 이것은 믿고 저것은 믿지 말라, 이 책은 읽고 저 책은 읽지 말라, 그 책도 저 책도 아니고 이제 이 책을 읽어라, 그것도 저것도 믿지 말고 이제 이것을 믿어라 등등. 중국의 근대화 방법을 묻는 질문에 대한 답변은 혼란스러웠다. 중국에서 요즘 심리요법이 빠르게 확산되는 것도 이해할 만하다.

왜 이런 현상이 생긴 것일까? 산업화된 서구와의 대대적인 만남이 대체 어떤 충격을 주었기에 그 많은 사람들이 과거로 이어지는 끈을 놓아버린 것일까? 이것이 나의 두 번째 질문이다.

3장 "공중정원"을 소개하는 것과 관련하여, 사진작가 라구 라이와 함께 했던 델리의 밤으로 잠시 되돌아가자.

"사진은 서구적인 매체입니다." 라이가 말했다. "우리는 오랫동안 서양 사진작가들의 영향을 받았어요. 하지만 어떤 매체를 사용하든지 예술가는 일정한 포화점에 도달하게 마련이지요. 제 경우는 파노라마 카메라를 쓰기 시작할 때가 그런 시점이었어요. 선택에는 구체적인 이유가 있었습니다."

그 구체적인 이유란 인도를 될 수 있는대로 가감 없이, 있는 그대로 사진 속에 담아내기 위해서였다. 개괄적으로 말해서 라이의 '포화점'은 그가 서구의 충고를 거부하던 순간, 즉 다른 이의 방식을 따라하거나 다른 이의 충성스런 제자가 되기를 거부하고, 눈앞에 보이는 그대로의 세계에 반응하기 시작하던 바로 그 순간이었다. 인도의 무엇을 어떻게 바라봐야 할지를 인도가 그에게 속삭이기 시작했던 것이다.

이 마지막 장의 핵심은 탈서구 세계의 가능성을 짚어보는 것이다. 나는 이란에서 근무한 경험을 바탕으로 2000년 봄 계간지 『워싱턴 쿼털리』*The Washington Quarterly*에 기고한 적이 있는데 그때 아이디어를 얻었다. 내가 던지는 질문은 단순하면서도 복잡하다. 아시아는 서구라는 참조 대상 없이도 스스로를 이해할 수 있을까? 다시 말해서, 아시아는 서구적인 진보 관념에서 완전히 벗어나 동서양 모두에게 쓸모 있는 아시아 나름의 진보 관념을 발전시키게 될까?

흔히 모든 지식은 비교를 수반한다고 말한다. 나와 '다른 것'을 포섭해 변화시키는 것이 바로 세상이 돌아가는 가장 기초적인 작동 방식이다. 그러나 라구 라이와 나눴던 짧은 대화를 통해, 아시아는 100년 이상 지속된 '비교하는 습관'에 더 이상 만족하지 않는다는 사실을 알 수 있었다. 자기를 이해하려는 새로운 충동이 아시아에 광범위하게 퍼져 있다. 라이와의 만남은 그런 사실을 보여주는―셔터를 누를 때 필름이 빛에 노출되는 그 순간만큼이나―짤막한 예시에 불과하다.

독자들은 이 책에서 집중적으로 다루려는 세 나라가 일본, 중국, 인도임을 눈치 챘을 것이다. 그 나라의 무엇을 다루는가? 문화? 문명? 사회? 국가? 아마 전부 다 조금씩 언급될 것이다. 과거를 생각하고, 느끼고, 바라보는 것이 이 책의 과제이며, 그런 목적에 가장 부합한다는 생각에 이 세 나라를 택했다. 그러나 준거 틀을 제한하려는 의도는 전혀 없다. 세 나라의 예를 통해 드러나는 사실은 국경을 초월해 적용할 수 있다.

내 선택이 이상해 보일지 모른다. 책 한 권에 중국과 일본, 인도 이야기가 동시에 들어가다니? 위에서 정리한대로 나는 궁금한 점들을 더 이상 줄일 수 없는 세 가지 질문으로 압축한 뒤, 질문을 던질 세 나라가 무엇을 연상시키는지 몇몇 친구들에게 물었다.

"서사극을 펼쳐낸 문화."

한 친구가 대답했다.

미처 생각하지 못한 측면이었다. 처음에 그 말을 무심히 듣고 넘겼다가 갑자기 궁금해지기 시작했다. 혹시 그 세 나라에 '아시아'라고 불리는 장소에 관해 보다 근본적으로 이해를 도울 만한 모종의 일관성과 연속성이 있지 않을까 하는 생각이 들었다. 어떤 의미에서 세 나라는 분명히 같은 길을 걸어왔다. 흥미롭게도 이 책을 집필하면서, 나는 21세기 초에 인도에서 펼쳐지고 있는 논의가 부분적으로 19세기 말 일본에서 있었던 논의와 닮았음을 깨달았다.

° 상상의 경계선

우리가 '동양'이나 '서양'이라고 말할 때는 거기에 어떤 의미가 담겨 있을까? 헤로도토스는 벌써 2,500여 년 전에 두 용어를 사용했지만 그에게 동양과 서양은 페르시아와 그리스를 의미했다. 헤로도토스 이후 수백 년 동안 서구는 그리스 문화를 서양 문화의 초석으로 간주했지만, 오늘날 우리는 헬레니즘 문명이 그다지 서양적이 아니라는 점을 알고 있다. 이후 서구는 기독교 세계를 뜻하는 하나의 종교적 관념이었다가 19세기에 정치적 구성체의 성격을 띠면서 본격적으로 '타자'를 통해 자기를 규정하기 시작했다. 예컨대 '동방'에는 서구와 구별되는 '타자' 러시아가 있었다. 이 정치적 서구 개념에 20세기 들어 군사적 색채가 가미되었고, 그 결과 오늘날 서구 개념은 정치성과 군사적 성격을 동시에 띤다. 일부 미국인들은 아직도 기독교를 기준으로 동서양을 가르는 데 집착하지만, 그러면 옛 러시아 제국의 영향권에 놓였던 지역 전체가 '서구'에 들어가는 문제가 생긴다.

동서 개념은 상대적인 것으로 봐야 한다. 무어인들은 프랑스 중부까지 진출했고 오스만제국은 헝가리까지 손길을 뻗쳤다. 18세기 동유럽은 서유럽인의 눈에 확실한 동방(가서 살기에 적당치 않은 곳)이었다. 1946년 윈스턴 처칠은 발트 해에서 아드리아 해에 이르는 '철의 장막'을 드리웠고 동쪽은 '적화'됐다. 일본이나 동남아시아처럼 공산화되지 않은 곳에 붉은 물이 들까봐 서구는 전전긍긍했고, 결국 동양은 피비린내 나는 냉전활극의 무대로 변했다.

편의상 용어 문제를 간결히 하고자 한다. 이 책에서 '동양'은 통념대로 서아시아, 남아시아, 동아시아를 지칭하고 '서양'이나 '서구'는 아시아로 진출해 영향을 끼치기 시작한 산업화된 19세기 서구를 가리킨다. 이 서구는 인도에게는 자국을 식민지화한 세력, 중국과 일본에게는 각각 아편전쟁과 페리 제독으로 상징되는 세력이다.

이렇게 정리해도 문제는 복잡하다. 19세기 포르투갈의 저명한 소설가 주제 마리아 에사 데 케이로스José Maria de Eça de Queirós는 발전이 뒤처진 남유럽에 대해 북유럽이 행사하던 영향력을 이렇게 한탄했다. "이제 우린 모든 것을 수입한다." 그의 최고의 작품 『마이아스 가의 사람들』에 나오는 말이다. "사상, 법률, 철학, 이론, 문학 작품의 줄거리, 미적 감각, 과학, 스타일, 산업, 패션, 예의범절, 농담 등 세상 모든 것이 궤짝에 담겨 증기선으로 도착하고 있다." 바스쿠 다 가마 시절에 식민세력이던 나라가 산업화된 세상에서는 식민지 신세였던 셈이다. 우리는 이와 같은 역설을 염두에 두어야 할 것이다.

일본의 역사학자 사카이 나오키는 이 난제를 해결할 흥미로운 방안을 제시한다. 그는 지리나 국경 따위는 잊어버리라고 말한다. "골상이나 언어, 인종, 습성 등과는 무관하게 (……) 사회적인 역경에 처해 있거나 소위 이상적이라는 서구인의 이미지와 괴리된 자"는 누구나 아시아인 이라고 그는 주장한다. 그렇다면 아시아인은 '타자' 혹은 피억압자다. 산 업화된 서구의 일부가 되지 못하면 '아시아인'이다. 용어의 유연성이 허락하는 한계 이상으로 잡아 늘린 정의다. 에사 데 케이로스의 눈에 비친 포르투갈 사람들도 이 정의에 따르면 아시아인이다. 그러나 사카이의 논리에도 일리는 있다. '아시아'란 고대 아카디아어로 '해돋이'를 의미하는 '아수'asu에서 따온 말로, 유럽인들이 자신과 동쪽의 거대한 '타자' 집단—즉 유럽인 이외의 모든 인간—을 구분하려는 목적으로 만들어낸 말이라는 설도 있으니 말이다.

이후 본문에서는 독자의 눈이 피로하지 않도록 꼭 필요한 경우만 빼고 동양이나 서양을 지칭하는 말에 따로 따옴표를 치지 않겠다. 사실 동서양을 가리키는 용어들은 협소한 의미를 띠거나 불편함과 오해를 야기하는 경향이 있어서 따옴표를 치는 것이 옳다. 또한 이 용어들이 한때 일정한 유용성을 지녔을지 몰라도 이제는 아니다. 헤로도토스도 오랜 여행과 질문 끝에 결국 동과 서라는 개념은 상상의 산물에 불과하다고 결론내리지 않았던가. 동서양 사이의 선은 어차피 인간이 그은 선이다. 오랜 세월 속에서 우리는 그 사실을 그만 망각하고 말았다. 동서 구분이 영속적이라는 믿음, 마치 어디엔가 아로새겨진 듯 동서 경계가 늘 존재했고 앞으로도 늘 존재하리라는 생각은 잘못됐다. 이제 조금 다른 관점으로 현실과 우리 자신에 관해 진실을 직시할 때가 왔다.

'탈서구 시대'에 번영하려면 대안적 관점은 필수적이다. 관점이 바뀌면 보이지 않던 것들이 보이기 시작하고, 아시아와 서구가 새 시대에 각각 어떤 위치에 놓이게 될 것인지에 대한 이해도 깊어질 것이다. 역사를 '경계선을 번갈아 넘나드는 움직임'으로 묘사했던 헤로도토스의 선견지명에 감탄하게 될 것이며, 실제로 그런 움직임을 목격하게 될 것이다. 마음만 먹으면 아시아의 관점에서 서구를 바라보는 일도 가능할 것이다. 그만큼 거리를 두고 자신을 바라볼 수 있다면 시야가 트이면서 큰 깨달음이 올 것이다. 19세기가 아시아에게 새로운 자아를 창조하라고 요구했듯이 탈서구 시대에 서구는 자신의 '서구적 자아'가 '구축된' 것임을 직시하게 될 것이다. 우리는 새로 열리는 시대가 이 구축된 자아에 어떤 변경을 가하는지 보게 될 것이다.

19세기 아시아인은 자기가 '타인의 세기'를 산다고 생각했을 것이다. 근대적인 것은 전부 서구의 것이었으므로 19세기는 서구의 것이었다. "우리는 이제 모두 근대적이다" 중국인 친구의 말이다. 이 말이 사실이라면, 새로운 세기에는 모든 게 변할 것이다. 그렇다고 우리가 종료된 '미국의 세기'를 대체할 '아시아의 세기'의 출발선에 서 있는 것은 아니다. 단순한 역할 전환은 중요하지 않다.

우리가 주목할 '전환'은 성격을 달리한다. 한때 아시아의 약점이던 요소가 이제 강점으로 작용하고, 반대로 서구의 강점은 요즘 문제점이 되고 있다. 역사상 어느 특정한 순간에 우리에게 추진력이 되어준 요소가, 시대가 바뀌면서 걸림돌이 될 수 있는 것이다. 그렇다고 이것을 '아시아의 세기'나 '동양의 세기'가 도래할 징조로 볼 수는 없다. 그런 사고방식은 한물간 힘의 논리를 드러낸다. 현시대를 '탈서구 시대'라고 표현하면 아마 가장 적절할 것이다. 이제 우리는 새로운 세기가 더 이상 서구의 세기가 아니라는 걸 인정할 때가 왔다. 이 신세기는 특정한 집단을 거론하는 대신 단순히 '타인의 세기'라고 부르면 될 일이다.

이 책에 담긴 글은 에세이에 가깝다. 각 장은 이해하기 편한 순서로 배치됐고, 어느 한 장에서 소개된 관념은 종종 다른 장에서 다시 등장하지만 각 장 간에 연속성은 없다. 각 장은 어떤 소재를 종합적으로 '심층 분석' 하지 않는다. 그런 야심은 없다. 이 글은 미셸 몽테뉴의 에세이처럼 글감에 대한 탐색이자 도전이며 탐험이라는 점에서 에세이 본래의 의미에 충실하다. 따라서 추가로 논의할 여지는 항상 남게 될 것이다.

'있는 그대로의 아시아'의 본질적인 측면 몇 가지를 조명하는 일이 그리 대단한 시도라고 보기도 어렵다. 나는 그저 세 가지 질문을 제기했고, 지난 몇 년간 그 과정에서 수많은 대답을 얻고자 했다. 이 책은 그 열매다. 인도의 노벨상 수상자 아마르티아 센은 최근 자신의 저서에 이런 헌사를 적었다. 그것으로 내 집필 동기를 갈음한다.

"세상이 착각의 감옥에서 벗어나기를 소망하며."

Somebody

Else's

Century

그들은 눈에 보이는 것만을 원했다.

【 츠지웨이, 『중국 혁명의 변증법』 】

East

and

West

in

a

Post-Western

World

1장

서예와 시계

° 일곱 색깔 연기

기타큐슈北九州는 한자가 의미하는 대로 '큐슈의 북쪽'에 위치한 도시다. 일본의 4대 섬 가운데 가장 남쪽에 자리하는 큐슈는 좁은 해협을 사이에 두고 혼슈와 갈라진다.

기타큐슈는 흥미로운 과거를 갖고 있다. 기타큐슈를 이루는 다섯 개의 마을은 20세기를 맞아 전면적인 변화를 겪었다. 이곳은 부근에 탄전이 있고 지진도 별로 없어 항구로 발달할 여건을 갖추고 있었다. 근대화에 여념이 없던 메이지 정부는 1901년 기타큐슈의 다섯 마을 가운데 하나였던 야하타에 일본 최초의 제철소를 세웠다. 정유, 제련, 화학 공장도 차례차례 들어섰다. 아시아태평양전쟁이 일어나기 전까지 이 마을이 어떤 모습으로 변해갔을지 쉽게 상상할 수 있다. 1945년 8월 9일, 두 번째 원자폭탄이 기타큐슈에 떨어질 예정이었으나 흐린 날씨 때문에 미군 조종사들은 플랜 B로 작전을 변경해야 했다. 플랜 B의 표적은 나가사키였다.

일본은 전후 수십 년 동안 서구를 따라잡고자 국가 재건과 경제성장에만 몰두했다. 국민총생산주의라는 신조어도 생겼다. 이 기간에 기타큐슈는 이성을 잃다시피 했다. 도카이 만을 따라 들어선 엄청난 수의 공장들이 자동차를 비롯한 각종 철강제품을 생산했다. 철강회사 야하타제철은 신일본제철로 합병되어 일본 경제의 기적을 상징하는 대표적인 기업이 됐다. 어둠을 밝히는 달아오른 용광로의 이미지가 반세기 전 일본인들을 매혹시켰다. 거룩한 장면이었다. 1961년에 출간된 역사문헌은 제련소의 초창기를 이렇게 묘사했다.

> 기계는 우레 같은 소리를 내며 돌아가고 용광로는 밤하늘을
> 밝힌다. 모든 것이 강렬하고 생동감 넘친다. 야하타는 철강 산
> 업의 본거지로 일컬어진다.

기타큐슈는 전후 일본에서 네 번째로 큰 산업 중심지로 변신했다. 그 과정에서 기존의 다섯 개 마을이 하나의 도시로 통합됐다. 전후 이 지역의 모습을 기록한 사진들을 보면 여러 가지 생각이 든다. 서로 겹칠 정도로 다닥다닥 붙어 있는 오래된 목조 주택의 납작한 지붕은 입체파 그림을 연상시킨다. 주변에는 수많은 공장 굴뚝이 민들레처럼 괴괴히 솟아 있다. 신일본제철에서 근무하다 퇴직한 한 고위 간부는 기타큐슈에 있었던 공장 굴뚝을 전부 합하면 1,000개가 넘을 것이라고 말했다. 그 굴뚝들은 이른바 '일곱 색깔 연기'를 내뿜었다. 각각의 색은 하나의 산업

분야를 상징했다. 옛 사진에 담긴 기타큐슈의 하늘은 어울리지 않는 색으로 누빈 이불 같은 연기에 완전히 뒤덮여, 건물 옥상은 보일락말락 했고 공장 굴뚝의 상단은 아예 보이지 않았다.

신일본제철의 계열사 가운데 하나인 신일본제철화학의 간부로 퇴직한 후지모토 겐이치는 마을회관에서 퇴직자 모임이 있던 어느 날 오후를 회상하며 이야기했다. "우리는 '일곱 색깔'을 자랑스럽게 생각했지요. 그런데 그 연기가 우리 허파에까지 스며들었어요."

'일본 경제의 기적'이란 전후 일본이 보인 비이성적인 상태에 우리들이 갖다 붙인 용어에 불과하다. 기적은 물론 없었다. 우리가 말한 '기적'은 그저 강박의 결과였을 뿐이다. 기타큐슈의 자존심과 투지를 꺾을 자는 아무도 없는 듯했다. 그러나 도카이 만에 오래 정박한 선박은 프로펠러가 녹았다. 아침에 내다 넌 빨래를 저녁에 걷으면 공해 때문에 천에 구멍이 뚫릴 지경이었다. 검댕과 화학물질이 뒤섞인 먼지가 학교 창턱마다 눈처럼 쌓였다. 환경오염은 1960년대에 가장 심했지만 호흡기, 피부, 내장 질환, 암 등 공해와 관련된 질병의 발생률은 그로부터 10여 년이 더 지나 절정에 달했다. "1990년에 피해보상금 수령자가 10만 명에 이르렀지요." 후지모토가 말했다.

기타큐슈는 궁극적으로 해피엔딩을 맞았다. 산업도시의 지위를 유지하면서도 청결하고 녹지대가 많은 '녹색' 도시로 변신했다. 시내 곳곳에 조성된 공원과 예전에 마을들 사이의 경계였던 푸른 언덕들을 한 바퀴 돌아보면 오염된 물과 공기를 깨끗이 정화한 데 대한 시민들의 자부심이 느껴진다. 사고에 근본적인 변화가 일어난 것이다.

지금도 야하타에는 옛날 제철소가 서 있다. 지금 보면 참으로 기이한 기념물이 아닐 수 없다. 전후에 재건된 이 공장은 조업이 끝나면서 대부분 해체됐다. 아직 남아 있는 굴뚝, 제철용 대형 보일러, 용광로, 거치대 등의 시설은 전후 재건된 것을 한 번 더 복제한 것이다. 이 가운데 원래 제철소에 속했던 시설은 벽돌을 차곡차곡 쌓아 만든 용광로뿐이다. 한 때 불꽃을 튀기며 오렌지색 열기로 전 일본을 매혹시켰던 제철소의 심장부는 이제 차갑게 식었다. 그만하면 충분히 할 일을 다 했다고 말하는 듯하다. 높다란 용광로 상단에는 '1901'이라는 숫자가 두툼하게 박혀 있다. 옆 건물에 자리한 박물관에서는 큐레이터가 현재 정부에서 '산업 관광'이라는 새로운 관광정책을 개발 중이리고 설명했다. 이 관광 코스에서 야하타는 꼭 들러야 하는 장소였다.

후지모토와의 대화에 그의 친구 몇 명이 참여했다. 이 70대 신사들은 하나같이 헌신적인 샐러리맨처럼 보이지만 다 같지는 않았다. 이들은 모두 자기 세대가 전후에 이룬 성과에 자부심을 느꼈지만, 개인적으로는 내면적 분열을 겪고 있었다. 맹목적으로 한 길만을 걸은 데 대한 회한이 자부심만큼이나 컸다.

나는 그들에게 옛날 기타큐슈를 찍은 유명한 사진 한 장을 언급했다. 야하타제철소의 개소식을 담은 사진이었다. 마치 학교 졸업사진처럼 20~30명가량의 명사들이 정장차림으로 줄맞춰 서 있었다. 이 사진이 유명한 이유는 일본의 초대 총리 이토 히로부미가 그들 속에 끼어 있기 때문이다. 그는 이 개소식에 참석하기 위해 도쿄에서 일부러 이곳까지 찾아왔다.

신일본제철 출신 노신사들은 전부 이 사진을 알고 있었다. 나는 그들에게 이 사진이 어떤 의미인지 궁금했다. 노부요시 다나카가 대답했다. "야하타제철소는 일본 최초의 종합 제철공장이었어요. 가난한 어부나 농부였던 우리가 드디어 근대적으로 변신하던 순간이지요."

˚낯선 손님으로 찾아온 근대

"아시아는 하나다." 일본의 사상가 오카쿠라 가쿠조가 오래전에 『동양의 이상』이라는 책에서 선언한 말이다. 오카쿠라는 특이한 인물이었다. 여행을 통해 폭넓은 견문을 지닌 세련된 사람이었고, 이집트산 담배에 중독되어 있었으며, 아시아 미술을 미국에 최초로 소개한 보스턴 출신 미국인들에게 조언자 역할을 하면서 자신도 미술품을 수집했다. 당시 신사들이 흔히 그랬듯 양복과 기모노를 혼용했던 오카쿠라는 '오리엔탈리즘적 관점을 지닌 아시아인'이라는 특정 부류의 초기 유형에 해당했다. 그는 서구인의 눈에 아시아가 어떻게 비치는지 잘 알고 있었고, 그런 서구의 시선을 상황에 따라 부분적 혹은 전면적으로, 공적 혹은 사적으로, 진심으로 혹은 자신의 목적에 부합하므로 받아들였다.

"아시아는 하나"라는 오카쿠라의 표현은 야하타제철소에 불이 지펴진 지 3년 만인 1904년에 등장했다. 인기는 얻지 못했다. 사실 아시아를 하나의 균일한 지역으로 취급하는 것은 몰상식한 서구인들이나 하는 짓이다. 각종 종교, 문화, 언어 및 유구한 철학적 전통이 혼재하고, 섬, 광활한 평야, 산지, 계곡, 밀림, 사막, 만년설 덮인 산봉우리 등 온갖 지형이 분포하고, 세련된 궁정인과 원시부족이 공존하는 아시아를 어찌 '하나'라 할 것인가?

일본이 아시아의 온갖 요소를 한데 모아 하나의 동아줄로 엮어냈으니 그 점을 높이 사야 한다는 오카쿠라의 논리에도 별 타당성은 없다. 다음 대목은 일본에 대한 그의 자부심을 잘 보여준다. "일본은 아시아 문화의 역사적 풍요로움을 연대순으로 연구할 수 있는 귀중한 표본들을 갖춘 유일한 곳이다. 그러므로 일본 예술사는 곧 아시아 사상의 역사라 할 수 있다. 끊임없이 밀려드는 동양사상의 파도가 매번 일본 국민의 의식을 때리며 모래사장에 무늬를 남겨놓았다.”

일본은 수 세기 동안 세계 여러곳의 영향을 받았다. 외래 문물이 일본에 들어오면 어김없이 변질됐지만 일본이 어떤 의미에서 문화 수집소였던 것은 사실이다. 특히 러시아 함대를 패퇴시키고 아시아 국가로서는 최초로 열강의 반열에 들기 직전이던 1904년은 일본인에게 특별한 시기였다. 오카쿠라의 생각을 비판할 때 비판하더라도 그 당시 시대적 배경이 그런 주장을 탄생시켰다는 점은 염두에 두어야 한다.

오늘날 오카쿠라의 발상을 재조명할 때 아시아는 진정 하나인 것처럼 보인다. 적어도 아시아를 하나로 만드는 대략적인 특징이 눈에 띈다고 말할 수 있다. 오카쿠라가 옳았다는 얘기는 아니다. 그가 한 말의 의미는 오늘날 누군가가 ‘아시아는 하나’라고 말할 때 느껴지는 어감과는 분명히 다르다. 그렇지만 ‘아시아’를 그냥 ‘복잡성과 다양성을 지닌 지구상의 한 지역을 가리키는 말’이라고 치더라도, 아시아적인 것은 곧 ‘동양적’인 것을 뜻하며 여기에는 ‘서구가 아닌 곳’이라는 일정한 공통점이 존재한다. 오랜 세월 동안 아시아란 ‘배제’나 스스로 ‘배제된 존재’를 의미했다. 오카쿠라는 아시아의 ‘무력함’을 보며 아시아는 하나라고 결론 내렸던 것이다.

‘무력한’ 아시아는 서구의 모든 것을 의심 없이 받아들였다. 그중에서도 특히 서구의 진보 관념을 서둘러 도입했다. 아시아는 서구를 가능한 빨리 따라잡는 것을 목표로 삼았다. 그러나 역설적이게도 이 과제는 곧 자존감을 되찾는 작업으로 변했다. 오카쿠라가 이미 한 세기 전에 예언한 그대로였다. “삶의 의미는 자기 자신을 되찾는 데 있다.”

진보에 대한 믿음은 오늘날 크게 흔들리고 있다. ‘진보’라는 말에 덧씌워진 신성함이 과연 타당한 것인지 우리는 진지하게 의문을 제기해야 한다. 이 문제는 현재뿐 아니라 아시아와 근대가 처음으로 대면했던 역사적 시점과 관련 있다. 아시아와 근대가 만난 19세기 중반은 모든 것이 논리적으로 명쾌하게 진전한다는 '진보사관'의 절정기였다. 근대는 갑작스럽게 아시아에 찾아들었다. 하지만 아시아의 입장에서 근대적인 모든 것과 그것들을 규정하는 개념은 그 자체가 '남의 것'이었다. 서구는 아시아의 이런 심정을 자주 간과한다. 헨리 베세머, 루이 다게르, 헨리 포드는 서구에게는 '우리' 유산이지만 아시아에게는 '저들'의 유산이다. 지금은 그런 단순한 공식이 극복되어가고 있지만, 근대와 관계를 맺는데 있어서 동서양에는 오랫동안 큰 차이가 있었다. 자동차를 몰거나 가죽 구두를 신는 단순한 행위도 서구인과 아시아인에게 그 의미가 달랐다. 서구인에게 자동차나 가죽 구두는 자신들의 문화유산이지만 아시아인에게는 남의 것이었다. 일상생활에서 경험하는 이런 느낌의 잔향이 지금까지도 남아 있다. 이 또한 아시아를 하나로 묶는 것 가운데 하나다.

기타큐슈가 전후에 겪은 변천은 광기라고할밖에 달리 표현할 방법이 없다. 무리한 표현도 아니고 악의를 품은 말은 더더욱 아니다. 기타큐슈를 비롯한 일본의 수많은 도시가 겪은 현상은 영국과 미국이 19세기에 겪은 현상과 다를 바 없다. 당시 영국이나 미국도 비이성적이거나 불명예스러운 문제들을 나름대로 꽤 겪었다. 그렇지만 어떤 일이 발생한 '시점'이 늘 중요하다. 기타큐슈의 사례가 비이성적인 이유는 '저들'이 이미 100년 전에 저질렀던 일을 1950년대에 그대로 답습했기 때문이다. 그러한 비이성적 행동은 감정적, 심리적 욕구를 채우려는 충동에서 비롯됐을 수 있다. 즉 본능적 욕구가 승화sublimation된 것이다. 이것은 특별히 아시아적인 현상이라 할 수 없으며, 입장이 뒤바뀌었더라면 서구에서도 충분히 일어났을 법한 일이다. 그럼에도 우리가 이 현상을 아시아에 결부시키는 이유는, 비교적 최근에 발생한 일이고 서구가 이를 생생히 목격했기 때문이다.

다시 오카쿠라로 되돌아가자. 한때 다른 아시아 문화를 수집하던 일본이 근대를 맞아 달라졌다. 남을 모방하던 일본이 20세기에 들어서면서 비서구 근대국가로는 처음으로 모방의 대상으로 등극한 것이다. 오카쿠라 생전에 일본은 이미 다른 아시아 국가에게 중요한 존재로 자리매김했다. 그러나 그 이유는 일본이 과거에 아시아 문화를 흡수했다는 역사적 사실 때문이 아니라, 일본이 서구 문물을 도입하는 과정에서 배운 것, 이를테면 '근대 경험 관리법' 같은 뭔가 얻어갈 점이 있을까 하는 바람 때문이었다.

° 외국에게 보이기 위한 개발

베이징에 머물던 가을, 나는 오후가 되면 천안문 광장에서 가까운 난창제南長街의 가로수길에 있는 찻집을 찾곤 했다. 고풍스럽고 야트막한 벽돌 건물—찻집 주인은 청나라 후기 건축물로 짐작했다—안으로 소박한 나무문을 열고 들어가면 단출한 안뜰이 보였다. 그 집의 모든 방은 이 안뜰에 바라보고 있었다. 주인 왕젠지앙은 은퇴한 60대 항공 기술자로, 이곳을 친구들과 (나 같은) 지인들의 모임 장소로 제공했다. 우리는 이 집을 '왕 삼촌네 집'이라고 불렀다. 거기에 가면 동네사람은 물론 학자, 글쟁이, 불교 부흥 운동가, 중국차 전문가를 두루 만날 수 있었다.

왕 삼촌은 그 집에서 강제 퇴거 될 위기에 처해 있었다. 중국 전역에서 흔히 벌어지는 일이었다. 안뜰 딸린 전통 가옥들이 빼곡히 들어찬 베이징의 옛 골목 후통도 불도저가 이미 대부분 밀어버린 상태였다. 나는 베이징 남단에서 동네 하나가 통째로 철거되고 불과 며칠 만에 기차역 앞 광장으로 돌변하는 광경도 본 일이 있다. 이런 식으로 퇴거당하는 것을 중국에서는 "차이拆 당한다"라고 표현한다. 중국식 근대화의 한 단면이다.

2008년 베이징 하계올림픽 직전에 시 당국에서 묘한 일을 벌였다. 아직 '차이' 당할 때가 아닌 동네를 철거 대상으로 지정한 뒤 일꾼을 동원해 그 허름한 구역 전체에 벽돌 울타리를 둘러 사람들이 안을 보지 못하도록 한 것이다. 올림픽을 보러온 관광객들은 베이징을 베이징답게 만드는 이 구역을 전혀 구경할 수 없었다. 이게 바로 중국이다. 포부로 가득한 거대한 땅 덩어리. 그러나 그 포부에는 갈등이 서려 있다. 남들에게 자신을 있는 그대로 보여주는 대신 보여주고 싶은 것만 골라서 보여준다.

왕 삼촌의 찻집이 맞이한 운명도 중국이 자신의 과거, 현재, 미래에 대해 느끼는 일종의 애증에서 비롯된 것이다. 당국이 후통을 허물고 옛집을 철거하면 할수록 남은 것들이 더욱 소중하게 느껴지는 법이다. 내 친구 하나는 철거된 후통의 옛집을 그대로 재현한 집에서 산다. 진품이 사라지자 이를 아쉬워하며 복제품이 등장한 것이다. 이런 향수는 근대화의 진전과 함께 병존해왔으며 사실상 근대화의 한 특징으로 자리 잡았다. 심지어는 철거를 명하는 당국 관계자들의 심정도 마찬가지였다. 왕 삼촌의 강제 퇴거에는 중국공산당 간부 한 사람이 그 찻집 터에 전통가옥을 세우고 싶어 했던 사정이 존재했다. 새 건물은 근대적 안락함을 제공하면서도 구식 벽돌 외관을 유지해야 했다. 집의 안팎도 여전히 구별되어야 했다. 대문 밖에서 현관까지의 거리는 불과 몇 미터에 불과하지만 심리적으로 거기에는 광대한 추상적 차이가 존재했다. 가로수도 그대로 둘 터였다. 수년 전 중국의 여러 도시에 심어진 플라타너스 나무였다.

"제가 이 동네에서 버티는 몇 안 되는 사람 중 하나지요." 왕 삼촌이 나와 함께 자기 찻집으로 걸어 들어가며 말했다. 그가 오래된 기와 지붕과 처마에 걸린 플라스틱 배수 파이프를 물끄러미 올려다보았다. 그러더니 이렇게 말했다. "과거가 없으면 미래도 있을 수 없습니다. 과거 없이 어떻게 미래를 향한 전진이 가능하겠습니까."

왕 삼촌은 서구가 한때 포트아서Port Arthur이라 부르던 중국 북동부 항구도시 다롄에서 보낸 어린 시절을 회상했다. 그는 지금도 야간열차를 타고 친지를 만나러 다롄에 간다. 옛날 같지 않다고 그가 말한다. 다롄은 분진 날리는 북부지방 공업도시들을 보조하는 역할을 장기간 맡아왔다. 이곳에는 과거의 자취가 겹겹이 쌓여 있다. 러시아인들의 자취, 1905년 러일전쟁에 승리한 일본인들의 자취. 다롄의 건축물도 그런 역사를 반영한다. 그러나 지금은 그 일부만 남았고 비교적 최근인 중공 시절에 세운 지저분한 6층짜리 아파트들도 철거되는 형편이다.

"1990년대에 다롄 시장을 지낸 보시라이가 한 일이죠." 왕 삼촌이 말했다. 보시라이는 중국에서 유명 인사다. 부친 보이보는 혁명 원로로 문화대혁명과 함께 숙청됐다가 후일 덩샤오핑 치하에서 복권되어 장관급 고위직을 역임했다. 1992년 다롄 시장이 된 보시라이는 다롄을 대대적으로 싹 밀어버리는 정책으로 유명세를 얻었다. 차이차이칸柝柝看, 즉 "일단 다 부숴버리고 볼 일이다"라는 구호는 보시라이를 전국적인 연구 및 모방 대상으로 만들었다.

이 구호 얘기가 나오자 왕 삼촌이 웃으며 설명했다. "거기에 말장난이

들어있어요. 차이차이칸은 북경어로 '무슨 일이 벌어질지 한번 알아맞혀보라'猜猜看는 말과 동음이의어예요."

보시라이의 정책이 도시 재개발 전략으로는 전에 없던 획기적인 접근법인 것만은 사실이다. 그러나 여기서 의문을 제기하지 않을 수 없다. 무너뜨린 도시를 무엇으로 대체할지에 대한 계획이 마련되지 않은 상태에서 우선 해체부터 하자는 충동은 도대체 어디서 나오는 것일까? 기타큐슈의 경우처럼 중국 근대화의 스타로 떠오른 다롄의 사례에도 경제적 욕구 이상의 무언가가 담겨있다.

하루는 다롄 시내를 거닐다가 보시라이가 닦아놓은 (행인들의 안전을 전혀 고려하지 않은) 대로를 벗어나 아직 남아있는 옛 동네 하나로 접어들었다. 여기저기 움푹 팬 길에 장이 들어서 있었다. 나는 생선 장수에게 말을 붙였다. 주위에는 일제강점기에 지어진 것으로 추측되는 노동자들의 가옥이 늘어서 있었다. 낡았지만 아직 탄탄한 건물들이었다. 이제 보시라이는 다롄 시장이 아니지만, 그럼에도 이 동네의 수명이 얼마 남지 않았음을 익히 짐작할 수 있었다.

낡은 트위드 재킷을 걸친 그 생선 장수의 이름은 장뎡야였다. 그는 나와 이야기하는 것을 꺼리지 않았다. 한참 이야기를 나누는데 소나기가 내렸다. 나는 그를 도와 생선 저장 탱크 위로 지저분한 파라솔을 펼쳤다.

"다롄이 이렇게 급변하는 것을 사람들은 어떻게 생각하나요?" 내가 물었다.

"변해야 돼요. 처음에는 짜증스러워도 익숙해지니까요. 하루에 천리를 가는 속도로 변해도 견딜 수 있어요. 더 빨리 변해도 상관없고요." 그가 생선 탱크에서 눈을 떼지 않은 채 대답했다.

"그렇게 빨리 변할 필요가 있나요?"

"변하지 않으면 외국인한테 얕보여요."

"정말 그렇게 생각하세요?"

"겉모습이 제일 중요해요." 그가 단정적으로 말했다.

우리는 잠시 대화를 멈췄다. 이윽고 그가 물었다.

"미국인은 중국인을 어떻게 생각해요?"

"중국이 빠른 속도로 성장하고 있다는 점은 다들 알고 있습니다만, 그것 말고는 잘 모르는 것 같아요. 예를 들어서 중국 사람들이 어떻게 생각하고 느끼는지 잘 모릅니다."

"우리가 어떻게 생각하고 느끼느냐고요? 간단해요. 중국을 부강한 나라로 만들자는 거죠."

°합리성과 천한 다리

부강한 나라란 물론 새로운 발상은 아니다. 일본도 근대화에 착수할 때 부국강병을 전·국가적 구호로 내세운 바 있다. 부국강병이 일본에서 기타큐슈를 낳았듯이 부강해지고자 하는 중국의 바람은 다롄 생선 장수의 관점을 낳았다. 그러나 생선 장수의 말에서 확연히 드러나듯, 부강에 대한 열망은 비교 대상 없이 그냥 생기지 않는다. 자신보다 더 부유하고 강한 자를 만나야 그렇게 되고 싶은 욕구를 느끼는 법이다.

일본에는 많은 구호가 있다. 1870년대에 아주 유명했던 구호는 후쿠자와 유키치가 역설한 '문명개화'다. 문명개화는 단순히 부강해지는 일에 집착하는 것과는 달랐다. 문명개화의 핵심은 서구에서 최상의 문물을 수용, 모방하는 데 있었다. '문명'이라는 용어는 후쿠자와 유키치가 만든 말이다. 그는 문명을 "지덕智德의 진보"로 정의하고 이에 관해 일본이 근대 서구로부터 배워야할 점이 많다고 여겼다. 후쿠자와는 생전에 명망을 누렸고 그 명망은 지금도 계속되고 있지만, 그의 문명론은 일본의 혼을 팔아넘기는 일이라는 비판을 받았다. 결국 후쿠자와 자신도 이상한 쪽으로 방향을 틀기 시작했다. 서구의 제국주의를 따라하는 것도 문명개화라고 여겼던 것이다. 이리하여 프랑스 제국주의를 뒷받침하던 '문명개화의 사명'la mission civilisatrice의 일본식 버전이 탄생하게 된다. 그러나 그는 죽기 직전에 또 한 차례 생각을 전환하여, 물질주의의 홍수 속에서 일본이 필요로 하는 것은 도덕적, 영적 재충전이라고 주장했다. 후쿠자와 유키치가 사망한 1901년은 야하타제철소가 탄생한 해였다.

일본의 초기 근대화 과정에서 등장한 중요한 구호 가운데 문명개화보다 상대적으로 덜 알려진 '화혼양재'和魂洋才가 있다. '화혼'은 일본의 전통적인 정신을, '양재'는 서양의 기술이나 지식을 뜻한다. 메이지 시대 초기 것으로 추정되는 이 구호가 왜 지금은 별로 거론되지 않는지 이유는 알 수 없다. 오랜 세월 그런 이분법이 너무나 깊숙이 뿌리내려 일본인에게 지극히 당연한 것이 됐기 때문일 수도 있고, 1945년 전쟁에서 패하면서 '일본정신'이란 개념이 신빙성을 잃어 극우를 제외한 나머지 국민은 이에 대한 거론을 피하는 것인지도 모른다. 그러나 정신과 물질을 대조시키는 도식적 표현은 대단히 효과적이어서 오늘날에도 아시아 전역에서 일정한 인기를 누린다. 그런 점에서 우리는 이 이분법을 잘 살펴볼 필요가 있다. 정신과 물질을 분리하는 사고방식은 아시아태평양전쟁의 발발과 기타큐슈로 상징되는 전후 경제성장에 기여했을 뿐 아니라, 다롄처럼 자신의 오랜 보금자리를 해체하는 중국의 정책을 낳았다. 덧붙이자면 핵기술을 개발하려는 이란의 욕망에도 같은 사고방식이 깃들여 있다. 이 모든 증상은 사실 하나로 연결되어 있다. 지난 160여 년 동안 아시아에서 연주된 음악은 전부 동일한 주제의 변주곡이다.

화혼양재는 기존에 있던 말을 변형시킨 것으로, 두 용어가 가리키는 대상은 다르지만 의미는 동일하다. 외국 문물을 열정적으로 차용한 일본은 메이지 시대 이전에 이미 1,500여 년에 걸쳐 중국 문물을 수입했고 이에 따라 '화혼한재'和魂漢才, 즉 일본의 전통적 혼을 기반으로 중국 것을 받아들인다는 발상이 등장했다. 이 말이 정확히 언제 생겼는지는 아무도 모른다. 세간에는 9세기에 어느 학자가 사용한 말로 알려져 있지만, 18세기나 19세기 초에 이르러 정착한 표현일 가능성도 충분히 있다. 그렇다면 일본은 그로부터 얼마 지나지 않아 시대에 맞게 구호를 수정하고, 중국에서 서구로 시선을 돌려 근대화를 위한 대대적 차용에 나선 것으로 볼 수 있다.

매슈 페리Matthew Calbraith Perry 제독이 내항한 사건을 살펴보면 희한한 점이 있다. 바쿠후는 페리가 오고 있다는 사실뿐 아니라 일본을 '개항'하려는 그의 의도를 잘 알고 있었다. 그러나 1853년 어느 여름날 아침 페리의 '흑선'을 목격한 어부들은 이런 자초지종을 전혀 모르는 상태였다. 미국 선원들은 시모다 시에서 고기를 잡으러 나왔다가 서둘러 항구로 되돌아가는 일본 어선 몇 척을 볼 수 있었다. 시모다 시에서는 난리가 났다. 그들은 그때까지 증기선을 한 번도 본 일이 없어서 수평선에 솟아오르는 증기를 의아하게 생각했다. 언덕에 올라 바다를 살피던 주민들은 자기들 어선에 불이 났든지, 바다 자체에 불이 붙었든지, 아니면 바다 속 화산이 터진 거라고 결론지었다.

시사하는 바가 많은 에피소드다. 어떤 자료를 보더라도 페리의 내항은 충격과 공포였다는 걸 알 수 있다. 시공을 뛰어넘는 위대한 작가 나쓰메 소세키는 후일 이 사건을 일기에 날카롭게 묘사했다. "사람들은 일본이 30년 전 잠에서 깨어났다고 말하지만, 그보다는 화재를 알리는 경종에 놀라 잠자리에서 뛰쳐나왔다고 해야 맞다. 그것은 정상적인 기상이라기 보다는 완전한 혼란의 도가니였다."

페리가 프랜시스 베이컨, 르네 데카르트, 임마누엘 칸트, 토머스 제퍼슨을 들이댔기 때문에 일본인이 충격과 혼란에 빠져 미일화친조약에 서명한 게 아니다. 페리가 목적을 달성하기 위해 일본인에게 과시한 것은 로버트 풀턴, 새뮤얼 모스, 새뮤얼 콜트의 발명품들이었다. 즉 일본인의 관심은 증기기관, 전신, 총기류 같은 '물건'과 그런 물건을 통해 얻게 될 엄청난 힘이었다. 몇 년 후 일본이 이 물건들에 완전히 통달했을 때 후쿠자와 유키치는 대놓고 이에 대한 자부심을 드러냈다. "내가 아는 한 동양의 여러 나라 가운데 우리처럼 항해와 공학을 5년 만에 숙달하여 증기선으로 태평양을 누비는 능력과 용기를 갖춘 국민은 없다."

'한재'가 '양재'로 급격히 전환하는 와중에 어느 정도 숙고의 순간은 있었다. 페리가 내항하기 사반세기 전인 1824년 바쿠후는, 포경선에 승선했다가 해안으로 표류한 영국 선원 한 명을 감금했다. 일본인은 이를 본격적으로 서양인이 내항하게 됐음을 알리는 불길한 징조로 여겼다. 이듬해 아이자와 세시사이라는 학자가 『신론』新論을 펴냈다. "지금 서양 오랑캐들은 그 천한 다리로 온 세상을 분주히 돌아다니며 각국을 유린하고, 환히 보려 드는 애꾸나 멀리 가려 드는 절름발이처럼 분수를 모르고 감히 상국을 업신여기며 넘보려 한다." 『신론』 서문에 나오는 말이다. 몇십 년 후 후쿠자와 유키치는 같은 내용을 좀 더 미묘하게 표현했다. "저들을 탁월하게 만드는 부, 군사력, 일반적인 복지 등을 살펴보면 동양이 서양에 미치지 못한다고 할 수밖에 없다." 후쿠자와가 보기에 결국은 '숫자와 합리성'이 관건이었고, 아시아는 이 두 가지 측면에서 서구와 비교하기에 역부족이었다.

외국인을 혐오했던 아이자와 세시사이와 교양 있는 신사 후쿠자와 유키치 사이에는 스타일의 차이만 있을 뿐, 결국 두 인물 모두 정신과 물질을 구분하는 것을 당연시했다. 이 구분은 모래사장에 새로운 파도 자국을 내겠다고 몰려드는 서구 세력 앞에서 궁지에 몰린 일본을 이해하는 출발점이다. 반 서구적이던 선배나 세계적 사상가가 된 후배나 모두 물질보다 정신에 더 큰 가치를 부여했다는 사실은 아주 중요한 공통점이다.

대부분의 사람들은 지금도 후쿠자와의 세련됨보다는 아이자와식의 단순한 논리를 선호한다. 후쿠자와보다 연상이었던 아이자와는 직설적이었다. 일본 해안에서 바라본 서구는 천박했다. 서구는 '물질'이었을 뿐 그 이상의 존재가 아니었다. '정신'과 비교했을 때 이 얼마나 열등한가. 후쿠자와에게는 이 문제를 숙고할 기회가 더 많았다. 250년이나 이어진 쇄국정책은 후쿠자와의 시대에는 이미 종료된 상태였다. 그럼에도 그는 아이자와와 동일한 결론에 도달했다. 후쿠자와가 언급한 "숫자와 합리성"은 아이자와가 말한 "천한 다리"와 다르지 않았다. 그것은 시모다의 어부들을 놀라게 한 (그리고 곧 전 국민을 사로잡은) 서구의 순전한 물질적 우월성을 상징했다.

이 딜레마를 달리 인식할 방법은 없었을까. 물론 그럴 수 있었겠지만 '만약'을 논하는 일은 잠시 보류하기로 하자. 이것은 실로 결정적인 순간이었다. 아시아의 근대적 경험 전체를 팽팽히 연결하는 실들이 전부 '정신과 물질'이라는 실타래에 감겨버렸고, 일단 이런 식으로 근대적 사고 틀이 고정되자 더는 돌이킬 방도가 없었다. 정신은 지켜야 하는 소중한 것인 반면 근대 문물은 이용만 하면 되는 대상으로 간주됐다. 수단과 목적이 분리됐다. 이 같은 일본의 전략은 지금까지도 남아 있다. 외국인은 들여보내되 배제한다. 이와 별로 다르지 않은 맥락에서 19세기 시칠리아를 배경으로 옛것과 새것의 갈등을 그려낸 주세페 토마시 디 람페두사의 소설 『표범』에 이런 말이 나온다. "현상을 유지하고 싶다면 변해야 한다." 이탈리아도 비교적 발전이 늦은 나라임을 감안할 때 일본과 이탈리아라는 매우 다른 곳에서 이처럼 비슷한 사고방식을 보인 것도 무리는 아니다.

이 같은 정신과 물질의 구분은 상당한 역사적 결과를 초래했다. 2차 세계대전은 그 명백한 일례에 속한다. 2차 세계대전을 이해하려면 정치, 권력관계, 역사, 인간행위자를 전부 살펴야 한다. 일본은 잘 알려진 대로 '일본정신'을 위해 전쟁을 벌였다. 그런 의미에서 이 전쟁은 일본이 근대와 일으킨 충돌의 정점이었다. 순결한 정신이 천한 물질을 이길 수 있음을 증명할 절호의 기회였던 것이다. 이런 생각은 가미카제 특공대원들이 남긴 일기나 시에 잘 드러나 있다. 패전 후 일본의 사기가 그토록 무참히 꺾인 것도 단순히 전쟁으로 인한 인명과 재산 피해 때문이 아니라 바로 인식체계 자체가 붕괴했기 때문이다. 물질은 승리했고 정신은 갑자기 의미를 잃었다. 전후 일본이 매달릴 것은 이제 물질뿐이었다. 이것이 어떻게 기타큐슈와 경제발전으로 직접 이어졌는지는 쉽게 짐작할 수 있다. 이리하여 우리는 '일본' 하면 온갖 기발한 물건을 치밀하게 만들어내는 데 열중하는 국민을 떠올리게 됐다.

일본뿐 아니라 다른 지역에서도 모종의 현상이 발생했다. 수입 문물을 전통 없는 단순한 물질로만 보고, 새로 도입된 생활방식에서 자기정체성과 문화를 분리하려 들면 어떤 일이 발생할까? 이에 대한 해답은 아시아 전역에 적용된다. 문화와 정체성은 예쁘게 치장되어 박물관에 모셔진다. 오징어 표본이나 사람 내장처럼 포르말린 용액에 담겨 보관된다는 비유도 좋다. 핵심은 '더 이상 살아 있지 않다'는 것이다. 메이지 정부는 근대화 중인 일본의 문화와 정체성의 원천이 될 만한 전통을 나라가 공식으로 지정하겠다는 취지에서 '덴토', 즉 '전통'이라는 용어를 고안해냈다. 앞으로 몇십 년간 온 나라가 새로운 문물로 들썩이겠지만 다도, 꽃꽂이, 서예, 화선지, 도자기 공예 같은 전통은 고요히 그 중심에 놓여 있어야 한다는 생각이었다.

이런 자의식은 많은 것을 말해준다. 인간은 자신의 정체성 위에 신처럼 우뚝 서서 이를 보존, 창조, 육성할 수 없다. 이를 시도하는 순간 우리는 자기정체성을 넘어서는 존재가 되는데, 이는 논리적으로 불가능하다. 그리고 이 경우 우리가 꾸며내고 있는 것은 우리의 진정한 정체성이 아니다. 그렇게 정체성을 꾸며내고 있는 그 인간의 행위 속에 바로 자기정체성이 놓여있다. 이런 깨달음과 함께 진정으로 근대가 시작된다. 우리는 이제 새로운 존재로 거듭난다. 실존의 살얼음판으로 걸어 나와 끊임없이 무언가가 '되는' 경험을 한다. 이를 피하는 유일한 대안은 현실을 부정하고 과거에 대한 향수에 젖는 것뿐이다.

° 민주 선생과 과학 선생

1853년 페리가 시모다에 도착할 무렵, 중국에서는 서구 세력의 접근을 알리는 경종이 이미 한참 전에 울린 상태였다. 아편전쟁에서 청나라가 영국에 패배한 사건은 페리의 흑선이 일본에 끼친 영향만큼이나 ─ 이런 비교가 가능하다면—중국을 바꿔놓았다. 오랜 세월 세계의 중심을 자처했던 중국은, 1842년 청나라 도광제가 강제로 난징조약을 체결하면서 사고의 전환을 맞았다. 그 순간부터 '중국'이라는 국명은 역사를 치장하는 말, 향수를 담은 말, 역설을 띠는 말이 되고 말았다. 중국은 더 이상 세상의 중심이 아니었고 여느 나라와 마찬가지로 주변부로 밀려났다.

아편전쟁은 지금도 중국인의 뇌리에 하나의 기준점으로 생생히 각인돼 있다. 평범한 미국인이나 유럽인이 자국의 1840년대를 생각할 때, 중국인이 아편전쟁을 기억하듯 그렇게 선명히 떠오르는 사건은 아마 없을 것이다. 아편전쟁은 중국 근대사라는 격변기의 시발점이었다. 이후 중국인은 앞에서 등장했던 질문을 스스로에게 던져야 했다. 중국이 더 이상 세상의 중심이 아니라면 중국인으로 산다는 것은 도대체 무엇을 뜻하는가? 일본인은 적어도 그런 난제에 봉착하지는 않았다. 페리가 내항했을 때 일본인은 자신들이 세계의 중심이 아닌 그저 '번'藩이라 불리던 봉건 영지에 소속되어 살고 있다고 인식했다. 그런 점에서 중국인이 겪은 심리적 추락은 정도가 훨씬 심할 수밖에 없었다.

또한 일본이 '우렛소리 나는 대롱'이라 부르던 총기류나 증기선이 일본보다는 중국에 훨씬 더 철저한 충격을 가했다는 점을 생각해보면 흥미롭다. 중국은 1840년대 이전에도 수백 년 넘게 외국인을 상대해왔지만 초기 방문자들은 주로 예수회 선교사나 외교관이었다. 그런데 이번에는 외국인들이 중국에 갑작스런 군사적 패배와 열등감을 안기며 충격을 주었다. 그게 어떤 느낌이었을지 상상이 간다. 그 감정은 지금도 중국 사회의 표면 밑에 숨어 있다가 주기적으로 분출된다. 다롄의 생선 장수가 한 말을 기억하는가. 거기에는 아편전쟁의 반향이 고스란히 담겨 있다.

역사 속 세부 사항은 때때로 우리에게 흥미로운 모습을 드러낸다. 마약 판매를 위해 중국을 공격한—그게 아편전쟁의 본질이다—영국은 해안에서 중국의 산업 현장을 목격했다. 당시 중국 조선업은 서양식 선박과 해군 함정용 대포를 생산할 정도로 발전해 있었다. 아편전쟁이 전면화된 시점이 1840년 여름이었음을 감안할 때 중국 조선업이 상당한 수준으로 발전했다는 것뿐만 아니라, 중국이 새로운 현실과 대면할 준비가 돼 있었음을 의미했다. 이것은 전례를 따르는 중국의 오랜 관습에도 반하는 현상이었다. 청나라도 앞 시대처럼 여전히 과거가 미래를 규정하던 시대였다. 그러나 중국과 근대가 본격적으로 만나는 순간이었던 아편전쟁의 이면을 들여다보면, 중국이 신문물을 일부 긍정하고 있었음을 알 수 있다.

신약성서나 외교문서 대신 각종 물건과 돈을 들고 덤비는 외국인이 19세기 중국이 대응해야 할 시급하고 유일한 문제는 아니었다. 청나라에 치명타를 가한 것이 영국이라고 말하는 것은 소련을 붕괴시킨 것이 미국이라고 말하는 것과 비슷하다. 청나라나 소련의 종말을 앞당기는 데에 외부적 영향이 일정한 (혹은 상당한) 역할을 한 것은 사실이지만 두 경우 모두 상황이 그렇게 전개된 일차적 요인을 외부인으로 꼽는 것은 타당치 않다. 외부인이 아무리 제 역할을 과장하고 싶어도 두 사례에서 보이는 종류의 변화란 항상 내부에서 비롯되기 마련이다.

학자, 지식인, 관료, 한족 출신 귀족 등 많은 중국 엘리트들이 18세기 말 이후 청조의 여러 실책을 지적했다. 조정의 실책은 큰 변화 없는 일상의 와중에도 미래에 대한 걱정과 불안을 낳았다. 앞서 명나라가 이룬 여러 성과물은 중국 역사상 한 획을 그을 만큼 빼어났고 여러 모로 유럽에 앞섰으나, 본질적으로 심미적이고 문화적인 분야에 국한됐다. 실용기술에 무심했던 명나라는 결국 그 때문에 멸망했다. 예술적 세련보다는

실용과 권력을 중시하던 만주의 전사들이 세운 청나라는 그렇게 시작
됐다. 청이 명을 멸한 것은 1644년의 일이었다. 그로부터 200년 후 영국
함대가 몰려올 무렵 청나라가 새로운 도전을 감당하기에 역부족이라는
사실은 누가 봐도 분명했다. 과거제도는 말할 것도 없고, 옛 관행을 학습
해서 현재의 문제를 해결하려는 행정체계는 공허하고 시대에 뒤떨어져
있었다. 도시와 시골 간의 격차는 현저했고 지방에는 부정부패가 만연
했다. 괴상한 사이비 종교가 횡행하며 황위를 위협했다(어디서 많이 듣
던 이야기 같지 않은가?).

이 모든 것이 중국을 붕괴 직전으로 몰아갔다. 그때까지만 해도 전통
은 모든 권위와 정당성의 원천이었다. 새로운 사상은 오래된 사상의 재
해석이어야 했다. 새로운 미술 작품은 일정한 화풍에 완전히 숙달돼 있
음을 보여주어야 했다. 뭐든지 족보가 중요했다. 그러나 족보는 새 시대
의 요구에 부응하지 못했다. 청나라는 이전 왕조의 관행을 그대로 답습
했고 그로 인해 현실을 타개하는데 필요한 실용성을 결여했다. 모든 발
상과 해결책이 여전히 중국식이었다. 그것만으로 현실에 대처하기에 충
분한가? 중국은 새 도전에 정면으로 맞설 역량을 갖추고 있는가? 아직
폐쇄적이던 중국의 지식인들은 그런 질문을 하지 못했다. 그러나 질문의
시간은 어김없이 다가오고 있었다. 이는 영국이라는 외부적 요소가 없
었어도 마찬가지였다.

그렇다면 아편전쟁은 기껏해야 촉매제에 불과했다고 볼 수 있다. 실
제로 아편전쟁은 현탁액을 순간적으로 통과하는 전자기 에너지와 닮은
구석이 없지 않았다. 중국인들의 화제가 순식간에 명백하게 바뀌었다.

화제가 변한 이유는 단순하다. 세계에 대한 중국인의 인식이 갑자기
팽창했기 때문이다. '과거'는 이제 경쟁자를 얻었다. 온갖 새로운 의문

이 제기됐다. 중국 것이라는 이유만으로 소중한가? 아니면 이제부터는 중국 것과 서양 것을 서로 비교해서 판단해야 하는가? 유교 전통은 어떻게 바라봐야 하는가? 전에는 이런 질문이 아예 존재하지 않았다. 유교 전통을 유지해야 하는 이유는, 진보하는 데는 역시 유교가 최적이라서인가(유교가 전통이 된 이유도 그래서가 아닌가), 아니면 단순히 중국 것이라서인가? 후자는 어떤 것을 오랜 전통이라는 이유만으로 유지해야 한다는 주장이어서 전자와는 성격이 매우 다르다.

이 문제는 논란거리가 됐다. 아편전쟁 이후 논의의 큰 줄기는 이른바 '람페두사 테제'와 비슷하게 변해갔다. 아직까지는 유교 전통의 타당성은 의심의 대상이 아니었다. 문제는 어디에 선을 긋느냐였다. 보수주의자들은 중국이 중국다움을 유지하고 과거와 선례가 계속 현재를 지배하도록 서구적 대안을 배격하자고 주장했다. 한편 '자강주의자'를 자칭하던 논객들은 람페두사의 소설에서 삼촌과 논쟁하는 젊은 탄크레디처럼, 외국의 문물은 받아들이되 우리 혼의 중추만은 지켜나가자고 주장했다.

1911년 청나라가 멸망하기 직전에 개혁 세력은 나라를 살려보려고 상당한 애를 썼다. 관료주의, 군사조직, 교육제도를 근대화하고, 철로를 놓고, 외국의 제도를 들여와 시험하면서 철저한 개혁을 부르짖었다. 이때가 바로 개혁가 캉유웨이의 전성기였다. 그는 근대화된 중국도 여전히 중국적이며 청나라가 이를 충분히 이룰 수 있다고 주장했다. 캉유웨이는 각종 정책 및 해법에 관심을 기울였다. 1898년에는 황실을 지키고자 '100일 유신(무술변법)'을 일으켰으나 때는 이미 늦었다.

그러나 그것은 무엇을 위한 개혁이었으며 그 바탕이 된 사상은 어디에서 유래할까? 답은 물론 '과거'다. 가까운 과거도 아니고 아주 먼 옛날, 고색창연한 형이상학 철학자들의 시대로 거슬러 올라간다.

청나라 개혁 담론에 사용된 용어들은 송나라 사상가 주자에서 유래한다. 12세기 유학자 주자는 지금도 중국 사상사의 핵심 인물로 손꼽힌다. 주자에 따르면 우주만물은 이理와 기氣로 형성된다. 이는 사물의 법칙이자 원리로서 불변한다. 기는 발현, 물질, 형태, 인간 행위를 가리킨다. 다시 말해 이와 기는 지식과 실천을 뜻한다. 세상만사는 이와 기로 되어있고 이는, 역시 우리 예상대로 기보다 우월하다. 이는 본질적으로 선하지만 기는 가변적이고 부패나 오판에 취약하고 인간의 기벽에 좌우되므로 잘 관리해야 한다.

주자학은 주자가 살아 있던 시대로부터 20세기 사상가 펑유란에 이르기까지 수많은 비평가와 논평가를 낳았다. 그러나 아편전쟁이 끝나고 몇십 년 후 주자학에 있어서 실로 중대한 순간이 찾아왔다. 자강론자들이 중국을 위해 체體와 용用이라는 새로운 관념을 창안한 것이다. 체는 본질을, 용은 사물의 기능, 적용, 사용을 의미했다. 체는 주자가 말한 것처럼 우월한 위치를 점했고, 용은 필요하긴 하되 그저 편리한 것에 그쳤다.

유교적이던 개혁가 장즈둥의 일화는 이 점을 잘 드러낸다. 황제의 명을 받들어 총독을 지낸 장즈둥은 철도와 공장 굴뚝에 지대한 열정을 보였다. 그는 영국에서 제철소를 통째로 수입해 중국 최초의 제철소를 세웠고, 이 시설은 1894년부터 가동에 들어갔다. 그러나 결과는 참담했다. 철광석은 어디서 공급해올지, 탄층은 어디에 있는지 등을 전혀 고려하지 않고 세운 제철소였기 때문이다. 장즈둥이 부르짖은 가장 유명한 구호는 '중체서용'中體西用이었다. '원리원칙은 중국식으로, 실용적인 적용은 서양식으로'라는 의미였다. 체와 용의 관념이 이보다 더 확실하게 적용될 수는 없었다. 그는 『권학편』勸學篇에서 이에 대해 부연했다.

> 만약 중국의 심장이 현인들의 심장과 서로 박동을 맞추어 정
> 숙, 우애, 정직, 성실, 덕행을 통해 진실을 말한다면, 만약 정부
> 가 충직하게 통치하고 백성을 보호한다면, 정부가 아침부터
> 밤까지 외국의 기계와 철도를 사용하도록 놔두어도 공자의 제
> 자들이 곤경에 빠지는 일은 없을 것이다.

유교 사회의 주요 거점인 도쿄와 베이징은 이런 식으로 근대를 헤쳐 나
가고자 했다. 하지만 일본이 중국으로부터 이와 기의 개념만 배우고 끝
난 것이 아니라는 점을 생각해보면 재미있다. 이와 기의 19세기적 변주
인 체와 용은, 바로 일본에서 유행한 정신과 물질의 구분이다. 완벽하게
일치하지 않아도 그 유사성을 부인하기 어렵다. 그리고 양자는 동일한
전통에 기반을 둔다. 그런 의미에서 19세기는 체(정신)와 용(물질)이 서
로 별개의 것으로 간주되기 시작한 중대한 전환점이었다.

이것은 일정한 목적에 부합했다. 서구의 '천한' 물건을 쓰면서도 정신
이 드높다고만 선언하면 계속 중국인답거나 일본인다울 수 있었다. 새것
을 도입하면서도 옛것을 지킬 수 있었다. 아니, 옛것을 지키기 위해 새것
을 도입했다. 모멸감도 피할 수 있었다. 그리고 이로 인한 하나의 현상이
서구에 오랫동안 심각한 오해를 일으켰다. 소위 '불변 속 격변'이라는 역
설이 바로 그것이다. 더욱 복잡한 것은 이 표현을 '격변 속 불변'이라고
뒤집는 것도 가능했다는 사실이다.

장즈둥의 일화에서 암시된 대로 결국 문제가 생겼다. 전통적 가르침
은—중국 용어를 계속 사용하자면 체는—원래 현실적인 쓰임새를 지

닌 관념이었다. 그런데 19세기에 이르러 체는 대양을 건너 몰려오는 용에 대항할 정신으로만 간주됐다. 이런 불완전한 관념이 제 기능을 할 리 없었다.

일본의 경우, 사람들은 메이지유신을 통한 근대화가 미처 완료되기도 전에 물질소비의 일시적 스릴—오카쿠라 가쿠조의 표현에 따르면, "시간을 엄청나게 잡아먹지만 짜릿한 기쁨을 주는 여정"—에 탐닉했다. 이 위기감은 메이지 중기 및 후기 문학에서 잘 드러난다. '일본정신'이 아시아태평양전쟁에서 비극적인 모습으로 발현되기 훨씬 전부터 일본은 암묵적으로 방어적인 자세를 취했다. 일본의 자의식은 자국의 운명을 실패작이라고 느꼈다. 전후 일본을 묘사하는 일은 쉽다. 1945년 패전은 본질적으로 가치관의 패배였다. 기존의 체가 붕괴하면서 용이 '새로운 체'로 등극했고 물질이 정신을 대체했다. 1980년대 후반에 일본은 드디어 부유해졌고 새로운 체가 실현됐다. 어느 일본인 학자는 이 현상을 "부유한 일본의 허망함"이라고 표현했다.

중국은 사정이 더 복잡했다. 1912년 청나라가 멸망한 후 오랜 불안기가 찾아왔다. 군벌, 공화주의자, 개혁가, 혁명가 등 여러 가지가 다채롭게 그 모습을 드러냈다. 중국인답다는 것의 의미, 국가가 나아갈 방향, 전통에 대한 평가, 서구에 대한 정책 등에 관한 모든 질문이 1919년 5월 4일 학생들의 주도로 터진 '5·4운동'으로 이어졌다. 5·4운동은 지극히 근대적이고 지극히 반유교적이었다. 그 유산은 이후 오랫동안 이어졌다. 그로부터 70년 후에 일어난 '천안문항쟁'은 5·4정신을 생생히 반영한다.

5·4운동과 함께 태어난 흥미로운 것들 가운데 민주 선생과 과학 선생이 있다. 천두슈라는 이론가에 의해 탄생한 이 한 쌍은 5·4운동의 핵

심가치였으며, 여기에는 서구인들이 상상하는 빈정거림은 담겨있지 않았다. "오로지 이 두 선생만이 중국을 정치적, 도덕적, 학술적, 지성적 암흑 시대로부터 구해줄 수 있다"라고 천두슈는 적고 있다. 이는 중요한 언급이다. 새로운 체를 선언하는 말이기 때문이다. 이 체는 옛 중국에 대한 향수에 뿌리박은 체가 아니라 중국의 적나라한 현실에 근거한 체였다.

민주 선생과 과학 선생은 널리 영향을 끼쳤다. 천두슈가 강의했던 (마오쩌둥은 젊은 시절 그의 제자였다) 베이징대학 캠퍼스에 가보면 민주 선생과 과학 선생을 기념하는 조각상이 서 있다. 이 기이한 한 쌍과 관련해 흥미로운 점이 두 가지 있다. 첫째, 민주 선생과 과학 선생은 중국 사상의 근저에 흐르는 일정한 도구주의를 드러낸다는 점이다. 실제로 천두슈는 공리주의자였다. 과학과 민주주의가 중국의 미래라고 선언되었지만 어느 정도는 상품처럼—다롄 항구에 박스로 수입되는 물건처럼—인식되는 면이 있었다. 둘째, 민주 선생과 과학 선생은 20세기 중국의 중요한 특징인 유교적 체가 그 매력을 상실할 것을 예견했다. '보존해야 할 옛것'이라는 관념은 벌써 1920년대에 퇴색하기 시작했다. 민주 선생과 과학 선생은 중국이 아닌 타지에서 유래하는 또 다른 체가 중국 전통을 밀어내고 그 자리를 차지할 수 있음을 보여줬다.

민주 선생과 과학 선생에 관한 논의는 5·4운동 이후 수십 년간 이어졌다. 특히 과학 선생, 즉 과학의 위상은 근대 중국에서 한 번도 흔들리지 않았다. 그러나 민주 선생의 운명은 달랐다. 명목상 민주주의도 중요했다. 근대 중국에서 민주주의의 이름으로 행해지지 않는 게 없었지만 사실상 민주 선생은 비틀거렸다. 이는 마오쩌둥의 탓이 컸다.

'위대한 조타수' 마오쩌둥의 시대를 단 몇 줄로 요약하기란 매우 어렵다. 5·4운동이 있은 지 2년 후 상하이 어느 골방에서 공산당을 창당할 때부터 1976년 사망할 때까지, 그 사이에는 55년이라는 세월이 놓여 있다. 그러나 우리의 테마로 관점을 한정했을 때 마오쩌둥의 부상은 새로운 체의 선언을 상징했다. 옛 전통은 공식적으로 폐기되고 사회주의라는 새 전통, 즉 새로운 체가 등장했다. 앙드레 말로가 『인간의 조건』에서 표현한 대로 이것은 단순한 의지의 문제가 아니었다. 새로운 이념은 중국을 과거의 손아귀로부터 벗어나게 했고 신념 체계에 뚫린 빈 공간을 즉각 채워주었다.

중국에게 사회주의는 수입품이었다. 사회주의는 서구에서 태어났지만 서구에 비판적이었고, 에드먼드 윌슨의 『핀란드 역으로』에서 묘사되듯 계몽사상의 논리적인 결과물이자 서구 전통이 꽃피운 최고의 결실이었다. 사회주의는 제국주의, 타자 정복, 아편전쟁처럼 서구가 초래한 다른 결과물들에 저항했다. 나중에 다루겠지만 인도 또한 중국처럼 '자기비판적 서구'—'대안적 서구'라는 용어가 쓰이기도 한다—를 선호했다. 사회주의를 통해 다른 종류의 '세계의 중심'(중국)이 탄생하는 듯했다. 마오주의자들의 소원대로 중국이 위대함을 되찾고 이제까지와는 다른 대안적인 힘으로 서구 세력에 대항할 수 있을 것 같았다. 혐오스러운 제국주의자를 혐오스러운 제국주의자로 취급하는 데에는 어떠한 망설임도 필요하지 않았다. 중국은 프로파간다 포스터에 등장할 법한 환한 미소와 상기된 뺨으로 옛 상처를 딛고 일어나되, 가해자가 되는 대신 가해자를 비판하는 세력에 참여할 터였다.

과거에 대한 인식 역시 복잡했다. 어느 저명한 중국 학자가 말한 '역사의 독재'는 이제 극복되어야 마땅했다. 마오는 문화대혁명기에 '파사구 破四舊 운동', 즉 낡은 문화, 사상, 풍속, 습관 등 '네 가지 전통'을 대대적으로 타파하는 운동을 벌였다. 그런데도 전통은 사라지지 않았다. 눈에 띄지만 않았지 존속했다. 과거는 여전히 사회를 조종하는 도구였고, 공적 공간에서 퇴출된 전통은 중국인의 내면에 들어앉아 있다가 편의에 따라 호출됐다. 마오는 강경한 반유교주의자이자 고도의 유교주의자였고, 중국은 전통을 타파하고도 여전히 전통에 따라 살아갔다. 그리고 이런 모순에는 늘 변명거리가 존재했다.

체와 용의 문제는 앞으로도 계속될 것이다. 사회주의가 중국의 근대화에—특히 여성의 지위를 향상하는 데—크게 기여했다는 점은 이념적 편견 없이 중국을 바라보는 사람이라면 누구나 인정하는 사실이다. 하지만 사회주의라는 새로운 체에도 한계는 있었다. 민주 선생은 잠시 시야에서 사라졌을 뿐 아직 사망하지 않았다.

°어긋나는 두 시간

전통을 외세로부터 지켜내려는 충동을 특별히 아시아적인 것이라고 말할 수 없다. 아시아에 제노포비아(xenophobia, 외국인혐오증)적인 경향이 있다고 흔히 지적되는데, 전혀 틀린 말은 아니다. 일본, 중국 및 기타 아시아 지역에서 여러 차례에 걸쳐 외국인혐오증을 드러낸 것은 사실이다. 그러나 이것은 역사적 전개에 따른 결과이지 그 이상도 이하도 아니다. 그리고 아시아가 외국인을 두려워한 데에는 그만한 이유가 있다. 아시아가 아닌 곳이라고 해서 같은 상황에서 아주 다르게 반응했을 것이라고는 생각하기 힘들다.

도구적인 것과 그보다 고매한 가치를 구별하는 행위 또한 아시아에만 있는 습성은 아니다. 앞서 등장한 "천한 다리"의 예처럼 물질과 정신을 구분하는 것도 부분적으로는 서구에서 수입된 관념이다. 합리성은 계몽 사상에서 비롯됐다. 19세기에 이성의 파편화와 과학의 대두를 심도 있게 연구한 독일의 사회학자 막스 베버는, 이런 종류의 진보를 통해 우리가 형식적 합리주의라는 '철창'에 갇히게 될 것을 경고했다. 그러나 물질과 정신을 구분하고 철창에 걸어 들어가는 과정은, 아시아에서 개인의 주체성이 발달하는 일을 방해하는 특유한 결과를 낳았다. 아시아는 '근대화'하면서도 '근대성'을 획득하지 못했던 것이다. 나중에 다시 다루겠지만, 아시아는 기본적으로 남과 조화롭게 '하나 되는' 일에서 계속 인간의 존재 의미를 찾았다. 한편 체와 용은 아시아가 이중성을 연마하는 데 있어서 뼈대를 형성했다. 물질과 정신의 구별은 정신을 드높이는 데 매우 편리했고 무력함, 과거에 대한 향수, 르상티망 같은 심리적 습관을 배양했다.

중국과 일본은 19세기 근대와의 만남을 다른 방식으로 전개시킬 수는 없었을까? 동양은 체, 서양은 용으로 규정하는 중대한 실수를 범하는 것 외에 다른 대안은 없었을까? 지금 그 문제를 따져볼 수는 있겠지만 그런 논의는 우리의 현재적 관점에 구애를 받는다. 현재 우리에게는 상당한 경험과 지식이 있지만 19세기 아시아는 그렇지 못했다. 19세기 아시아는 공동이 선호하는 것을 측정하거나 앞에 놓인 대안들을 평가할 수단을 지니고 있지 않았다. 근대적인 자기성찰 습관도 없었다. 그 결과 아시아는 아직까지도 일정한 원초적 불안감을 드러낸다.

특히 근대라는 개념 자체에 관한 불안감은 매우 뚜렷하다. 중국과 일본은 근대를 오로지 눈에 보이는 물질적인 것에만 연관시키고 무엇이 그런 물질적 우월성을 낳았는지는 간과했다. 즉 서구의 체를 보지 못하

고 놓친 것이다. 여기서 우리는 근대화와 근대성의 차이를 상세히 살펴
볼 필요가 있다. 전자는 기술적 발전, 산업, 생산, 물질적 진보를 아우른
다. 후자는 심리와 의식의 측면이며 개인이 자신의 합리성을 자유롭게
발현할 능력과 관계된다. 즉 타자와 근대적 관계를 맺는 과정에서 나타
나는 근대적 자아를 어떻게 다듬어가느냐 하는 문제인 것이다. 장즈둥
의 실패한 제철소는 근대화와 근대성의 차이를 보여주는 상징적인 사례
다. 장즈둥은 근대화 작업을 하는 사람이었지 근대성을 갖춘 사람은 아
니었던 것이다.

아시아는 서양식 시간 개념 또한 이해하지 못했다. 아니면 적어도 다
르게 이해했다. 부두에 속속 도착하는 서구의 용과 각종 실용서(지금도
아시아의 서점에는 실용서가 넘쳐난다)와 함께 서구의 순차적 시간 관
념이 도래했다. 이 서구적 시간 관념에 의하면 서구는 현재 한참 잘나가
고 있었다. 서구의 시간은 시계가 알리는 시간이고 일종의 상품이었다.
반면에 아시아는 시골스러운 시간 관념 속에 살며 과거에 머물러 있었
다. 이런 인식이 뿌리내리는 것은 영국제 놋쇠 대포알만큼이나 위력적이
었다.

시간을 균질적, 획일적인 것으로 전제하는 문제도 이와 관련된다. 근
대와 전근대는 공존할 수 없었다. 아시아의 이중적 자아도 여기서 비롯
됐다. 양복을 입으면 근대적이고 기모노를 입으면 전통적이지만, 기모노
를 입고 근대적일 수는 없었다. 오카쿠라는 그런 점에서 흥미로운 사람
이었다. 그는 보스턴에 사는 동안 일부러 일본 전통 의상을 자주 입었
다. 그럼으로써 나름대로 이중적 자아를 거부했던 것으로 보인다. 오카
쿠라는 말년에 다도야말로 전통을 위협하는 모든 요소에 대한 저항이
라는 강경한 견해를 취했다. 그는 전통을 지키는 행위 속에서 저항의 측

면을 보았던 것이다.

19세기에 펼쳐진 사건들, 동양사상을 관통하는 일련의 관념들은 그 자체만으로도 흥미롭다. 그러나 여기서 그것을 살펴보는 이유는, 그로 인해 초래된 결과를 지금 생생히 목격하고 있기 때문이다. 정신과 물질, 체와 용은 어떤 것의 시발점이고 근대로 가는 여정이었으나 결국 아무 것도 이루지 못했다. 천안문 세대에 속하는 학자이자 뛰어난 중국 관찰자인 츠지웨이는 자신의 사상에 중대한 영향을 끼쳤던 천안문항쟁과, 이후 오로지 물질적 번영에만 전념해온 중국을 반추하며 다음과 같이 절묘하게 말한다. "인간의 행위가 목적과 수단, 순수한 의도와 단순한 행동, 자족적 가치관과 순응적 도구주의로 분열되는 현상은 심각한 문화적 위기의 증상이지 해결책이 아니다."

이 위기와 그로 인한 여파는 '있는 그대로의 아시아'를 특징짓는 결정적인 요소다. 이 문제는 이제야 비로소 해결될 조짐을 보이고 있으며, 이것이 현재를 한 세기 반 전 위기가 촉발되던 시점만큼이나 흥미롭고 역동적으로 만드는 요인이다.

『말년의 양식에 관하여』는 에드워드 사이드가 사망한 다음, 그가 말년에 쓴 글들을 모아 출간한 책이다. 이 책에는 프랑스 소설가 장 주네가 팔레스타인과 맺은 인연에 관한 부분이 담겨 있는데, 여기서 우리의 테마와 관련된 내용이 등장한다. 얼핏 모순처럼 보이는 몇 가지 관념으로 구성되는 그 문단은 이렇게 시작한다. "정체성은 우리가 사회적, 역사적, 정치적 혹은 영적 존재로 살아가면서 스스로에게 부과하는 어떤 것이다." 그리고 사이드는 같은 문단을 다음과 같이 마무리한다.

정체성은 더 강력한 문화, 더 발전한 사회가 자신보다 못하다
고 판결한 사람들을 짓밟고 그 위에 자신을 부과하는 과정이
다. 제국주의는 정체성 수출이다.

이 주장들은 사실 서로 전혀 모순되지 않으며, 그 주장들의 오묘한 균
형 속에 인간사가 놓여 있다.

우리는 지금까지 일본과 중국이 서구에게 보인 반응을 꽤 상세히 살
펴보면서도 서구의 행실에 대해서는 깊이 다루지 않았다. 이는 제국주
의 시대를 논하는 일에 책의 지면을 너무 많이 할애하지 않기 위해서다.
아시아를 좀 더 깊이 살펴보는 데 집중하고자 일부러 시선을 이동시킨
것이다. 아시아는 타인의 세기에 근대를 받아들이는 편에 서서 '당하기'
만 했다. 그렇다고 우리가 아시아를, 매슈 아널드의 묘사대로 역사도 결
정권도 빼앗기고 "머리를 조아린" 수동적 피해자로 바라볼 필요는 없다.
아시아는 수동적이지 않았다. 그리고 그들이 내려야만 했던 수많은 결
정과 선택은 거의 예외 없이 역사적 전개 과정과 관련을 맺었다. 우리가
이 점을 이해하지 못하면 신세기에 아시아 앞에 펼쳐질 새로운 가능성
들을 절대로 파악할 수 없다.

'정체성은 우리가 우리 자신에게 부여하는 어떤 것이다.' '정체성은 강
자가 약자에게 부과하는 것이다.' '정체성은 수출품이다.' 이 세 가지가
모두 진리다. 서구는 자신들의 물질적 우위를 통해 오늘날 아시아의 정
체성을 형성시켰다. 아시아는 이미 있던 사상과 서구 세력의 도래에 대
응한 방식을 통해 자신의 정체성을 형성했다. 교역 조건이 아무리 복잡
하고 무질서하고 불균형해도 수출이 있으면 수입도 있는 법이다.

°화혼양재의 귀결, 오타쿠

도쿄에는 사연이 분명치 않은 기묘한 장소가 많다. 그중에서도 아키하바라는 확실히 두드러진다. '물품의 총본산'이라는 별명이 딱 들어맞는 곳이다.

최근까지 아키하바라는—전후 재건된 일본의 모습이 흔히 그렇듯 누추하지만 제 기능을 하는—수수한 동네였다. 그곳에 가면 별의별 전자제품을 다 구할 수 있었다. 컴퓨터, 텔레비전, 녹음기, 전축 상점 외에도, 부실하게 지은 상가 건물에는 층마다 특이한 장비나 희소한 부품을 파는 가게가 수백 업소에 달했다. 그러나 컴퓨터광들의 천국이라는 점 외에 다른 특징은 없었다.

그랬던 아키하바라가 최근 몇 년 사이에 변했다. 전자 상가는 아직도 있다. 그러나 1990년대에 슬슬 시작된 현상이 21세기에 접어들며 가속도가 붙어, 아키하바라는 이제 일본 청년문화의 중심지로 변모했다. 컴퓨터 상점과는 별도로 들어선 컴퓨터 게임장에서 사람들은 몇 시간씩 들러붙어 수십만 원을 소비한다. 게임의 종류도 셀 수 없이 많다. 만화나 텔레비전, 영화 등에 등장하는 캐릭터의 플라스틱 모형을 수집하는 이들을 위한 대형 상점도 생겼다. 희소성 때문에 가격이 600~700만 원에 달하는 로봇이나 괴물 모형을 구입하는 사람도 있다. 나란히 진열된 모형이 생긴 건 똑같은데 가격은 절반인 경우도 있다.

"이건 왜 반값이죠?" 나는 정가 모델과 할인 모델을 비교해서 살펴보다가 점원에게 물었다.

"왼발 뒤편 에나멜 칠에 약간 금이 갔거든요. 보세요, 바로 여기요."

점원이 가리키는 곳을 보았다. 내 눈에는 그 금이 잘 보이지 않았다.

　길거리 곳곳에 메이드 카페가 눈에 띄었다. 메이드 카페에서는 젊은 여성들이 옛날 할리우드 영화에 나오는 하녀들처럼 흑백 제복을 입고 로봇이나 꼭두각시 인형처럼 움직인다. 블라디미르 나보코프 소설에 나오는 소녀 '롤리타'처럼 차려입은 여자들의 동작도 로봇 같기는 매한가지였다. 무슨 까닭에서인지 『롤리타』의 줄거리는 일본 젊은이들의 마음속에 파고들어 둥지를 틀었다. 하녀와 롤리타들은 자신의 배역에서 한 시도 벗어나지 않는다. 영국의 행위예술가 '길버트와 조지'처럼 캐릭터 연기를 고집한다.

　이런 풍경이 그리 낯설어 보이지 않을 수도 있다. 그러나 이런 문화— 이를 '문화'라고 부를 수 있다면—의 발상지 한가운데 서 있노라면, 현상의 특정한 측면이 선명하게 부각된다. 거기에는 완벽한 인위성이 있다. 창문 하나 없이 괴상한 색으로 칠해진 밀폐된 게임장 안은 소음과 광선으로 가득 차 있다. 모든 게 익명인 아키하바라에서는 아무도 본명을 주고받지 않는다. 모형이나 장난감을 파는 가게에서는 사진도 찍지 못한다. 촬영금지 표시가 붙어 있다. 그리고 기묘한 고독감이 있다. 수천 명이 이리저리 몰리며 상품을 구경하고 만져보고 구입하지만, 다들 각자 홀로 무언가를 찾느라 여념이 없다. 고독은 집착을 낳는다. 집착이 없으면 아키하바라도 없다.

아키하바라는 일본이 서구를 따라잡은 1980년대 말부터 생긴 흥미로운 현상을 엿볼 수 있는 하나의 창문이다. 아키하바라는 '오타쿠'들의 주무대다. 오타쿠들이 열중하는 만화책, 만화영화, 컴퓨터게임, 독특한 의상 등과 함께 오타쿠라는 용어도 일본 밖으로 널리 알려졌다. 오타쿠를 탄생시킨 사회에서 오타쿠라는 존재를 살펴보는 일은 일본(과 아시아), 그리고 동양이 근대로 향한 여정에 관해 우리에게 뭔가를 말해 줄 것이다.

오타쿠는 일종의 이인칭 대명사로 '당신'을 뜻하지만, 원래는 다른 가문이나 집안을 높여 부르는 '댁'宅이라는 특정한 의미를 지니고 있었다. 이 용어에는 거리감이 묻어 있다. 전통적으로 집안은 외부인의 접근이 차단되는 공간이기 때문이다. 따라서 오타쿠라는 용어에서 우리는 벌써 기이한 보수성과 향수, 체념, 고립, 사람과 사람 간에 메워지지 않는 간극을 발견한다. 실제로 오타쿠는 공유하는 집착 대상을 바탕으로 다소 고전적인 방식으로 가족을 이룬다고 볼 수 있다. 그러나 이런 종류의 소속감을 정체성의 기초로 삼는다면 공적 공간은 사라지고 타자는 영원히 타자로 남을 것이다.

오타쿠는 1980년대 중반에 현재의 의미를 얻었다. 당시 고립되고 자기중심적이고 기능부전 상태에 놓인, 다시 말해 일본 사회의 병폐의 징후라 할 만한 젊은이들이 무의미한 (의미심장하게 무의미한) 집착을 바탕으로 집단을 형성했다. 그런데 그 집착의 도가 지나쳐서 이들이 세상을 차단하고 심리적으로 단절됐다는 점에 우리는 주목해야 한다. 초창기에는 오타쿠가 집착하는 대상이 상당히 별났다. 열차 시간표는 전형적인 예다. 예컨대 오타쿠는 도쿄나 오사카에서 어느 이름 없는 도시까지 운행하는 모든 열차의 출발 시각과, 언제 어디서 열차가 서는지, 각 정류장에는 얼마나 오랫동안 정차하는지, 그 이름 없는 도시에 도착하는 시각은 언제인지, 열차의 차량 수는 얼마나 되는지, 그 가운데 어느 것이 식당 칸인지, 식당 칸은 각 정거장에서 정확히 플랫폼 어디에 정차하는지를 하루 종일 연구한다. 전형적인 오타쿠는 자기 집단을 벗어나면 사회성이 부족해진다. 특히 이성과 사귀는 일에 서투른데, 이 점은 오타쿠의 특성 중에서도 정말 이해되지 않는 부분이다. 오타쿠는 미성숙한 자아이며, 근대화 과정이 근대적이고 전인적인 인격을 형성하지 못했다는 것을 보여주는 징후다.

오타쿠가 처음 등장했을 때 여기에 관심을 두는 사람은 드물었다. 하지만 이제 오타쿠는 수백만 명에 달하며 이들이 집착하는 관심사도 엄청나게 다양해졌다. 정신과 의사들이 오타쿠를 분석한 책이 베스트셀러가 되고 대학교수들은 오타쿠를 주제로 강의를 개설한다. 유명한 미술가 겸 디자이너 무라카미 다카시는, 드디어 일본이 진정으로 일본적이고 독창적인 것을 세상에 선보였다면서 오타쿠 문화를 미학의 경지로까지 끌어올린다. 즉 오타쿠는 하나의 '스타일'이 된 것이다. 오타쿠 패션은 도쿄의 백화점 어디에서나 찾아볼 수 있다.

이것을 의외라 할 수는 없다. 처음에 오타쿠 현상은 발달이 덜 되어 나타나는 비주류적 괴벽으로 치부됐지만 이제 일본인은 그것이 거울에 비친 자기 모습임을 알고 있다. 일본인 친구나 지인과 함께 오타쿠를 화제로 대화해보면, 실은 자기도 오타쿠라든가 오타쿠와 일정한 정체성을 공유한다는 (비밀스러운) 이야기를 종종 듣는다. 요즘은 오타쿠보다도 더 광범위한 프리터freeter 집단이 존재한다. 프리터라는 용어는 1980년대에 처음 생긴 것으로, 영어의 프리free와 독어로 노동자를 뜻하는 아르바이터arbeiter의 합성어다. 프리터는 이른바 '주식회사 일본' 대신에 가능하면 비정규직을 선택하는 사람들이다. 이들까지 더하면 일본 사회의 소외인구는 수백만 명이 추가된다.

오타쿠 현상은 광인이 시장에서 '신은 죽었다'라고 선언하는 니체의 유명한 우화 속 한 구절을 연상케 한다. 광인이 묻는다. "우리는 계속 추락하고 있는 것이 아닌가? 뒤로, 옆으로, 앞으로, 모든 방향으로 말이다. 아직도 위아래가 존재하는가? 우리는 무한한 무를 통과하듯 방황하고 있는 것은 아닌가? 우리는 허공의 숨결을 느끼지 않는가?" 이게 바로 오타쿠다. 물론 우리가 오타쿠 현상에 지나친 의미를 부여하는 것일 수도 있다. 그러나 나는 어떤 심오함을 느낀다. 우리는 오타쿠와 그들의 무의미한 집착에 대한 집착에서 하나의 논리적 귀결을 본다. 그것은 화혼양재로 출발했던 드라마의 대단원이다. 정신, 핵심, 이상, 체. 이것은 화혼양재식의 이분법 속에서 살아남지 못한다. 그래서 용이 체를 대체하면, 즉 수단이 목적을 대체하면 어떤 현상이 뒤따를까? 우선 모든 것이 의미를 상실한다. 그 다음에는 무의미 자체를 의미 있는 것으로 끌어올리려는 시도가 이루어진다. 많은 일본인들이 오타쿠를 탐탁지 않은 눈으로 보면서도 객관적이고 비판적으로 평가하지 못하는 까닭은 분명히 여기에 있다.

19세기 아시아에서 '역사의 농간'이라고 부를 만한 사건이 일어났다. 일본을 위시한 아시아 국가들은 눈에 보이는 것에만 마음을 빼앗긴 나머지 서구에서 이미 표면화되고 있던 근대의 근본적인 문제점들을 알아보지 못했다. 표면 아래로 환멸의 위기가 형성되고 있었다. 이 위기는 근대적 조건에 내재되어 있었다. 진보사관, 주체적 개인, 물질문화, 세속주의 원칙, 당시로서는 새로웠던 국민국가 개념 등이 전부 약점과 단점을 드러내기 시작했다. 베버의 철창은 부분적으로 초월에 대한 전망이 사라졌음을 암시했다. 물질적인 것에 대한 서구의 신념은 그 대단한 대외적 자신감에도 불구하고 벌써 내면적으로 붕괴되고 있었다. 이 점을 놓친 아시아는 근대의 모든 측면을 비판 없이 수용하고 말았다. 서구의 일부 예술가와 사상가들이 자기회의, 내면적 부패, 소용이 다한 패러다임을 지적했지만 아시아는 이들의 목소리를 귀담아듣지 않았다.

니체가 이 근대적 현상을 지적한 일은 유명하다. 니체의 광인이 삶을 방향 없는 추락으로 표현했던 것도 바로 그런 의미를 지닌다. 그것이 바로 니체의 허무주의다. 아시아에서 재현되는 이 허무주의를 나는 '소비주의적 허무주의'라고 부른다. 물질만능주의가 허무주의에 얼마나 결정적인 역할을 하는지 강조하기 위해서다.

이 허무주의는 아시아인에게 '씁쓸한 미소'를 일으킨다. 근대화는 아시아에 공허함이라는 충격을 안겼다. 그런 점에서 그 공허함 속을 살피면 씁쓸한 미소의 실체가 설명된다. 이상도, 신념도, 기억도, 초월도 없다. 행위는 있지만 거기에 생동감은 없다. 무엇보다도 근대가 약속하던 새출발의 기미가 없다. 오로지 과거에 저지른 오류의 논리적 귀결과, 현재의 단순한 연장에 불과한 미래가 있을 뿐이다. 그래서 그들은 씁쓸한 미소, 오타쿠의 미소를 짓는다.

허무주의야말로 아시아가 서구에서 빌리고, 모방하고, 흡수하고, 학습한 모든 것 중에 제일 골칫거리인 듯하다. 허무주의가 아시아를 덮쳤을 때 아시아는 그 정체를 미처 파악하지 못했다. 수입품 중에서도 가장 어색하고 불편한 품목이었다. 그와 함께 소비주의적 허무주의는 21세기 들어 일본의 주요 해외 수출품목으로 부상했다. 자동차 만드는 기술을 일본에 전하고도 요즘은 일본차를 선호하는 미국은, 이제 일본의 소비주의적 허무주의를 오타쿠 문화의 형태로 수입한다. 다른 아시아 국가도 일본의 소비주의적 허무주의를 수입한다. 아시아 최초로 서양 물건을 다스린 신배를 여전히 따라하고 있는 것이다. 그러나 현실은 오히려 서양 물건이 그들을 다스리고 있는 것이 아닐까?

° 일본, 아시아의 서구

일본 대중문화가 아시아 전역으로 확산되는 현상을 현재 많은 학자들이 연구 중이다. 그러나 이것이 별로 새삼스러운 현상이 아니라는 점은 100년이 넘는 아시아 근대사에 비추어보면 쉽게 이해된다.

아편전쟁 이후 앞으로의 향방을 모색하던 청나라 조정과 지식인들의 눈에는 일본이 취하는 방식이 좋아보였다. 2,000년 넘게 중국의 변방에서 중국을 배우기만 하던 일본이, 서구 문물의 도래와 함께 중국의 스승으로 변신했다. 일본의 청일전쟁 및 러일전쟁 승리는 중국인에게 그 점을 선명히 각인시켰다. 당시 일본은 중국인들을 자석처럼 끌어당겼다. 청일전쟁 패배 후 일본과 맺은 조약은 서구와 맺은 다른 어떤 조약보다 불리하고 모욕적이었는데도, 중국 본토에서 학생 수천 명이 일본 대학에 몰려들어 일본을 배우고자 했다. 20세기 중국의 위대한 작가 루쉰도 도쿄 유학생이었다. 쑨원도 일본에 일정 기간 체류한 바 있다. 캉유웨이는 근대화를 수행하면서도 군주제를 유지한 일본에서 영감을 얻어 중국도 그럴 수 있을지를 고민했다.

물론 다른 나라도 참고했지만 일본은 특별한 측면에서 중국의 관심을 끌었다. 중국에게 일본은 근대적이라고 해서 꼭 서구적일 필요는 없다는 것을 보여주는 최초의 사례였다. 일본은 그런 식으로 계몽사상에 정면으로 도전하는 듯했다. 18세기 이래 유럽인은 "진보하려면 우리처럼 돼라"를 되뇌었는데 일본은 이를 부정하고 있었다. 말하자면, 일본이 근대로 접근하는 일을 쉽게 만들어준 것이다. 일본은 서구 문물의 충격을 한풀 꺾어주는 완충지대였다.

일본과 인접국들의 관계에 스며 있는 양가적인 감정은 정도만 다를 뿐 지금도 여전하다. 일본은 제국을 꿈꾸며 20세기 아시아에 재앙을 안겼고, 이것은 대단한 기현상을 낳았다. 2005년에 중국 학생들은 '15년 전쟁'—일부 양심적인 일본인들이 1945년에 종결된 전쟁을 가리켜 부르는 용어—에 대한 일본 역사교과서의 석연찮은 설명에 대한 항의의 표시로 베이징의 일본 대사관, 상하이의 일본 영사관, 일본 상점, 일본 자동차 등 일본과 관련된 장소나 물건을 2주 동안 습격했다. 그렇지만 일제 물건을 소비하고, 일본 컴퓨터 게임에 몰두하고, 동중국해를 건너오는 최신 텔레비전 드라마를 보며 근대를 배우는 중국인은 아직도 얼마든지 있다. 일본은 패전 후 미군 점령기 7년 동안 사실상 서구인들과 함께 살지 않았느냐, 그러니 서양식 생활에 얼마나 익숙하겠느냐고 말하는 중국인이 많다는 점은 대단히 흥미로운 일이다.

잘 알려진 이야기지만 1964년은 일본에게 여러모로 영예로운 한 해였다. 패전 후 19년 만에 일본은 선진국 클럽이라는 OECD에 정식으로 가입했으며, 비서구 국가 최초로 올림픽을 개최했다. 당시 텔레비전을 가진 사람들에겐 후자가 더 구체적으로 와 닿았을 것이다. 그해 도쿄 하계올림픽에서 일본 선수들은 금메달 16개를 획득했다. 이후 별로 사용된 일이 없는 올림픽 경기장이 지금도 제자리를 지키고 있다. 가장 의미 있는 금메달은 여자배구 경기에서 나왔다. 일본팀은 소련을 격파했고 역사는 또 하나의 아이러니를 낳았다. 배구팀의 승리로 인해 일본은, 20세기 들어 두 번째로 러시아에게 패배를 안겼다. 러일전쟁에 부여됐던 상징적 의미는 일본 배구팀의 승리에 또 한 번 살며시, 그러나 확실하게 스며들었다. 일본은 다시금 '열강'의 대열에 들어서고 있었다.

도쿄 올림픽이 열릴 무렵 일본 텔레비전에서는 곧 전 세계를 사로잡을 또 다른 아이템이 방영되고 있었다. 『우주소년 아톰』은 아직 미군 점령기였던 1950년대 초에 연재만화로 등장했다. 아톰을 만든 만화가 데즈카 오사무는 월트 디즈니를 동경했다. 그의 작품은 결국 만화영화로 제작되어 텔레비전과 영화관에서 지금까지 상영되고 있다. 아톰은 2007년 도쿄 시 친선대사로 임명되기도 했다.

아톰을 필두로 거대한 '아니메'(애니메이션) 세계가 형성됐다. 그리고 일본의 이른바 문화 상품 수출정책과 맞물려 애니메이션을 기반으로 하는 엄청난 규모의 산업이 구축됐다. 한국과 타이완은 일본 문화 상품에 대한 오랜 규제를 풀었고, 중국은 덩샤오핑이 1978년 개혁개방 노선을 채택하면서 처음으로 일본산 애니메이션을 구입했다. 지금은 아시아 전체가 일본의 상품 시장이 됐다. 만화, 텔레비전, 영화, 비디오, DVD, 패션. 이 같은 일본의 '소프트파워'는 아시아에만 국한되는 것은 아니지만 특별히 아시아에서 강세를 보인다. 2009년 총리에서 물러난 아소 다로는 이렇게 말했다. "우리는 여러 나라 젊은이들의 마음을 사로잡고 있다. 중국 젊은이들도 예외는 아니다."

중국에서 개혁이 한창이던 1990년대에 일본산 '트렌디 드라마' 열풍이 불었다. 이 드라마들은 해적판 디스크의 형태로 장기간에 걸쳐 엄청나게 소비됐다. 드라마 줄거리는 다 비슷비슷하고 기본 설정은 그보다 더 단순했다. 남녀 주인공 모두 흠잡을 데 없는 현대식 도쿄 아파트에 산다. 값비싼 옷, 독일제 자가용, 촛불 밝힌 저녁식사, 대단치 않다는 듯 부엌 조리대 위에 놓여 있는 프랑스 와인. 거기에는 없는 것도 있었다. 우선 지저분한 잡동사니가 없다. 전통 의상도, 가족도 보이지 않는다. 대가족 관계, 자식이 지는 의무, 늙어가는 삼촌, 혈연 간의 전통적인 구속 모두가 자취를 감췄다. 중국 본토의 일본 트렌디 드라마 불법 시장은

(이 분야 종사자들이 시인하는 바에 따르면) 해적판 유통 절정기에 디스크 판매 30억 장 이상, 불법 매출액 180억 달러를 기록한 것으로 추정된다.

중국 당국은 중국이 자체적으로 트렌디 드라마를 제작할 역량을 갖춘 이후에야 비로소 해적판을 단속하기 시작했다. 중국판 트렌디 드라마는 배경이 주로 상하이라는 점만 빼면 여러모로 일본판을 모방한 것이었다. 한번은 청두에서 충칭으로 가는 버스에서 중국판 트렌디 드라마를 연속으로 몇 편 시청할 기회가 있었다. 모든 것이 예상대로였다. 잘생긴 광고회사 중역, '롱 다리' 여배우, 포르쉐, 이층 저택, 현관에 놓인 크리스털 꽃병. 모든 게 신경에 거슬렸다. 버스 속 텔레비전 화면에는 중국인이 꿈꾸는 환상의 세계가, 버스 창밖에는 수수한 차림의 노동자들이 먼지 풀풀 나는 데서 힘겹게 일하는 중국의 현실이 있었다.

어떻게 근대적으로 살고, 일하고, 사랑하고, 소비하고, 입을 것인가. 몸동작은 어떻게 해야 멋있고, 고급 승용차는 어떻게 몰아야 자연스러워 보이고, 와인은 어떻게 마셔야 근사한가. 일본에서 전해진 혹은 베껴온 방송들은 기호언어학적 상징으로 가득했다. 그것은 근대적인 것에 대한 욕망에 휩싸여 서구를 따라하고 싶은 자들을 위한 설명서였다. 일본은 이 모든 것을 배우기에 적합한, 중국인 친구의 말처럼 이질적이면서도 그리 이질적이지 않은 나라다.

서구가 '캔턴'Canton이라 부르던 광저우에는 상하이 같은 고풍스런 우아함이 별로 없다. 상하이는 근대 초창기부터 동서가 만나 동도 서도 아닌, 혹은 동서 양쪽 모두에 해당하는 어떤 것을 창조해낸 도시로 유명하다. 우리는 이것을 '상하이 모던'이라고 부른다. 광저우에는 그런 폼 나는 측면이 없다. 광저우는 늘 상하이보다 수수한 도시였다.

　그럼에도 광저우는 어엿한 하나의 창구다. 18세기 중국은 광저우를 통해 서양을 만났다. 그 유산이 지금도 남아, 상품이든 패션이든 각종 새로운 트렌드는 중국에 도착했다 하면 우선 광저우부터 거친다. 상하이의 휘황찬란함을 걷어내면 빈한하고 고생스러운 중국이 드러나고, 이를 잘 관찰하면 중국의 향방과 목표가 보인다. 1961년 광저우에서 "검은 고양이든 흰 고양이든 쥐만 잡으면 된다"라는 유명한 발언을 했던 덩샤오핑은, 그로부터 30년 후 광저우와 부근 신도시를 방문해 "부유해지는 것은 영예로운 일이다"라는 취지의 연설을 했다고 한다.

　광저우에는 영화 제작자로 일하는 지인이 살았다. 그의 이름은 두강이다. 부친이 베이징에서 파견된 군인이었던 까닭에 두강은 광저우 출신이면서도 어떤 의미에서 외지인이었다. 우리는 주강珠江변에 위치한 야외 레스토랑에서 만났다. 그는 영화 대본 하나를 막 완성한 참이었다. 두강의 대본은 개별적이면서도 서로 연결되는 여러 개의 에피소드로 구성되어 있었고, 덩샤오핑의 개혁개방이 초래한 흔한 사회적 갈등을 다루었다. 성공한 기업 간부, 임신한 애인과 배신당한 아내, 참견 심한 가족들, 용서, 복수, 무관심, 기존의 삶을 뒤로하고 시도하는 새 출발. 마지막 에피소드는 친구의 경험을 바탕으로 한다. 부부가 대가족 속에서 아이 하나를 키우는데 아내가 이웃집 승용차와 큰 집을 부러워하기 시작한다. 그래서 부부는 하던 일을 그만두고 독립된 사업가를 꿈꾸며 다단계 판매회사 암웨이에 들어가 일한다. 큰 집은 얻었지만 그들이 누리던 행복은 사라진다. 그래서 그들은 또 다른 종류의 향수에 젖는다.

　"실화예요. 몇 년 전만 해도 행복하게 잘 살던 친구들이 이제는 고객과 통화하느라 노심초사하며 전화통에 매달려 있어요. 자기들이 진정으로 원하는 게 뭔지 모르는 거죠."

두는 줄거리 구성을 포기했다고 말했다. 미친 듯이 굴러가는 나라를 영화로 만들려면 줄거리, 등장인물, 서사 기법 같은 것은 별 소용이 없었다. 정해진 패턴 없이 한 소절씩 지나가는 과정이 있을 뿐이었다. "남들이 좋다는 대로 사는 게 과연 가치 있는 일인지 아무도 확신하지 못하고 있어요."

자기행위의 의미를 이해하고, 자국의 상황을 있는 그대로 파악하고, 사물의 심연에서 헤엄치는 것, 이것이 앞으로 두의 세대가 풀어가야 할 과제다. 그러나 중국은 아직까지 의식을 잃은 상태다. 두와 만난 후 나는 이 문제를 좀 더 탐구해보기로 마음먹었다. 두의 이야기에는 어딘지 일본을 떠오르게 하는 점이 있었다. 그가 자기 영화에 담으려는 상실감은 일본의 상실감, 1980년대에 오타쿠와 함께 등장한 그 설명할 수 없는 상실감을 닮아 있었다.

나는 광저우에서 메이드 카페를 발견했다. 전통 상점 거리를 트렌디한 소매 상점가로 개조한—중국 전역에서 흔히 일어나는 일이다—어느 골목길에서였다. 카페 주인은 유에샤라는 이름의 30대 남성이었다. "일본말로는 '다케시타'지요." 그가 자리에 앉으며 말했다. 유에는 자기 가게가 중국 최초의 메이드 카페라고 소개하면서 나와 한참 이야기를 나눴다. 메이드 카페도 앞으로 유행할 아이템 중에 하나라면서 그는 ACG라는 용어를 사용했다. 애니메이션, 코믹스(만화), 게임의 머리글자였다.

"유망합니다." 유에의 목소리에는 사업가다운 열정이 담겨 있었다. "절정기는 아마도 앞으로 이삼십 년 후가 되겠지만 사업소재로 전망이 밝아요. 여러 나라를 침략한 현대사 때문에 일본이 미움을 받을 것 같지만 ACG 덕택에 일본 문화가 쉽게 받아들여지는 게 현실이지요. 과거 따위는 이제 아무도 상관 안 해요."

그는 일본에 별로 가보지 못했고 단 한 번 짧게 방문했다고 말했다. 나는 정말 가보기는 했는지 의문이 들었다. 그는 자기 생각을 이렇게 정리했다. 애니메이션이나 메이드 카페 등은 원래 전부 서양 것이지만 일본이 이를 가져다 변형시켰고, 이렇게 변형시킨 것을 한때 자기들이 문물을 차용했던 아시아에게 되돌려주고 있다는 것이다. 그의 말을 듣고 있으니 "아시아는 하나"이고, 일본은 아시아의 과거를 수집, 전시하는 박물관의 파수꾼이라고 주장했던 세기말 유미주의자 오카쿠라 가쿠조가 생각났다. 이제 파수꾼 일본은 아시아의 미래까지 책임지고 있는 듯했다.

나는 그에게 오타쿠 문화의 근저에서 발견되는 '체념'의 정서를 어떻게 생각하는지, 중국 젊은이들이 이런 오타쿠 문화까지 수입하려고 애를 쓰는 이유가 무엇인지에 대해 물었다.

"사람들은 오타쿠가 세상을 거부한다는 식으로 얘기하는데 그건 오해예요. ACG는 현대 예술이에요. 돈 버는 사업이지, 경멸할 일이 아니라고요. 오타쿠 문화도 나름대로 사회에 기여하고 있다는 증거죠."

그 순간, 아키하바라와 열차 시간표에 대한 집착에서 시작된 것의 위상이 참 많이도 높아졌다는 생각이 들었다. 중국은 이제 일본으로부터 요령, 기술, 용만 도입하는 게 아니라 허무주의까지 수입한다. 이렇게 '역사의 농간'은 계속 메아리친다. 두강이 자신의 영화에 담으려 했듯, 중국을 여행하면 느끼듯, 수많은 중국인이 이 허무주의에 시달린다. 그러나 허무주의적 소비는 중국을 괴롭히는 병폐이기 이전에 '돈 벌 기회'다. 허무주의는 생활방식이고 상품인 것이다.

체와 용, 정신과 물질. 세상을 이런 식으로 나누는 이분법은 여러 가지 복잡한 현상을 이해할 틀을 제공한다. 아편전쟁에서 페리 제독, 일본의 청일전쟁과 러일전쟁에서의 승리, 중국 공산혁명, 마오쩌둥 시대, 중국 개혁에 이르기까지 동아시아는 이상과 실리 사이를 끊임 없이 오갔다.

일본에서는 70여 년이나 쌓여온 정신과 물질 간의 긴장이 1945년 8월 15일 아침 갑작스레 해소됐다. 체와 용의 대립 구도는 마오쩌둥 시대 이후 중국에서 등장한 각종 구호를 이해하는 데에도 유용하다. 서구적 감성에는 이상하게 들리는 그 구호들이 납득되기 시작한다.

"정치가 우선한다." 마오쩌둥의 이 유명한 말은 마오 사상의 초석이 되었고, 문화대혁명은 이 관점을 논리적 극단까지 밀어붙였다. 한편 덩샤오핑은 복권과 함께 '실사구시'實事求是를 외쳤다. "실천은 진리를 검증하는 유일한 표준"이라는 말과, 앞서 등장한 고양이와 쥐 이야기는 덩샤오핑이 애용하던 구절이었다.

20세기 중국에서 격돌해 수많은 목숨을 빼앗고 나라의 운명을 결정지은 이 두 시각의 뒤편에는 각각 체와 용이 놓여 있다. "정치가 우선한다"는 말은 원리원칙에 대한 옹호다. 수단은 원리원칙에 순종해야 한다. 송나라의 주자학을 20세기식으로 풀이한다면 마오쩌둥은 이의 편에 서 있고, 덩샤오핑은 전적으로 용과 기를 우선시했다. 덩샤오핑은 청나라 고증학의 영향을 받았다. 고증학자들은 관념적 탁상공론을 비판하면서 그것이 명나라의 멸망을 재촉했다고 주장했다. 실증된 것이야말로 중요하다는 시각이었다.

중국 공산혁명 기간에 '말'은 큰 중요성을 지녔다. 말은 사상 체계의 징후였다. 마오쩌둥이 신념을 중시한 반면 덩샤오핑은 신념은 중요하지 않다고 여겼다. 최종 승리자는 덩샤오핑이었다. 그러나 그는 조심스러웠다. 마오의 유산이 상상 이상으로 큰 영향력을 발휘했기 때문이다. 마오는 중국으로 하여금 100년 동안의 모욕을 딛고 '분기하게' 했고—1950년대에 등장한 인상적인 용어다—어떤 신념을 심어주었다. 이 사실은 중국인들의 집단기억 속에서 마오가 망쳐놓은 다른 어떤 일보다도 중요성을 지녔다. 덩샤오핑과 그의 조력자들이 '중국식 사회주의'라는 관념을 고안해낸 것도 바로 이 때문이다. 그러나 거기에는 중국이 차마 인정하지 못하는 또 다른 의미가 내포되어 있었다. 즉 용이 체가 되면서 체는 없어지고 이제 삶은 온통 물질이 됐다.

'비즈니스 저널리즘'이라는 불가사의한 직능을 연마 중인 중국 청년 왕슈오를 베이징에서 만났을 때, 그가 내게 물었다. "지금 중국이 일본의 1980년대와 비슷하다고 생각하세요?"

어느 늦은 저녁, 우리는 천안문 광장 부근에 있는 친구네 집에서 긴 저녁식사를 마친 후 택시를 나눠 타고 도심을 가로지르고 있었다. 고가도로를 내달리는 동안 변모한 베이징을 밝히는 불빛이 사방에서 반짝거렸다. 공산체제 시절 건설되어 이제는 무너지기 직전인 아파트들이 고가도로 아래로 스쳐갔다. 간신히 남은 후퉁 고옥도 간간이 눈에 띄었다.

나는 왕이 던진 질문을 곰곰이 생각해본 다음 이렇게 대답했다.

"1980년대가 아니라 1880년대 일본 같아요." 내가 대답했다.

아마도 그게 맞을 것이다. 아니면 기타큐슈가 부상하던 1950년대 일본과 비교하는 것도 가능할 것이다. 일본의 메이지 개혁가나 전후 재건 주도 세력이 그랬던 것처럼 덩샤오핑과 그 후계자들도 눈에 띄는 건 전부 새것으로 갈아버리는 일을 최우선 과제로 삼았다. 여기에는 과시욕,

즉 남의 기준에 맞춰 인정받고자 하는 욕망이 깔렸다. 이 점을 이해하면 많은 것이 설명된다. 사회적 불평등, 도시와 농촌의 불균형, 환경에 대한 무관심은 전부 일본의 과거였고, 그런 일본의 과거는 정확히 중국의 현재와 일치한다. 차이가 있다면 지금 중국에서 상황이 전개되는 속도가 훨씬 빠르다는 점뿐이다. 중국인 대다수가 부유해지려면 아직 한참 멀었는데도, 벌써 '부유한 중국의 공허감'이 거론될 정도니 말이다.

어느 날 오후 왕 삼촌네 찻집에서 '일단 때려 부수고 보자' 시장님 때문에 유명해진 항구도시 다롄에 가볼 계획을 세우기 시작했다. 나는 다롄에 남아 있는 역사의 흔적—러시아, 일본, 중국국민당, 중국공산당의 흔적을 찾아보고 싶었다. 다롄 항구를 이용하던 공업 도시들이 쇠퇴해버린 지금은 어떤 모습일지 궁금하기도 했다.

"다롄에 가면 제 학창시절 친구 쑨을 꼭 만나보세요."

왕 삼촌이 말했다.

60세 전후의 쑨궈웨이는 왕 삼촌의 말대로 나를 환대했다. 그는 점심 시간에 나와 내 동료가 숙박하는 인민로의 호텔로 우리를 데리러 왔다. 하얗게 센 머리에 깔끔한 트위드 재킷 차림이었다. 쑨은 우아한 일제 승용차에 우리를 태우고 단골 해산물 전문식당으로 향했다.

중국에서 식사를 대접받을 때 흔히 그렇듯, 쑨은 먹을 수 있는 한도 이상으로 끊임없이 요리를 시켰다. 나는 그곳 맥주가 좋았다. 이제까지 마셔본 라거 맥주 중에 제일 담백하고 시원했다. 빛깔은 생수와 백포도주 중간쯤 되는 연한 색이었다.

"중국의 기술과 이곳 물이 합쳐진 결과지요." 쑨이 설명했다. "보시라이가 시장이 되면서 강물의 흐름을 변경시킨 덕택에 여기 수질이 최고가 됐어요."

쑨은 아마추어 역사가이도 했다. 그는 조촐한 공업도시 다롄의 과거와 야심에 대해 우리에게 이야기했다. 다롄이 꿈꾸는 미래는 동북아시아의 여객항구 겸 첨단 기술의 중심지였다. 쑨의 개인사도 다롄의 역사와 맞물려 있었다. 그는 텔레비전 공장에서 조립 라인 노동자로 시작해서 수출부 부장자리까지 올랐다. 그 와중에 개혁개방이 시작됐고 '쑨 동지'는 사업가로 변신했다. 이제 그는 케이블 및 기타 인터넷 관련 하드웨어 부품 제조업체를 운영하고 있다. 그는 부자였다. 영국에서 유학하고 최근에 귀국한 아들은 유창한 영어 실력을 자랑했는데, 언젠가 그의 사업을 물려받을 터였다.

점심식사 후 우리는 뤼순을 향해 남쪽으로 차를 몰았다. 뤼순은 한 세기 전에 일본이 러시아와 결정적인 전투를 벌였던 장소다. 도중에 우리는 시골길을 한참 달렸다. 그 길 한편에는 잡목이 자라는 언덕이, 반대편에는 바다가 놓여 있었다.

쑨이 설명했다. "이곳은 앞으로 다롄의 실리콘밸리가 될 겁니다. 개발업자들의 아이디어지요."

벌써 절반 정도 완성된 듯했다. 사방에서 새것이 옛것을 밀어내고 있었다. 전기도 안 들어오고 수도시설도 없는 노후한 시골동네 옆에 일본이나 미국 기업 이름이 붙은 빌딩이 올라갔다. 울타리 쳐진 연립주택 단지와 쇼핑몰을 지나면 또 시골마을이 나타나면서 염소 떼가 풀을 뜯는 풍경이 펼쳐졌다.

해질 무렵이 되자 쑨은 저녁 먹을 곳으로 우리를 데리고 갔다. 점심때 갔던 해산물 식당보다 더 좋은, 특별한 곳이라고 말했다. 가보니 옛 시골마을 한 귀퉁이에 서 있는 회벽 집이었다. 실내는 그냥 흙바닥이었다. 우리는 겨울철에 농민들이 수백 년 동안 해왔던 대로, 바닥보다 한 단 높이고 그 사이에 불을 지펴 따뜻한 마루에 낡은 방석을 깔고 둘러앉아 밥을 먹었다.

기름진 돼지고기와 푹 익은 야채를 미지근한 맥주와 함께 먹는 동안 쑨이 또 다른 면모를 내비쳤다. 아까는 느끼지 못했던 향수가 우리의 대화를 물들였다. 그것은 시골에 대한 향수이자 공산체제에 대한 향수였다. 그 두 가지는 모순이 아니었다. 지난 9년간 이루어진 보시라이 시장의 철거 정책을 그가 지지하는 것은 사실이었다. 그러나 그는 어떤 상실감을 느끼고 있었다.

"무엇에 대한 상실감인지 말씀해주시겠습니까?"

그러자 쑨이 내 동료인 주앙시를 바라보며 북경어로 말했다. "내가 지금부터 하는 얘기는 통역하지 마세요. 아녜요, 통역해도 됩니다." 쑨의 얘기가 한참 이어졌다.

"우리 중국인은 남들이 생각하는 것만큼 그렇게 스스로 흡족해하지 않아요. 중국은 지금 거꾸로 가고 있어요. 권력, 돈 같은 물질적 욕구만이 삶의 추진력이라면 거꾸로 가고 있는 게 맞지요. 점심 때 제가 주문하는 거 보세요. 당신들한테 과시하려고 과하게 주문하지 않던가요. 비웃음 살만한 일이지요." 거의 고백에 가까운 말투였다.

"고층 아파트도 보세요. 사람들이 그런 데 살면서 서로 격리되고 있어요. '더 좋은' 상품을 '더 많이' 소유하게 됐지만 사람 사이는 점점 멀어지는 거지요. 다롄 주민은 대부분 산둥성 출신이라 원래 정이 많아요. 없는 살림에 나눠 쓰면서 어울려 살았지요. 서로 석탄도 들어다주고 저녁에는 함께 술도 한 잔씩 하고요. 지금은 다 옛말이 됐어요. 옛 동네가 사라지면서 그런 정서도 사라졌지요. '군자의 사귐은 물 같이 맑다'라는 고사성어가 있어요. 물 같은 관계란 원래 오염되지 않은 순수한 인간관계를 의미하는데, 요새는 얄팍하고 알맹이 없는 관계로 풀이되지요."

쏜이 말을 마치자 우리는 조용히 일어났다. 그가 고심 끝에 조심스레 지적한 것은 바로 현대 중국의 씁쓸한 미소였고 소유와 소비에 집착하는 도시병이었다. 체와 용의 재등장이었다. 중국이 서구로부터 잔뜩 용을 취한 뒤 향수와 회한을 느낀다. 그 얘기를 서구인 한 명이 앉아 들어준다. 할 말이 없었다. 아니, 할 말이 너무 많았다.

그 후로 쏜을 두 번 다시 만날 수 없었다. 다롄에 갈 계획이 있을 때마다 주앙시가 여러 번 전화했지만 그는 늘 가라앉은 목소리로 몸이 안 좋아서 만날 수 없다며 사과했다.

나중에 왕 삼촌에게 사연을 들었다. 함께 다롄에서 화이트와인 빛깔의 맥주를 마시며 과거와 미래를 기념했던 그날로부터 불과 몇 주 후에 쏜의 아들이 스스로 목숨을 끊었다는 것이다. 텔레비전 공장에서 시작해 아들의 영국 유학과 자살을 거쳐 침묵으로 마무리되는 쏜의 스토리를 나는 잊지 못할 것이다.

°고속도로를 달리는 소달구지

인도 북서부 메마른 사막 한복판에 자리한 팔란푸르에서 여정이 여러 시간 지체된 일이 있었다. 파키스탄 국경과 '카치 대습지'라고 불리는 계절성 염수습지에서 멀지 않은 곳이었다. 무척 더웠고 아직 몬순이 시작되기 전이었다. 나는 아지메르와 자이푸르를 지나 델리를 종착역으로 하는 밤기차를 기다리는 중이었다.

인도에 가면 기차역 주변을 뚫어져라 쳐다보는 버릇이 생길 수밖에 없다. 기차가 제시간에 오는 법이 없기 때문이다. 시끄러운 확성기, 짐꾼의 손수레, 놋쇠 수도꼭지가 줄줄이 달린 공용 개수대. 때로는 지극히 평범한 것들이 깨달음을 준다. 일본이나 중국에서는 그런 일이 별로 없다. '일상에 감춰진 작은 진리'를 발견하는 것은 유난히 인도다운 현상이다. 엄청나게 다채로운 풍경 탓일 수도 있고, 유독 기다릴 일이 많아서일 수도 있고, 학자들 말처럼 시간 개념이 다층적이라서 그럴 수도 있다. 인도에서는 질기게 살아남은 '과거'가 겹겹이 층을 이루며 '현재'와 공존한다. 자와할랄 네루 총리의 출생지인 갠지스 강변의 알라하바드에서는 마차 행렬이 큰 길을 뒤덮는다. 이곳에서는 마차가 곧 택시다.

그날 오후 팔란푸르 기차역 플랫폼에서 내 눈길은 역장실 밖에 설치된 주철 선반에 닿았다. 화재 대비 시설임을 알리는 빨강페인트가 덧칠되어 있었다. 육중한 가로대에 달린 갈고리마다 '화재용'이라고 적힌 양동이가 걸려 있고 양동이 위로는 역시 주철로 된 두꺼운 판 하나가 매달려 있는데, 그걸 힘껏 때리는 게 바로 화재경보였다. 견고하고, 지극히 실리적이고, 다소 거창했다. 실용적이면서도 비실용적이었다. 인도에서 그렇게 전형적으로 빅토리아 시대의 특징을 띠는 물건은 처음 봤다.

그 고풍스런 소화용 양동이를 한참 들여다보고 있자니 양동이들이 자신에 대해, 그리고 인도에 대해 뭔가를 이야기하는 듯했다. 서구인은 인도의 구식 생활방식이나 영국령 인도 시절의 잔재를 보며 재미있어한다. 그런 경험은 옛 인도에 대한 향수와 인도와 관련된 서구의 역사에 대한 향수를 불러일으킨다. 그러나 양동이는 그 이상을 (인도에서는 정신과 물질의 문제가 어떻게 다루어지고 인도의 과거는 왜 현재까지 존속하는지를) 암시했다.

'공존하는 이질적인 시간'은 인도 전역에서 감지된다. 위성방송 수신 안테나가 달린 시골 초가집, 고속도로 위로 사탕수수 실린 수레를 끄는 황소, 맨발에 다 찢어진 사롱을 입고 현금인출기에서 돈을 꺼내는 사내. 그러나 이 시간 개념은 이런 예시가 보여주는 것 이상으로 복잡하다. 또한 근대성의 의미와 관련하여 조금 다른 관점을 제공한다. 근대적 상태로 전진하는 것에 대한 우리의 표준적인 이해 방식은 순차성을 전제로 한다. 원시인이 부족을 형성하고, 부족이 농민이 되고, 농민이 공장 노동자가 되고, 마침내 산업사회, 후기산업사회에 다다른다. 그러고 나면 부족이나 농민은 진보를 기다리는 후진적이고 전근대적인 존재로 인식된다.

이것이 바로 순차적이고 계몽주의적인 시간 개념이다. '균질적 시간 개념'이라는 표현도 가능하다. 이것은 서양사상의 근간이며 일본과 중국이 근대화와 함께 도입한 인류 발전과정에 대한 서구적 인식이다. 일본과 중국이 갑자기 자국의 상태를 '늦었다'고 인식한 것도 바로 이 때문이다. 오늘날 중국 정부는 '티베트가 봉건적 억압에서 해방'된 것을 축하하라고 서구를 종용한다. 중국 정부의 논리는 서구에서 배운 것이다. 이런 사고는 배제를 낳고, 배제된 자들이 또 다른 상대를 배제하는 악순환을 초래한다. 근대화되기 이전의 과거는 박제 대상으로나 여겨질 뿐, 중요성을 상실한다.

인도의 진보 과정은 다르다. 인도에서 인류의 발전 과정은 순차적이 아니라 동시발생적이다. 그래서 일본이나 중국처럼 이중적 자아를 취하는 버릇은 찾아볼 수 없다. 다시 말해, 인도는 배타성보다 포용성을 보인다. 현금인출기에서 돈을 뽑는 맨발의 사내는 근대 인도라는 실체에 온전히 참여한 사람이다. 『내셔널 지오그래픽』은 소달구지가 고속도로를 지나가는 모습을 문화적 불협화음으로 묘사할지 몰라도, 인도인의 정서로는 전혀 이상한 장면이 아니다. 바로 그렇게 이질적 시간이 공존한다.

인도인은 이 관념을 다양한 방식으로 표현한다. 마하트마 간디의 도시 아메다바드에 사는 지인은 이를 "혼란의 가용성"the availability of confusion이라고 부른다. 쉴 새 없이 변하는 첨단기술의 중심지 하이데라바드에 사는 지인은 "다원적 사고"를 언급한다. 델리에는 시골 길쌈꾼들에게 하청을 줘서 멋진 옷감을 짜고 옷을 짓게 하는 '파빈디아'라는 기업이 있다. 이 기업의 고위 간부 프리블린 사바네이는 활발하고 똑똑했다. 우리는 함께 파빈디아에서 일하는 길쌈꾼들이 있는 아라비아 해 인근 시골마을 부지Bhuj에 가보기로 했다. "인도는 흑도, 백도 아닌 회색입니다." 그녀가 말했다. "인도를 알고 싶으면 모호함에 익숙해져야 해요."

근대를 맞은 중국과 일본은 모호함을 껴안지 못했다. 양국이 도입한 순차적 시간 관념은 모호함을 허락하지 않았다. 19세기 중국은 중체서용론과 함께 양洋과 토土에 새로운 의미를 부여하고, 만물을 이 두 범주로 분류했다. 양은 대양을 건너온 외래적인 것을 가리켰다. 중국어로 양와와洋娃娃는 크고 동그란 눈매에 피부색이 창백한 서양 인형, 양화洋火는 성냥, 양산洋傘은 서양식 우산을 뜻한다. 한편 토는 흙, 즉 중국 토종을 가리킨다. 이 두 관념의 등장은 의미심장했다. 이제 양은 근대적이고, 첨단이고, 바람직한 것, 토는 촌스럽고 별 볼일 없는 것을 의미하게 됐다. 중국에서는 지금도 촌뜨기를 투바오쯔土包子, 즉 '촌만두'라 부르고 고급 외제 위스키를 '양주'라고 하는 등 양과 토를 붙인 용어를 널리 사용한다.

근대화에 관한 인도의 사고방식은 중국이나 일본과는 상당히 다른 결과를 초래했다. '동시성' '동시발생적 발전 양태' '공존하는 이질적 시간'은 —표현이야 어떻든— 인도의 중심을 적절히 잡아주었다. 인도에서도 과학기술과 영적인 측면에 관해 19세기 이래로 많은 논의가 있었지만 거기에 대단한 불안과 두려움은 없었다. 인도는 일본이나 중국과 달리 문화를 '이행과제'로 여기지 않았기 때문에 중국의 중체서용론 같은 개념도 탄생하지 않았다. 팔란푸르에 철도가 깔리면서 분명히 큰 변화가 있었지만, 이 역시 '불변 속 변화'에 해당했다. 과거를 전부 때려 부수고 삶 전체를 서둘러 새롭게 창조하려는 기색이 없는 것은 근대화 초기나 지금이나 한결같다. 소방용 물 양동이는 오랜 세월 제구실을 해왔고 앞으로도 그럴 것이다.

열차가 도착하기 전에 양동이 사진을 몇 장 찍었다. 그런데 정말 흥미로운 것은 양동이 이미지가 아니라, 그 재래식 설비에 대해 전혀 무관심하게 플랫폼에 서 있던 승객들이었다. 19세기 유물이 21세기까지 존속할 수 있는 것은 바로 그 무심함 때문이다. 양동이에 관심을 갖는 유일한 존재는 기차역을 쏘다니는 들개들 뿐이었다(인도의 모든 기차역은 들개 천지다). 들개들은 양동이에 담긴 물로 태연하게 목을 축였다.

물질적 발전이라는 측면에서 인도는 모호성과 다층적인 시간 개념을 포용한 대가를 비싸게 치렀다. 인도와 중국을 여행해보면 그 점이 확연히 드러난다. 일본과는 아예 비교 자체가 어렵다. 인도도 발전은 했지만 그 속도는 느렸다. 또한 발전의 혜택이 넓고 고르게 분산되지 못했다. 화려한 대도시에서 몇 킬로미터도 벗어나지 못해 19세기는 커녕 18세기를 목격하게 된다. 봄베이의 하수시설 설치율은 3분의 1을 간신히 넘는다. 700만 명이 사는 세계 최대의 빈민촌 다라비Dharavi에는 하수시설이 전혀 없다. 이 문제를 삽과 빗자루와 항아리로 처리하는 카스트 계급이 여전히 존재한다.

인도가 근대화 과정에서 일본과 중국의 뼈아픈 실수를 피할 수 있었던 이유는 다층적 시간 개념에서 그 열쇠를 찾을 수 있다. 물론, 아직도 인도의 많은 측면이 근대화되지 않은 채 남아 있어서, 근대화 과정에서 흔히 범하는 실수를 저지를 기회조차 없었다는 견해도 있다. 후자는 '새로운 인도, 세계화하는 인도'를 원하는 인도인들이 선호하는 관점이다.

그러나 인도에서도 새로운 종류의 변화가 시작됐다. 1980년대 초부터 감지된 이 현상은 해가 갈수록 또렷해졌다. 이것은 속도와 관계가 있다. 20세기 말에 인도는 상당히 발전했고, 이와 함께 사람들은 '새로운 인도'를 논하기 시작했다. 전환점은 인도 정부가 닫히고 막혔던 경제를 개방하기 시작한 1991년이었다. 이후 실행된 개혁은 하나같이 인도를 서쪽으로 밀어붙였고, 아드레날린을 주사한 듯한 효과를 내면서 소방용 양동이 사회를 갑자기 디지털, 휴대전화, 인터넷 사회로 바꾸어 놓았다. 인도가 동쪽의 이웃나라들처럼 '모든 게 한꺼번에 급변하는' 경험을 한 적이 있다면 바로 이때였을 것이다. 우리는 인도에서 더 이상 '변화 속 불변'이나 '불변 속 변화'를 말할 수 없다. 문제는 현재 진행중인 변화가 더 근본적인 변화, 즉 의식의 변화를 낳고 있다는 점이다. 이제 온 나라가 앞만 보고 달린다. 숙명을 받아들이던 국민이 미래에 대한 포부로 자기를 규정한다. 타고난 운명이 아니라 자기가 원하는 게 무엇인지를 생각하게 된 것이다. 가난에 대한 자각은 박탈감을 동반한다. 근대적인 물품을 소유한 자는 근대적이고 그렇지 않은 자는 비근대적이다. 이제는 인도에서도 양과 토가 구분되기 시작했다.

새로운 종류의 변화와 그 속도는 인도인들의 위기감을 증폭시켰다.

'우리는 다층적인 시간 속에 사는가, 아니면 순차적인 시간 속에 사는 가?' 추상적으로 들릴지 몰라도 인도의 딜레마를 잘 드러내는 질문이다. 다원성을 포용하고, 모호성을 용인하고, 자기만의 시간관을 구축하고, '타자'와 어울려 풍성한 삶을 사는, 인도를 인도답게 하던 이 요소들이 이제 과거 속으로 사라져버릴지 모른다. 1990년대부터 시작된 개혁은 본질적으로 순차적인 시간 개념을 도입하는 매개체 역할을 해왔다. 이미 오랫동안 영향을 끼쳐온 서구가 새삼스레 모범으로 제시되는 이러한 현상은 일본과 중국에 비하면 한참 늦었지만 방식은 똑같다. 순차적 시간 개념에 따라 모든 것을 근대적인 것과 전근대적인 것으로 나누는 지극히 단순한 이분법이 탄생한다.

인도인은 일본에 대해 희한한 견해를 갖고 있다. 인도인의 표현대로 '누추하고 더럽고 무너지기 일보직전인 상태로 간신히 꾸려나가는 인도' 가 일본을 딱하게 여기는 것이다. 인도는 일본이 잘 살지만 물질적 풍족함의 포로가 됐다고 본다. 한번은 델리에서 열린 칵테일파티에서 1960년대 초에 주일 인도대사관에 근무했던 전직 외교관을 만났다. 이미 퇴임한 그의 일본 체류시기는 내가 도쿄에 근무하기 훨씬 전이었다. 나는 그가 일본에 대해 어떤 인상을 받았는지 궁금했다.

하얗게 센 장발에 수염을 길게 기른 노령의 대사는 망설이지 않고 답했다.

"탄복할 건 많지만 호감은 별로 안 가는 나라지요."

그게 벌써 몇 년 전 일이다. 그런데 이제 그때 그 대사의 자신감이 과연 얼마나 더 지속될 수 있을지 의문이다. 대사의 발언은, 가난해도 확신에 차 있고 자기를 사랑할 능력을 지닌 '옛 인도'의 목소리를 대변한다. '새 인도'는 그보다 허약하고 별로 자신감이 없다. 중국을 시기하고 선망하면서도 변화를 불안해하는 모순된 태도를 보인다. 중국인처럼 인도인도 벌써부터 자신들이 열망하는 물질적 풍요의 뒤편에서 어른거리는 공허함에 회의를 느낀다.

익숙한 모습이다. 어딜 가나 '인도인다움'에 대한 논의가 분분하다. 인도인답다는 것은 무엇인가? 그것은 영속적인가 아니면 상실될 위기에 처했는가? 상실을 막을 방법은 없는가? 이것이야말로 중체서용의 또 다른 변주다. 인도 전역에서, 특히 벵갈루루 같은 첨단기술 중심지에서 앞서 말한 '씁쓸한 미소'를 볼 수 있다. 이와 함께 인도인에게 처음으로 무언가에 대한 (아무리 붙잡으려고 해도 자꾸만 달아나는 자기정체성에 대한) 향수가 찾아왔다.

아메다바드에서 시브 비스바나탄 교수를 만나 이야기를 나눴다. 화제가 일본으로 옮겨 갔다. 그러자 시브는 인도 전역에서 일어나고 있는 변화를 한 번 더 거론하면서 양국의 근대화는 "야릇한 역설"을 공유한다고 말했다. 그러더니 기억에 남을 만한 언급을 했다. 기억에 남은 이유는 그 발언을, 내가 아는 거의 모든 아시아 국가에 적용할 수 있기 때문이다.

"오로지 근대성이라는 관념으로만 모든 것을 측정하면, 즉 '근대'냐 '전근대'냐는 이분법으로만 구분한다면 축하의 순간은 곧 애통의 순간이 되고 맙니다. 성공의 순간이 곧 패배의 순간으로 변하는 겁니다."

˚ 스와라지와 주가드

네루 집안이 조상대대로 살던 알라하바드 소재의 대저택 '아난드바완'은 갠지스 강과 다른 두 개의 하천 —하나는 눈에 보이는 하천, 다른 하나는 땅속으로 흐른다는 신화 속의 하천—이 합류하는 지점에 위치한 영국과 인도 양식이 혼합된 대규모 건축물이다. 그곳은 네루가 총리 시절에 머물던 델리의 저택만큼이나 흥미롭다. 방문자들은 양 저택에서 묵직한 검은색 전화기, 책상에 놓인 형광등, 나세르, 수카르노, 인디라 간디의 흑백사진 같은 단출하면서도 철저히 근대적이던 네루 시대의 생활양식이 반영된 물품을 찾아볼 수 있다. 서가에는 카를 마르크스와 블라디미르 레닌의 서적도 상당수 꽂혀 있다.

잘 알려진 대로 네루는 과학을 사랑했다. 네루의 글을 보면 그가 찬란했던 '인도의 과거'—인더스문명, 인도의 고대 신화, 수백 년간 고도로 정교해진 영적 세련미를 소중히 여겼다는 것을 알 수 있다. 열성적인 세속주의자로 유명한 그가 부친이 사망하자 힌두교 전통의식에 따라 갠지스 강이 합류하는 지점에 몸을 담그는 모습이 카메라에 잡히기도 했다. 그렇지만 네루는 과학기술이야말로 인도가 통달에 실패한, 그러나 언젠가 반드시 통달해야 할 대상이라고 한탄했다. 그는 '바라트 마타', 즉 '모국 인도'에 대해 애정이 듬뿍 담긴 어조로 이렇게 말했다. "나는 그녀의 전망과 외양을 변화시키고 근대라는 의상을 입히고 싶어 마음이 조급했다."

1970년대 말에 정부는 아난드바완 옆에 천문관을 세웠다. 이 천문관은 과학기술의 상징치고는 어딘지 모르게 19세기 분위기를 풍겼다. '옛 인도'가 엿보이는 곳이었다. 고향집 부지에는 천문관이 서 있고 인근에는 갠지스 강의 신성한 합류 지점이 있었으니, 그 모습을 네루가 봤다면 필시 흡족해하지 않았을까.

네루 같은 국가주의자들의 역사 서술에서 '진보'를 빼면 별로 남는 게 없다. 프랑스 계몽주의 시대의 '시투아앵'(citoyen, 시민)이라면 금방 이해할 상황이지만, 인도의 독립운동이나 독립 이후 집권한 인도 국민회의 정권을 지탱한 힘은 순전히 진보였다.

그렇다면 네루가 땅덩어리가 아닌 인민의 영혼을 통해 규정했던 이 나라는 정신과 물질에 관한 중증 노이로제를 어떻게 피해 갈 수 있었을까? 어떻게 그렇게 오랫동안 이질적인 시간이 공존할 수 있었을까?

이 의문을 풀기 위해서는 인도에서 특히 두드러지는 가치관을—정신 자세를, 근대적 삶에 대한 태도를—짚어내야 한다. 나는 여러 곳을 다니며 많은 이들을 만나본 끝에 그것을 '독특한 전통'이라고 이름 붙였다. 이 전통은 영국령 인도제국 및 19세기 영국에 뿌리를 두지만, 이것이 끼친 영향은 21세기 인도의 운명과 직결된다는 것이 나의 믿음이다.

독특한 전통은 여러 가지 상황에 실제적인 대안적 관점을 제공하며, 우리는 이것을 미처 생각지 못했던 측면들과 연관지어볼 수 있다. 인도도 마오쩌둥처럼 서구의 자기비판적 관점—인도인 지인 한 명은 이를 "서구의 패배"라고 일컬었다—을 도입했지만, 그 방식이 마오보다 훨씬 절충적이었다는 사실은 인도의 독특한 전통과 관련된다. 아편전쟁 당시 이미 확연하게 모습을 드러낸 근대에 대한 인도의 비평에서도 이 전통이 느껴진다. 외래 전통은 인도 곳곳에 둥지를 틀었던 '독특한 영국인들'이라는 매개체를 한차례 통과하면서 토종 전통을 더욱 비옥하게 만들었다. 그런 매개 역할을 과학자, 사회개혁가, 예술가, 종교인, 교사 등 무척 다양한 인물들이 수행했다. 간디가 아메다바드 아슈람에 머물던 시절, 절친하게 지내던 영국 성공회 신부 찰스 프리어 앤드루도 '독특한 영국인'에 해당하며, 타고르 주변에도 그런 영국인이 다수 있었다.

유기농법, 대안 공동체, 아유르베다치료법, 마르크스주의, 신지학神智

學, 몬테소리학교, 간디가 표방한 소박한 삶, 타고르가 세운 숲속의 대학. 인도는 이런 종류의 것들이 셀 수 없이 많고, 전부 독특한 전통과 맞닿아 있다. 이 같은 목록이 시사하듯 독특한 전통은 사실상 인도가 근대로 다다가는 방식이었다. 그것도 일종의 저항하는 방식, 혹은 원하는 것만 선택하는 방식이었다. 인도는 이런 식으로 일본과 중국이 토종과 외래종을 나누다 스스로 빠진 덫을 피하고 진보에 대한 서구의 정통적 관념을 거부할 수 있었다. 서양 것을 취해 이를 나름대로 규정한 뒤 인도 것으로 만들 수 있었다. 한 가지 확실한 예를 들자면, 인도는 경제개발 전략인 수입 대체 정책의 선도자로 유명하다. 트랙터가 필요하면 포드나 존 디어가 제조한 트랙터를 미국이나 영국에서 사오는 게 아니라 자국 제품인 마힌드라 혹은 스와라지 트랙터를 썼다. '스와라지'Swaraj라는 트랙터 상호는 간디의 반영 자치 운동을 일컫는 용어로, 그 운동 역시 서구의 관점으로는 '독특한' 사상을 담고 있다.

인도인은 자신들의 대안적 전통에서 동서양이 만난다는 점을 늘 중시했다. 네루는 이렇게 말했다. "나는 동서의 기이한 혼합물이다. 어딜 가도 고향같은 편안함을 못 느낀다. 나는 고향이 없다." 그 한탄에 세계주의자의 자긍심을 약간 섞어, '따라서 온 세상이 내 고향이다'라고 한마디 덧붙였어도 좋았을 것이다. 실제로 네루는 인도의 독특한 전통을 잘 이해하고 있었음에 틀림없다. 네루와 그 후계자들은 페이비언 협회의 사회주의를 취했다. 페이비언 사회주의는 시드니 웹, 베아트리스 웹의 영국식 사회주의고, 버나드 쇼의 사회주의다. 네루는 비동맹운동에서 이런 입장을 드러내며 두각을 나타냈다. 특히 미국은 냉전기에 비동맹주의자들을 소련을 추종하는 집단으로 깎아내리곤 했는데, 기막히게 단순무식한 관점이 아닐 수 없다. 네루 정책의 핵심에는 중국, 일본은 물론 다른 어떤 나라와도 구별되는 인도만의 사상이 놓여있다. 인도는 여태까지 아무도 취한 적 없는 독자적인 방식으로 근대에 발을 들여놓았다.

인도의 이런 야심에서 자신감이 엿보인다. 서구가 이룩한 엄청난 물질적 성취를 보면서도 "우리는 그냥 우리 식으로 슬슬 가겠다"라고 말할 수 있는 배포는 다른 비서구 국가들은 미처 갖지 못한 측면이다. 간디는 연설과 집필을 통해 "우리는 영국을 그들의 근대성에서 구해줘야 한다"고 여러 차례 언급했다. 이것이 인도의 자신감이다. 일본에 근무했던 노령의 대사에게서도 느껴지던 이런 자신감은 그들의 '독특한 전통'에서 비롯된다.

1916년 타고르는 강연을 위해 도쿄를 방문했다. 기대감이 높았다. 벌써 3년 전 노벨문학상을 수상한 이 인도의 문인은 "아시아는 하나"임을 주장하던 오카쿠라 가쿠조의 친구이기도 했다. 그러나 타고르의 강연은 일본을 실망시켰다. 비판의 목소리는 적의로 가득하다 못해 격노로 폭발할 지경이었다. 이 벵골 출신의 시인이 일본으로서는 아직 들을 준비가 안 돼 있던 메시지를 전달코자 했던 까닭이다.

타고르가 근대화와 근대성의 차이를 강조한 것이 바로 도쿄 강연에서였다. 타고르에 따르면 후자는 "정신의 자유, 취향의 노예가 되지 않는 것"을 의미했다. 또한 "유럽인의 지도와 감독 없이 생각과 행동에 주체성을 지니는 것" "과학을 신봉하되 일상생활에 이를 잘못 적용하지 않는 것"을 의미했다. 근대성은 자기 자신이 누구인지 깨닫는 자각의 문제로, 특정인이 소유할 수 있는 것이 아니었다. 반면에 근대화는 일방이 다른 일방에게 부여하는 것이고 단순한 모방 현상에 지나지 않았다. 타고르는 근대성이 따르지 않는 근대화를 경계하며 "마치 자기 뼈대에 남의 살을 갖다 붙이는 것과 같다"고 일본 청중에게 말했다.

타고르를 비판한 일본 인사들 가운데 한 명은, 자기가 방금 들은 이야기를 "망국의 곡소리"라고 평했다. 그러나 당시 아시아의 근대화 과정에서 앞서가는 것은 일본이었을까, 인도였을까? 당시 일본은 물질적인 측면에서 서구를 따라잡느라 급하게 허둥댔다. 근대화 작업에는 빌딩, 교량, 공장뿐 아니라 새로운 자아를 구축하고, 개인성을 새로이 자리매김하는 일이 필수적이라는 사실을 일본에서 소수의 저술가들을 제외한 그 누가 인식하고 있었던가? 근대적 자아를 새롭게 창조하는 일은 오늘날 아시아 전역에서 개시되고 있는 작업이 아닌가? 그렇다면 인도는 동쪽 이웃나라들보다 거의 한 세기를 앞서갔던 것이 아닌가?

타고르가 암시한대로 자아와 주체성 문제에 몰두하는 나라에서는 정신과 물질 사이에 약간 다른 관계가 형성된다. 18세기에 칸트는 정신과 물질은 나눌 수 없다고 주장했다. 인도는 이 점을 이해하고 있었다. 독특한 전통이 낳은 열매 가운데 하나였다. 간디의 물레와 스와라지, 즉 우리가 만든 물건 속에서 우리 자신을 찾는 '마을 자치 운동'의 의의도 바로 거기에 있었다. 스와라지는 인도인의 정신을 담는 그릇이었다.

인도인이 간디의 정신과 연관시키는 또 다른 개념 중에 '주가드'jugaad라는 것이 있다. 기존 물건을 이용해 임시변통으로 없는 물건을 만들어 쓰는 것, 헌 물건에서 새로운 쓰임새를 찾는 것을 뜻한다. 델리에 갔을 때 어느 아파트에서 우산을 개조해 위성방송 수신 안테나로 쓰는 것을 보았다. 버려진 옷가지를 모아 안전한 생리대를 만들어 가난한 마을에 보내는 '곤지'Goonj라는 프로젝트도 있다. 비단의 도시 베나레스에서 만난 비단 방직공의 아내는 자전거를 뒤집어놓고 페달을 손잡이 삼아 돌리면서 실패에 실을 감았다. 이것이 바로 주가드다.

주가드의 가장 유명한 예는 이름 그대로 '주가디'다. 주가디는 트랙터처럼 생긴 트럭, 혹은 트럭처럼 생긴 트랙터로—둘 중 어느 것인지 구별하기 어렵다—기업이 제조하지 않는다. 주가디 앞면에 붙은 모터는 우물에서 물을 퍼내는 데 쓰는 것이고, 운전석과 운전대는 트럭이나 오토바이에서 뜯어다 붙인 것이다. 뒤편에는 널빤지로 만든 사륜 짐마차가 달려 있다. 주가디는 어디서나 볼 수 있으며, 쌀가마, 여물, 수수줄기, 가구, 결혼식 용품, 농기구 등 온갖 것을 운반하는 데 쓰인다. 모든 주가디는 마을 작업장에서 조립된다.

거의 모든 인도인이 주가드에 애정을 갖고 있다. 그들도 관광객 못지않게 주가드를 통해 태어난 물품에 마음을 빼앗긴다. 그러나 왜 그렇게 애틋하게 여기는지 물어보면 시원하게 설명하는 사람을 보지 못했다. 나는 이런 현상을 '해답이 분명 흥미로울테니 노력해서 찾아야 한다'는 의미로 받아들였다.

아라비아 헤에 면한 어촌 베라발에서 목격한 주가드가 드디어 실마리를 제공해 주었다. 엔진 달린 가마 한 대가 양수기 돌아가는 요란한 소리를 냈다. 그곳 주민에게는 익숙한 소리였다. 승객이 타는 뒤쪽 공간에는 자동차에서 떼어 온 문짝을 달았고, 사방으로 창문이 뚫린 실내에는 푹신한 덮개를 덮었다. 겉에는 힌두교도들이 좋아하는 분홍, 노랑, 파랑 등 밝은 색을 칠해 놓았다.

나는 그것을 바라보다가 웃음을 터뜨렸다. 그리고 결론 내렸다. 헌것을 새것으로 재창조하고, 미리 정해진 한계를 받아들이지 않고, 상상에 상상을 거듭하는 것. 베라발 거리에서 그런 지울 수 없는 특징들이 모습을 드러냈다. 그때 친구의 말이 떠올랐다. 덕분에 나는 인도의 전통에 어떤 형용사를 붙여줄지 마음을 정했다.

"독특함을 선택할 기회가 여지껏 우리를 지켜주었지요."

독특함은 값비싸다. 독특하게 사는 사람들이 이를 증언한다. '오랜 세월 독특함을 선호한 대가를 치르는 일에 지쳤다'는 설명도 현재 인도가 처한 상황을 묘사할 한 가지 방법이다.

캘커타에서 홍차 재배업자 산제이 반살을 만났다. 산제이가 소유한 다르질링 지역의 다원茶園 10개소는 번창하고 있었다. 그는 다원 경영 방식을 옛 영국식 방법—해외 자본, 속박된 노동, 대량생산—에서 농지의 지속가능성, 농민의 자치, 비료와 농약 사용 중지, 차를 인간과 자연의 합작품으로 보는 관점 등을 중시하는 옛 인도의 전통 방식으로 차례차례 변경했다. 오스트리아 출신의 '독특한' 사상가 겸 저술가 루돌프 슈타이너가 설파한 '영성spirituality을 중시하는 농법'도 산제이에게 영감을 주었다. "우리는 서구식 모형을 무너뜨리는 중입니다." 홍차 창고에서 자신이 재배한 각종 다르질링 차 맛을 보여주던 산제이가 말했다. "이 나라에서 앞으로 성공할 사람은 남과 다르게 생각하는 사람입니다."

독특한 전통은 이렇게 명맥을 이어가고 있다. 산제이가 재배한 홍차는 '암부티아'라는 상표로 파리, 런던, 뉴욕의 최고급 상점에서 팔린다. 그러나 이른바 '새로운 인도'는 이런 독특한 전통과는 무관하다. '새로운 인도'는 서구식 모형을 '덜'이 아닌 '더' 닮고 싶어 하는 인도다. 없어지고 나면 보려고 독특한 전통을 사진 찍어두려는 인도다. 사실 간디도 이제는 주로 우상화된 사진 몇 장으로만 접할 수 있다. 세상이 누군가를 조용히 옆으로 치우고 싶을 때 효과적인 방법이다. 주가디는 여전히 사방에 널려 있지만, 인도인이 이에 대해 갖는 애착에는 처음으로 향수가 서리기 시작했다.

"도시화와 산업화는 떠오르는 민족의 두 가지 집착 대상이다." 루마니아 작가 에밀 치오란이 1930년대에 자국의 상황을 성찰하며 던진 말이다. 그가 이 말을 하면서 인도나 다른 아시아 국가를 염두에 둔 것 같지는 않다. 그럼에도 치오란의 언급은 공교롭게도 메이지 일본에서부터 개혁 이후의 인도에 이르기까지, 아시아인이 서구를 뒤따르기로 결심한 순간 어떤 상태에 놓이는지를 잘 묘사한다.

"시골사람들이 시골을 원치 않아요." 델리의 저술가 디판카르 굽타의 말이다. 굽타는 인도의 시골을 연구하는 전문가다. 그의 발언은 이미 일반화된 말을 직설적으로 표현하고 있을 뿐이다. 방직, 비단 직조, 양탄자, 피혁 공예, 보석 세공, 놋쇠 세공, 철 세공, 현지의 나뭇잎을 엮어 만든 빗자루, 항아리, 접시 등 인도의 시골마을에서 만들어내는 공예품은 수백 종이 넘는다. 그런데 이것들도 이제 인기가 없다고 한다. 베틀은 동력 방직기에 밀렸고, 시골사람들도 이제는 자기 아버지나 할아버지가 만들어 쓰던 베틀을 어떻게 사용하는지 잘 모른다. 기술은 잊히고 지식은 사라진다. 단순히 돈의 문제가 아니라 지위의 문제라는 것이다. 한마디로, 전통 수공예는 고귀함이나 품위와 관계 없는 것이 되었다. 인도 시골에서 포부를 갖는다는 것은 아들이 자기 집안이나 자신이 속한 카스트가 해온 수공예 대신 봄베이에서 공사장 인부가 되든, 첨단기술의 본거지에 가서 정보통신 일을 하든, 업무 프로세스 위탁업체에 취직하든 간에, 뭔가 다른 일자리를 찾아 나서길 바라는 것과 같은 말이 됐다.

농촌을 떠나 도시로 가는 현상은 개발도상국에서는 일반화된 일이다. 그러나 경제개혁 이후 인도의 이촌향도 현상은 극심하다. 인도에는 60만 개가 넘는 시골마을이 있고, 여기에 인도 전체인구 11억 명 가운데 약 4분의 3이 산다. 그러나 현재 연 평균 약 800만 명이 도시로 떠난다. 해마다 뉴욕 시 하나가 새로 생기는 셈이다.

인도는 중국과는 달리 옛 동네를 싹 철거하는 습관은 없다. 옛 동네는 오히려 불룩해진다. 만약 인도의 꿈을 상징하는 특별한 경적 소리가 존재한다면, 옛 동네의 허름한 길 하나하나가 멈출 줄 모르는 경적 울리기 대회라고 할 만하다. 옛 동네 옆에는 신도시가 돋아난다. 신도시는 '새로운 인도'가 둥지를 트는 곳이다. 하이데라바드는 벵갈루루와 함께 정보통신 산업의 중심지로 꼽힌다. 그러나 하이데라바드는 사실 그런 이미지에 전혀 적합하지 않다. 오히려 하이데라바드에 인근에 위치한, 현지인들이 '사이버라바드'라고 부르는 신도시가 거기에 더 부합한다. 하이데라바드에는 옛 성벽, 혼잡한 재래시장, 16세기 이슬람 사원, 그것과 경쟁하듯 눈부시게 반짝이는 힌두 사원이 있다. 사이버라바드에 가면 색색의 유리창이 가득 달린 빌딩과 한창 건설 중인 고속도로가 있다. 하이데라바드와 사이버라바드를 연결하는 중간 지대는 캘리포니아 주 교외 주택가를 닮았다. 사람들은 낮에는 사이버라바드의 사무실에서 근무하고 저녁에는 아무도 살지 않는, 그림처럼 고색창연한 구시가지에 들러 저녁 식사를 한다.

델리에서 친구의 초대로 도시계획 세미나에 참석한 적이 있다. 세미나실은 학자, 관료, 은행가, 변호사, 기업 간부, 도시 전문가로 가득했다. 토의 내용은 매우 전문적이었지만 나는 몇 가지 사항만 메모했다.

"빈곤 퇴치에서 경제적 번영으로 초점을 옮길 필요가 있습니다." 도시학 교수가 말했다.

"사실 지금 도시계획이라는 게 없어요. 하지만 개발을 원하면 결국 도시화가 이루어질 겁니다." 주택문제 전문가가 말했다.

"상하이에서는 빌딩을 높게 올리고 있습니다. 뉴욕도 건물이 자꾸 높아지는 추세입니다." 하버드 대학 교수는 '수직성'에 대해 논했다.

"인도가 농촌사회로 남아있으리라는 예측은 전적으로 비현실적입니다." 은행가가 말했다.

"사람들을 더 빨리 이동시켜야 합니다." 주택문제 전문가가 또 한마디 했다.

이들은 '새로운 인도' '순차적 인도'의 대변자들이다. 번영으로 가는 과정에만 매몰되어, 그 과정을 어떻게 관리하면 좋을지에 대한 논의는 전혀 없었다. 과정 자체는 변하지 않는 것으로 간주한 채 대응책만 찾으려 했다. 인간 행위가 발전 과정을 만들었고, 이것이 다시 인간 행위를 통해 바뀔 수 있다고 생각하는 사람은 아무도 없었다. 단지 서구적 발전 과정을 불가피한 것으로 생각할 뿐이었다. 이처럼 빈곤한 상상력과 마주하면서 우리는, 독특한 전통의 가장 소중한 특징은 산제이 반살의 유기농 홍차처럼 인도에 뿌리를 두는 것들에서 우러나는 풍부한 상상력임을 되새기게 된다.

델리에서 활동하는 디판카르 굽타가 하루는 뉴욕에 사는 '비거주 인도인'—인도에 거주하지 않는 인도 시민nonresident Indians, NRI—을 대상으로 강연했던 경험을 들려주었다. 흔히 3억 명을 헤아린다고 하는 인도의 중산층이 그날 강연의 주제였다. 굽타는 청중에게 문제를 제기했다. 인도에서 하루 평균 미화 87센트(약 950원)를 벌면 중산층, 2달러 30센트(약 2,500원)를 벌면 상류층으로 분류된다는 것은 무슨 뜻일까? '새로운 인도'의 심장부라는 정보통신 산업 종사자가 다 합쳐봐야 300만 명이고, 총가구의 3퍼센트만이 자가용을 소유한다는 사실은 무엇을 의미할까?

강연에 대한 청중의 반응은 부정적이었다. 그들은 굽타가 제시하는 수치나 문제 제기에 거부 반응을 보였고, 가감 없는 인도의 실상에 몸을 움찔했다. 한숨을 내쉬고 아무 질문도 없이 자기들끼리 웅성거리며 일찌감치 자리를 뜨던 청중의 모습이 굽타의 기억 속에 남아있었다.

인도의 기술 관료, 기업 고위 간부, 도시 엘리트층이 가진 '인크레디블 인디아'Incredible India로 대변되는 '새로운 인도'에 대한 환상은 놀랍기 그지없다. "빈곤에 대한 걱정말고 번영을 준비하라?" 간디의 말처럼 그런 사고의 소유자는 인도를 모르는 사람이다(이를 인정하는 인도인도 적지 않다. 실제로 워낙 넓은 나라여서 인도인도 인도를 다 알기 어렵다). '중산층 국가로서의 인도'라는 미래상은, 말 그대로 하나의 미래상일 뿐이다. 그런 상태는 성취는 물론이거니와 성취된 후에도 지속하기 어렵다. 학문적 연구도 이를 뒷받침한다. 연구된 바에 따르면 현재 인도의 중산층은 총인구의 약 5퍼센트, 즉 3,000~5,000만 명 내외로 추정되는데, 이는 공식통계의 10분의 1에 불과하다. 환상이 실제가 되려면 최소한 지구 한 개 정도의 에너지가 더 있어야 할 것이다. 어느 도시를 포함시키느냐에 따라 약간 달라질 수 있겠지만 인도 독립 이후 60여 년간 약 9~10개의 대도시가 생겼다. 그런데 향후 50년 동안 80~100개가 더 생겨 전국이 도시화된다는 것인가? 독립 이후 농촌을 떠나 도시로 이주한 인구가 2억 명이지만, 이 추세 역시 지속되기 힘들다. 21세기 중반이 돼도 인도인 5억 명은 계속 시골에 살고 있을 것이다.

"인도는 근대사회가 되는 영광을 누리고 싶어 해요. 스스로 근대성을 획득하려는 수고는 안 하면서요." 굽타가 말했다. 이게 바로 새로운 인도의 정의다. 그렇다면 '인크레디블 인디아'란 문자 그대로 인크레디블, 즉 '믿지 못할' 것으로 간주되어야 한다.

산제이 반살의 말처럼 조금 다르게 사고하는 인도인도 많다. 새로운 인도의 또 다른 측면이다. 덜 알려지고 덜 자기도취적이지만 엄연히 현존하는 측면이자 독특한 전통이 진화한 모습이다.

"잘 살피면 우리가 시한폭탄 위에 앉아 있는 게 보이실 거예요. 위기를 모면할 시간이 20년, 길게 잡아야 25년 정도밖에 없지요."

이렇게 말한 사람은 사트얀 미슈라였다. 그는 젊고, 활기차고, 자신의 대안적 관점을 굳게 견지했다. 나는 사트얀과 여러 해 알고 지냈다. 때로는 델리에 있는 그의 사무실이나 아파트에서 몇 시간씩 얘기를 나누었고, 때로는 그의 프로젝트를 구경하러 시골로 함께 여행을 떠나기도 했다. 인도의 시골 문제에 헌신적인 사트얀은, 간디주의자이면서도 근대적 물품과 친한 21세기형 컴퓨터광이었다. '독특하다'고 말해도 되는지 본인에게 허락을 구한 적은 없지만, 이 책에서 우리가 그 용어를 사용하는 맥락상 그는 '독특한' 인물이다.

사트얀의 관점은 단순하면서도 정교했고, 그가 시골에서 펼치는 프로젝트는 도시화와 산업화, 야심에 관한 에밀 치오란의 관점이 인도에는 적용될 수 없음을 암시했다. 인도는 일본과 중국이 했던 방식으로 서구의 것을 수입할 수 없다. 인도는 또 한 번 독창성과 독특함을 발휘해 자신의 과거 속에서 미래를 찾아내야 한다. 실로 '독특한' 시도다.

° 순차적 시간에 접어든 인도

산두르는 그렇게 가난한 마을이 아니었는데도 이제까지 가본 마을들 가운데 가장 애처로운 모습이었다. 산두르로 가려면 벵갈루루에서 기차를 타고 북쪽으로 한나절을 이동해야 했다. 벵갈루루에 사는 지인 사리타 라이에게 그곳에 가볼 계획을 말하자 그녀가 말했다.

"광산을 보러 가는군요."

"직물을 보러 가는데요."

"아, 그렇군요. 둘 중 하나일 거라고 생각했어요."

산두르는 그런 곳이었다. 원래 산두르는 수백 년 전 라자스탄과 구자라트에서 남하한 람바니 부족이 만드는 화려한 빛깔의 의복으로 유명했다. 어디선가 한 번쯤 람바니 직물을 접해 본 사람들도 많을 것이다. 무늬와 색상이 화려하고 때로는 거울 조각이나 고리를 꿰매 넣기도 한다. 직물 기술은 어머니로부터 딸에게 전수되며 (아들에게는 전수되지 않는다) 이것은 단순한 공예 이상의 의미를 지닌다. 람바니 여인들은 이를 통해 자기정체성을 인식하고 타인에게 자신을 알린다.

"간디도 여기를 한 번 다녀갔습니다." 현지인 시바 프라카시가 설명했다. "나중에 간디는 '산두르에 가려면 9월에 가라'는 말을 남겼는데, 9월이면 몬순 시기가 끝난 뒤니까 아마 사방에 녹음이 우거졌을 겁니다." 간디도 필시 직물을 구경하러 왔을 것이다. 그는 손으로 길쌈한 무명천 카디khadi를 좋아했는데, 여기서 카디도 생산된다. 그러나 이제 산두르에 직물을 구경하러 가는 사람은 소수이고, 우거진 녹음 역시 사라졌다.

산두르를 중심에서 사방 몇 킬로미터에 이르는 대지가 온통 산화된 철광석의 적갈색 먼지로 뒤덮여 있다. 길거리, 창문, 나뭇잎 할 것 없이 전부 녹 먼지가 몇 켜씩 끼어 있다. 광업은 산두르를 집어삼켰다. 간디가 봤을 법한 산두르의 모습은 이제 중심가에 간신히 흔적만 남아 있다. 이제는 산두르에 비가 내리면 녹물로 그득한 물웅덩이가 생긴다. 간디가 다녀간 사실은 산두르 주민의 자랑거리이고, 모든 주민이 간디가 남긴 말을—조금씩 다르게—인용한다. 그러나 그 자긍심은 과거에 대한 것이지 현재에 대한 것은 아니다. 산두르가 겪어온 변화에 대한 자긍심이 아닌 것이다. 간디가 옛날에 뭐라고 했든, 그것은 오늘날의 현실과는 다르다.

나는 벼르던 대로 섬유공예협동조합에 들렀다. 거기에는 어둡게 조명을 비춘 가게, 사무실, 창고, 공방이 있었다. 람바니 족 여인들이 탁자에 앉아 델리나 다른 지역 회사에서 주문 받은 블라우스, 가방, 치마, 모자 등을 그들이 원하는 사양에 맞춰 바느질하고 있었다. 파빈디아가 시골길 쌈꾼들에게 하청을 주는 것과 비슷했다. 인도에는 이러한 방식의 하청이 여러 산업에 퍼져 있다.

나는 여인들과 이런저런 이야기를 나누다가 전통적인 직물 공예 기술을 보존하는 걸 중요하게 생각하는지 물었다. 샨티 바이라는이름의 여인이 잠시 생각한 뒤 대답했다.

"보존해야지요. 하지만 지금은 사양길에 접어들었어요. 이것도 그냥 하나의 생계 수단일 뿐이에요."

나는 대도시에서 원하는 디자인이 궁금했다. 이 점은 시골 전통 공예를 새롭게 활용하려는 운동가들이 고민하는 부분이기도 했다. 회사들이 델리나 뉴욕 상점의 취향에 맞는 디자인을 일방적으로 요구하면, 전통 공예인들은 자신들의 창의력과 상상력을 발휘할 기회를 빼앗긴 채 그저 시키는 일만 하는 봉제 노동자로 전락하는 것은 아닌가?

다시 샨티가 대답했다.

"서구인들 때문에 색조가 바뀌었지요. 서구인은 은은한 파란색을 좋아하고 다양한 물건을 원하더군요. 그렇지만 우리가 사용하는 기술은 여전히 똑같아요. 그런대로 만족해요."

변화와 상실 속에서도 자신감이 엿보였다. 그러나 거기에는 숙명론적인 요소가 있었다. 예로부터 변화와 상실은 늘 있었고 지금 겪는 변화도 그것의 연장일 뿐이라고 여기는, '변화 속 불변'의 태도다.

협동조합 사무 담당자를 만났다. 그는 자기 이름을 '비란나'라고 소개했다. 알고 보니 비란나는 산두르에서 철광석을 채굴하는 기업에 고용되어 있었고, 이 협동조합도 그 기업이 만들었다. 1980년대 중반의 일이었다. 가게 안에 붙어 있는 플라스틱 현수막에는 단출하고 살짝 휜 안경을 쓴 간디의 사진이 담겨 있었다.

"이 동네에서 얻은 것이 있으니 뭐라도 돌려주고 싶은 거죠." 비란나가 다소 신중하게 말했다.

우리는 주문받는 디자인, 람바니 족 여인들의 거처(그들은 '탄다'라고 불리는 부락에 살았다), 여인들이 받는 하루 품삯 및 제품 한 개당 수당 등에 대해 이야기를 나눴다. 나는 비란나에게 묻고 싶은 게 있었는데 의도가 잘 전달될지 자신이 없었다. '의식적인 이행 과제'가 되어버린 문화와 전통이 맞을 운명에 관한 질문이었다. 캘커타에 있는 지인은 여기에 "박물관화"museumization라는 이름을 붙여준 바 있었다.

부연설명이 끝나기도 전에 비란나가 대답했다.

"그런 뜻이라면 우리가 지금 박물관에 들어갈 물건을 만들고 있는 것이 맞습니다. 우리 사업이 전통 공예에 이바지하는 부분은 새발의 피에 불과합니다. 이 물건들은 전통 공예품을 선호하는 취향을 지닌 돈 있는 사람들을 위한 것이에요."

나는 늦은 오후가 되어서야 협동조합을 나섰다. 도로는 거대한 트럭들로 붐볐다. 바퀴 지름이 십대 소년의 키만 했다. 협동조합에 갈 때는 트럭을 전혀 보지 못했기에 시바에게 그 이유를 물었다. 길거리에 다니는 트럭과 승용차의 비율이 10대 1이 되면서 도로 사정이 도저히 여의치 않자, 채굴은 낮에도 하되 트럭 운행은 오후 4시부터 새벽까지로 제한하는 법을 통과시켰다는 것이 시바의 설명이었다. 중국과 인도의 철광석 수요가 모든 것을 바꿔놓았다. 산두르 주변에 산재한 마을에 5만 명이 사는데 그중 3만 명이 국내 이주노동자였다. 그리고 이제는 이주노동자건 아니건 모두들 광업에 생계를 의존했다.

호텔로 향하는 동안 어둠이 깔렸다. 트럭들 때문에 장애물 경기장처럼 변한 도로를 천천히 달렸다. 창밖으로 보이는 마을에 이주노동자들이 삼삼오오 모여 있었다. 그들은 맨발에 웃옷도 안 입고 사롱만 걸친 차림으로 청량음료니 과일 조각을 손에 들고 있었다. 일을 마친 광부들이었다. 마을과 마을 사이에 서린 어둠 속에서 지평선을 바라보았다. 지평선을 따라 오렌지색 광선이 빛을 발했다. 광대하고 황량한 시골 벌판 저편으로 환한 대도시가 놓여있는 듯한 착각이 들었다. 그러나 그것은 용광로가 발하는 빛이었다. 산두르에서 철광석이 나오자 주변에 새로 제철공업이 자리 잡았다. 문득, 바로 저런 빛과 불꽃으로 일본을 사로잡았던 기타큐슈의 야하타제철소가 떠올랐다.

나중에 람바니 부족이 사는 탄다 몇 곳을 방문했다. 전부 주요 간선도로에서 가까운 데 자리했다. 큰길을 빠져나와 자갈길을 지나면 다른 시대로 입장했다. 흙집과 폐허가 번갈아 나타나고, 전기나 공동 수도시설은 없고, 닭과 염소가 길과 가옥을 자유롭게 드나들었다. 카디람푸르 탄다에서 만난 한 무리의 여인들은 산두르 공방에서 일하던 여인들과 닮아 있었다. 그러나 이들에게는 협동조합도, 제품 개당 품삯도, 델리로부터 오는 주문도 없었다. 이들이 만드는 물건은 노점상을 통해 인근에 있는 14세기 비자야나가르왕조의 유적지 함피Hampi에 찾아오는 관광객에게 팔렸다.

만기 바이라는 여인이 활발하게 이야기했다. 만기는 자기 나이를 예순에서 일흔 사이로 짐작했다. 우리가 나눈 대화는 협동조합에서와 비슷하게 시작했으나 매우 다른 방식으로 전개됐다.

"나는 옛날 옷이 더 좋아요." 만기가 말했다. "옛날 음식, 옛날 생활방식, 옛날 관습, 옛날 의복 스타일이 더 좋아요. 현대식 옷은 공장에서 만들지요. 그게 우리의 고유한 생활방식을 망쳐놓고 있어요. 옛날 물건은 우리가 직접 만들어 쓸 수 있지만 현대식 물건은 그렇게 못 하잖아요."

"자녀들은 어떻게 생각하나요?"

이번에는 야무니 바이가 대답했다. 그녀는 쉰 살의 잘생긴 여인이었다. 퉁명스러운 만기에 비해 다소 상냥했다.

"딸 하나에 아들 둘인데, 딸은 제가 하는 일을 전수받고 싶어 하고 두 아들은 의사나 사업가가 되고 싶어 해요."

만기는 그 말이 불만인 듯했다. 야무니의 말에서 체념의 기미를 감지한 모양이었다.

만기가 말했다. "요즘 옷에 문제가 있다는 얘기는 아니에요. 입고 싶은 사람은 입으라고 하세요. 하지만 난 사리(saree, 인도 여성들이 입는 의상)를 입고 싶지도 않고 권하고 싶지도 않아요."

만기는 잠시 말을 멈추고 다른 여인들을 돌아보았다. 그리고 이렇게 말했다. "우리는 주변인이에요. 그래서 뭉치는 걸 좋아하지요. 함께 일하고 함께 지내요. 뭐든 함께 해야 한다고 믿지요."

그러더니 만기가 나를 정면으로 쳐다보며 말했다. "나는 요즘 세상이 싫어요."

그리고 그녀는 웃었다.

내가 산두르를 애처롭다고 한 것은, "축하의 순간은 곧 애통의 순간"이라고 말했던 시브 비스바나탄과 같은 맥락에서였다.

비란나가 협동조합 사무실에서 했던 이야기는 이후 오랫동안 뇌리에 남았다. 전통 공예를 생명유지장치에 의존해 명맥을 이어가는, 있으면 좋고 없어도 그만인 장식품이자 자선사업 대상쯤으로 치부해버리기는 쉽다. 그러나 현실은 그리 간단치 않다. 간디의 가르침처럼 정신은 물질 안에 깃들어 있다. 정신과 물질이 따로 노는 게 아니다. 새로 개시된 철광업은 도로에 트럭을 쏟아내고, 먼지를 풍기고, 주변을 어지르고, 폐허로 만드는 중에도 전통 공예 산업과 공생했다. 철광업체와 그 종사자들은 전통 공예를 존속시키는 행위를 통해 근대에 대처했다. 그들은 "이 모든 근대적인 것에도 불구하고 우리는 우리 고유의 것을 간직하고 있다"고 말할 수 있다.

여성들은 이 공생을 이해하는 듯했다. 실제로 람바니 족 여인들은 이 점을 명확하게 인식하고 있었다. 인도에서 여성은 전통을 이어가는 매개다. 과거가 여성에 아로새겨져 있다. 여성의 육체는 보존된 전통과 사회적 자긍심의 장이다. 오늘날 "나는 요즘 세상이 싫다"라고 말할 수 있는 존재는 여성밖에 없다. 차마 입 밖에 내지 못하는 것을 또렷이 말하는 역할을 여성이 맡고 있다. 아내들은 남편이 자기에게 바라는 만큼이나 스스로 전통 의상 입는 일을 중요하게 여긴다.

달리 표현하면, 산두르는 순차적 시간의 세계로 들어섰다. 트럭과 제련소, 용광로는 산두르의 시간을 순차화하여, 과거와 현재와 미래에 각각 다른 가치를 매겼다. 순차화 된 시간은 광기를 초래했고, 그 광기가 애처로움을 낳았다.

° 세계와 연결된 시골마을, 사우트라

내가 사트얀 미슈라를 처음 만난 것은 칼란 왈리라는 마을에 가려고 준
비하던 때다. 그는 당시 29세였고, 힌두어로 '비전'이라는 뜻을 지닌 '드
리슈티' 사업에 착수한 상태였다. 드리슈티는 인도다운 모호함의 전형이
었다. 기업이면서 재단이고 또한 비정부기구였다. 그러면서도 정부의 하
청업체였다. 드리슈티는 인도 시골마을에 접근하는 사트얀 특유의 방식
이었다.

칼란 왈리는 하리아나 주 북부에 위치한다. 델리에서 북쪽으로 덜컹
거리는 길을 따라 차를 몰면 여섯 시간가량 걸린다. 칼란 왈리의 농민들
은 여유 있게 살았다. 관개시설을 갖춘 밭은 잘 정돈돼 있었다. 내가 갔
을 때는 밭이 짙은 초록빛을 띠었다. 마을 광장은 낙타와 진흙투성이 트
랙터로 붐볐다. 농산품을 파는 시장도 있었다. 포장도로 위에는 곡물과
면화 더미가 잔뜩 쌓여 있었다.

광장 부근에서 알카 나랑을 만났다. 25세의 알카는 먼지 덮인 거리가
내다보이는, 창문이 하나 뚫리고 바닥에는 콘크리트를 바른 단칸방에서
일했다. 컴퓨터, 모뎀, 프린터, 전화기가 놓인 탁자와 플라스틱 의자가 있
고 벽에는 하리아나 주의 지도가 걸려 있었다. 이것들이 알카의 생계 수
단이었다.

일주일에 6일, 하루에 10~15번 정도 마을사람들은 이곳에 들러, 40킬
로미터 정도 떨어진 시르사라는 도시의 지역관청에 신청할 사무를 대신
처리해 달라고 요청했다. 빈곤선 이하에 놓인 이곳 주민들은 물소를 구
입할 때 융자를 얻을 수 있는데, 융자를 신청하려면 신분증이나 운전면
허증, 토지관련 증명서 등이 필요했다. 양을 구입할 때도 흔히 융자를 신

청했다. 관개시설이 망가졌다거나 학교 선생이 출근을 안 한다는 민원이 제기되는 경우도 있었다. 이런 사항을 시르사 관청에 전달하고 신청을 대행하는 것이 알카의 임무이자 드리슈티 사업의 내용이었다. 칼란 왈리에서 이런 일은 상당히 새로운 개념에 속했다.

옛날에는 칼란 왈리 주민 4,000명이 정부 서비스를 이용하는 일이 쉽지 않았다. 시르사까지 가는 찻삯이 30루피(약 750원)이고, 하루치 품삯까지 포기해야 했다. 게다가 사무처리를 요청하면서 뇌물을 줘야 할 때도 있었다. 가도 담당자가 자리에 있을지, 신청하고 나서도 처리하는 데 시간이 얼마나 걸릴지 알 길이 없기에, 아예 시도조차 하지 않는 주민이 대부분이었다. 이런 사정은 다른 마을도 마찬가지였다.

그런데 알카와 사트얀이 상황을 바꾸어놓았다. 드리슈티가 제공하는 대행 서비스 요금은 10루피(약 250원, 민원 제기)에서 25루피(약 625원, 운전면허 발급) 사이였다. 사트얀이 책정한 요금은 드리슈티가 생기기 전에 주민이 부담했던 비용보다 저렴하면서도 사업을 지속하는 데 도움이 될 만한 수준이었다. 주민들은 이제 시르사에 가느라고 버스를 타거나 농사일을 하루 포기하지 않아도 됐다. 뇌물을 줄 필요도 없었다. 시간이 지나면서 이 새로운 발상이 인기를 얻었다. "천천히, 그러나 확실하게 인정받게 됐지요." 알카가 말했다.

정치적 프로세스를 벽촌까지 끌어오는 데 근대 기술을 활용하는 것은 처음 목격하는 일로, 주가드의 또 다른 사례였다. 이것은 사트얀의 '사업 모델'이기도 했다. 21세기 초, 인도는 공공과 개인이 서로 협력할 수 있는 기발한 방법을 찾아내는 실험실로 바뀌었다. 모호성이 다시 한 번 진가를 발휘한 것이다. 사트얀은 하리아나 주와 계약을 맺어 드리슈티 같은 사업을 시도함으로써 그런 접근법 한 가지를 보여줬다.

그렇지만 칼란 왈리에는 뭐라 설명할 수 없는 분위기가 있었다. 내가 보기에 정치적인 어떤 것과 관계가 있었다.

샤트얀과 함께 차를 타고 다른 마을로 이동하던 중에 내가 물었다. "샤트얀, 당신은 이것을 지방으로 확장되는 민주주의라고 부르지만, 주민들의 평범한 권리찾기를 이용해 돈을 벌어서야 되겠습니까. 정치적 프로세스나 민주주의를 상품화할 수는 없어요."

샤트얀은 매우 침착하게 답했다.

"누구든 자기가 처한 상황에서 시작할 수밖에 없습니다. 우리는 주민의 욕구를 파악하고 이를 충족시킬 방법을 찾아냈을 뿐입니다."

지난 몇 년간 나는 드리슈티 같은 사업을 다양하게 목격했다. 모델은 늘 조금씩 바뀌었다. 벽촌과 관청을 연결하는 일 외에도, 시골 상점에서 컴퓨터 강습을 하거나 휴대전화 관련 서비스를 제공했다. 어느 마을에서는 고등학생들이 시험 성적을 인터넷으로 확인하는 장면도 보았다. 길거리는 오토바이, 황소, 소똥, 자전거 바퀴를 끼운 수레를 끄는 얼음 장수들로 뒤엉켜 있었다. 길 끄트머리에는 지난 수백 년간 소들이 물을 마시고 아이들이 헤엄친 연못이 있었다. 이렇게 다닐 때마다 드는 생각은 늘 똑같다. 부디 시골을 내팽개치지 말고 함께 데리고 가라. 사용할 수 있는 기술을 활용하라.

나는 마침내 칼란 왈리를 방문한 후 느꼈던 혼란의 정체를 파악했다. 많은 시골 동네를 돌아본 끝에, 특히 사우라트를 방문한 뒤에야 깨달음이 왔다. 산두르가 순차적 시간을 느끼게 해주었다면, 샤트얀은 앞으로 인도에서 존속할지도 모르는 이질적 시간의 공존을 소개해 주었다. 내게 최초로 그 본질을 보여준 사람이 샤트얀이었다.

사우라트에 가려면 파트나 — 델리와 캘커타를 잇는 간선도로를 따라 알라하바드, 베나레스를 비롯한 여러 도시가 이어지는데 파트나도 그중 한 곳이다 — 에서 한나절이 걸린다. 나는 히말라야 산맥과 네팔 국경에 닿아있는 그곳을 향해 새벽에 출발했다. 오후가 되자 갠지스 평원을 지나 오르막길이 나타났다. 사우라트는 거대한 산맥의 남쪽 경사면 푸른 언덕 위에 자리했다. 높은 고도였다.

사트얀은 운전기사가 딸린 지프차에 나를 태워 보내기 전에 사우라트에 대해 시간을 들여 설명했다. 사우라트에서 진행 중인 사업은 다른 곳과는 달라서 단순한 '전자 거버넌스'e-governance나 전자 서비스보다 훨씬 야심찬 것이라고 했다. 어머니의 고향이기도 한 사우라트에 사트얀은 특별한 애착을 느꼈다. 그래서 그는 시골에서도 번듯이 생계를 해결하며 잘살 수 있다는 사실을 전 인도에 보여줄 증거로 사우라트를 택했다.

어느 날 저녁 사트얀은 사우라트가 쇠락해온 과정을 자세히 들려주었다. 18세기에 영국인들이 이곳 토지제도에 손을 댄 것이 문제의 시작이었다. 복잡한 이야기에서 핵심만 간추리자면, 토지제도를 바꾼 이후 땅을 직접 일구는 농민들은 소외되고 부유한 지주 카스트 '자민다르'zamindar가 등장했다. 이 지주 계급은 영국인처럼 차려입고 수입품을 애용했다. 인도 독립 후 이들은 도시에서 제조업자가 됐고, 곧 이촌향도 현상이 나타났다. 시골은 주변화 됐다. 시골에서 제조된 제품을 찾는 소비자가 줄어들자 생산도 감소했다. 자급자족하던 지역 공동체는 점차 조그만 부락으로 쪼개지고 흩어지기를 반복했다. 2,000년간 지탱해 온 생태계가 불과 200년 만에 파괴됐다.

인도에는 한때 융성했다고는 도저히 상상할 수 없는 시골 동네가 무수히 많지만, 사우라트는 다르다. 청년의 80퍼센트가 타지로 떠났는데도 이곳의 생활에는 모종의 일관성이 온전히 남아 있다. 모래로 덮인 그늘진 오솔길이며 연못, 벽돌로 쌓은 벽과 초가집에 옛 모습이 그대로 어른거렸다.

수세기 전 브라만 계급은 시원하고, 녹음이 짙고, 전원적인 사우라트를 선호했다. 15세기에 어느 군주가 이곳에 현지어로 '사바'sabha라 일컫는 광장을 지었다. 부근 몇 킬로미터 안에 사는 상위 카스트들이 모여 집회를 여는 일종의 아고라였다. '초트로'chotro라고도 불리는 이 사바는 지금도 남아 있다. 그 옆 호수에는 물가로 내려가는 작은 계단이 있다. 이 호수와 계단도 사바를 지은 군주가 설치한 것이다.

사우라트는 지금도 사바로 유명하다. 어떤 의미에서 이 '사바 정신'을 부활시키는 것이—카스트 제도와의 연관성은 제외하고—사트얀의 소망이었다. 다만 오늘날 그가 제시하는 '모형'은 매우 기술관료적이고 21세기적이었다. 사우라트 주민들은 '지역공동체회사'에 투자한다. 한 주당 가치는 1만 루피(약 25만 원)다. 투자액은 전기, 수도, 보건, 관개시설 같은 공공재를 확보하는 데 쓰인다. 그러면 사람들은 시골에 남아 있을 이유를 찾게 되고 스스로 '소액자본 사업가' 집단을 형성한다. 현지에서 만든 제품, 현지에서 재배한 농산물, 현지에서 잡은 생선, 현지에서 제공하는 서비스와 함께 외부에서 도매가로 들여온 재화와 용역 등을 거래할 소규모 시장도 형성된다. 주변 생태계도 되살아난다.

사트얀이 말했다. "시골에 남아야 할 이유를 충분히 제공해야 해요. 그러면 시골에 남는 사람을 위한 시장도 생기지요."

사우라트에서는 사업이 벌써 부분적으로 시작된 상태였다. 동네에는 상주하는 의사 말고도 파견 나온 의사가 한 명 더 있었고, 대나무

를 태워 전력을 생산하는 소규모 발전소와 관개용 우물이 있었다. 새로
학교도 세울 예정이었다. 가장 흥미로운 것은 업무 프로세스 위탁업체
(business process outsourcing, BPO)였다. 이것이 나를 이질적 시간이 공존
하는 세상으로 다시 한 번 밀어 넣었다.

영국령 인도 시절의 영향을 느낄 수 있는 영국과 인도의 건축양식이
섞인 빛바랜 주택 안에 BPO 사무실이 있었다. 버적거리는 자갈길을 지
나 차양 덮은 베란다를 가로질러 실내로 들어가면, 뒷방에 기다란 탁자
두 전이 있고, 그 위에 컴퓨터와 전화기가 각각 열 대씩 놓여 있다. 밖에
서는 대나무를 태워 발전하는 발전기가 요란하게 돌아가고, 멀리 저편
에서는 농부가 황소 한 마리를 데리고 연자방아로 인도 사람들이 쌀밥
에 간을 할 때 쓰는 씨앗류를 빻았다.

내가 찾아간 업체의 종업원 여섯 명(남자 다섯 명, 여자 한 명)은 모
두 30대 중반으로, 먼 곳에 있는 기업을 대신해 고객 전화 응대, 설문조
사, 데이터 입력, 서류 및 서한 편집, 약간의 품질관리 작업을 담당했다.

딜립은 델리에서 생산 라인 책임자로 일하다가 고향으로 돌아왔다.
주부인 아샤는 '세계와 연결된 시골마을'이라는 발상에 매력을 느꼈다.
농촌을 사랑하는 파수파티는 파트나에서 몇 년 살다가 귀향해서 사우
라트 농민을 상대로 종자, 비료, 관개, 모내기, 수확, 날씨 등에 관한 전화
상담을 해주었다. 똑똑한 친구들이었다. 벵갈루루나 봄베이에서도 충분
히 성공했을 인재들이었다.

"대도시에 가고 싶지 않아요?"

이 질문에 다들 한마디씩 했다.

딜립이 말했다. "버는 돈은 적지만 살기는 여기가 더 좋아요. 소속감
도 느끼고요. 도시 생활은 스트레스가 너무 심해요."

파수파티가 말했다. "기회가 충분치 않아서 그렇지 여기도 기회만 있으면 사람들이 떠나지 않을 겁니다. 마을사람 중에 90퍼센트는 남고 싶을 걸요."

아샤는 이렇게 말했다. "도시에 있는 다양한 시설을 여기에도 마련할 수 있다면 정말 좋을 거예요. 물론 도시의 공해는 사절이고요."

사우라트가 성공 사례가 될지 실패 사례가 될지는 좀 더 두고 봐야 할 것이다. 결론이 나기까지 몇 년은 걸릴 거라고 사트얀은 내다봤다.

파트나에서 사우라트로 출발할 때 사트얀이 부탁했다. "그곳 사람들에게 우리 사업을 어떻게 생각하는지 한번 물어봐주세요. 진심으로 흥미를 보이는지 저한테 알려주세요. 저도 물어보기는 하는데 사람들의 대답이 진심인지 아닌지 모르겠거든요."

그래서 나는 첩보원 역할을 했다. 그리고 사우라트 주민들이 관심은 있는데, 사업을 다소 추상적으로 이해하는 것 같다고 사트얀에게 보고했다. 지역공동체회사? 주당 1만 루피? 외지인이 고안한 사업? 주민들은 아직 그 의미를 완전히 깨닫지 못한 상태였다.

사트얀은 내 얘기에 실망하는 듯 했으나 놀라는 것 같지는 않았다. 그도 아마 그런 사정을 알면서 정탐을 부탁했을 것이다.

나는 사우라트에 다녀온 뒤 한참 동안 그곳을 이리저리 조명해보면서, 인도의 시골이 맞을 운명을 궁금해 하는 사람들 대열에 합류했다. 시골마을 가운데 형편이 아주 좋은 곳은 소도시가 되고, 소도시는 다시 중간 규모의 도시가 되면서 또 다른 방식으로 인도를 도시화할 것이다. 그러나 어쩌면 시골의 운명은 시골에 맡겨야 하는 것인지도 모른다. 어쩌면 사우라트에서 진행 중인 것과 같은 사업은 그저 시골을 박물관화하는 일인지도 모른다. 어쩌면 사우라트는 독특하지만 그 독특함에 스스로 지쳐버린 실패작으로 판명 날지도 모른다.

답은 누구도 모른다. 인도도, 제3자도 모르기는 마찬가지일 것이다. 사우라트는 덧없는 꿈인가, 아니면 합리적인 발상인가. 사람들은 시골을 떠나기를 바라는가, 남기를 바라는가. 사람들은 시골에 남아야 하는가, 떠나야 하는가. 그런 선택의 여지는 주어져야 하는가……:

델리의 디판카르 굽타는 텔로스telos, 즉 그리스어로 사물의 최종 목적을 뜻하는 '목적인'을 인급한 적이 있다. 맞은편에는 물건을 만드는 기술을 뜻하는 테크네techne가 있다. 텔로스는 언제나 한 발짝 앞서가고 성취할 수 없으며, 우리에게 끊임없는 노력을 요구한다.

"근대는 완성품이 아닙니다." 굽타가 말했다. "근대의 텔로스는 완성된 것으로 볼 수 없습니다. 쉴 새 없이 움직이는 표적이지요."

이것이 바로 인도가 우리에게 선사하는 선물이다. 동양이 서양에게, 또 동양이 동양에게 선사하는 선물이다. 절대로 고정되지 않는 표적이 터주는 넉넉한 공간 속에서 인도는 근대를 향해 전진한다. 바로 그 공간을 통해 인도는 근대적 물건이나 정신에 관한 낡은 관념의 노예가 되지 않을 수 있었다. 적어도 아직까지는 그렇다.

그리고 우리는

과거를 전부 등에 짊어지고 가면서도

스스로는 더 이상

과거의 일부가 아닌 척한다.

과거를 자꾸 이런 식으로

인식하면

그 과거는

허구로 변한다.

【 장 폴 사르트르, 『야릇한 전쟁수첩』 】

2장
서하사栖霞寺의 부처들

°파괴와 미화가 뒤섞인 역사

베이징 서쪽 교외에는 마치 옛 성현들을 기다리는 듯한 모습으로 몇 개의 신성한 언덕이 있고, 오래전에 행렬을 하며 의식을 치렀던 길이 절과 절 사이를 잇고 있다. 황제들은 여러 세기에 걸쳐 이곳을 보존했다. 언덕들 중에 '말 안장'이라는 뜻의 마안산馬鞍山을 오르면 그 정상에 계대사(戒台寺, 제타이쓰)라는 유명한 절이 있다.

계대사의 기원은 7세기로 거슬러 올라간다. 당시 승려들은 절 주변의 백송을 사랑하여 나무마다 이름을 붙였다. 계대사 바로 아래에는 절보다는 덜 유명해도 그에 못지않게 흥미로운 것이 있다. 행렬이 지나던 길에 세운, 높이 10미터의 아치형 돌문이다. 명나라 양식의 처마 밑으로 용, 연꽃 등 각종 무늬가 연이어 새겨져 있다. 색채도 희미하게 남아 있다. '신성한 절을 드나드는 입구가 바로 여기'라고 알려주는 듯하다. 돌문 외벽에는 각종 직업과 사회적 지위를 대표하는 자들이 묘사되어 있는데, 안으로 들어가면 그들의 성불한 모습을 볼 수 있다.

이 돌문에 새겨진 기록에 따르면 만력제萬曆帝 27년, 즉 1599년에 세운 것으로 추정된다. 당시 만력제는 총기를 잃어가고 있었고, 나중에는 몸이 쇠약하고 비대해져 제대로 서 있지도 못했다. 그때 만주족이 명나라를 북으로부터 압박해왔다. 바야흐로 명나라가 망하고 청나라가 들어서려는 순간이었다.

만력제의 돌문을 처음 보러갔을 때는 돌문에 이르는 길이 금방 눈에 띄지 않았다. 반세기 이상 버려진 곳으로, 특별한 관심을 갖고 방문하는 사람을 제외하면 인근 주민이나 일반인들은 무관심했다. 닳아 납작하고 매끈한 자갈들이 멋스럽게 깔려 있는 길 여기저기에 돌 파편이 나뒹굴었다. 만력제의 돌문은 문화대혁명기에 심각하게 훼손됐다. 홍위병들이 기둥에 새겨진 문양을 끌로 깎아내는 바람에, 손이 닿을 만한 부분은 전부 파손됐다.

만력제의 돌문 같은 유적이 중국 전역에 흩어져 있다. 난징 시 북쪽 산기슭에는 5세기에 건립된 서하사가 있다. 절 뒤편 바위 언덕에는 부처의 모습이 조각된 석굴 수백 개가 있는데, 여기 부처들도 목이 떨어지고 팔다리가 꺾이고 얼굴이 깎여 나갔다. 어느 가을 오후에 나는 서하사에 갔다가 미술가 주앙홍싱을 만났다. 문화대혁명 때 숙청당한 주앙의 작품은 전부 파손됐다. 수년 후 다시 그림을 그릴 수 있게 됐을 때 그는 서하사에 가서 석굴들을 수채화에 담았다.

우리는 함께 부근을 거닐었다. 불상 가운데 대부분은 여전히 훼손된 상태였고 일부는 복원이 시작되기도 했지만 작업은 거칠었다. 돌로 된 고대의 몸통에 —때가 좀 탔어도 눈부시게 하얗거나 옛날 칠이 남아 밝은 황토색을 띠었다 —21세기의 석고 머리와 팔다리를 갖다 붙였다.

주앙은 불상을 하나씩 천천히, 오랫동안 못 만났던 옛 친구를 만나듯 돌아보았다. 홍위병들이 한 짓과 복원작업 중에 어느 편이 그를 더 서글프게 만들었는지 나로서는 판단하기 어려웠다.

그는 손으로 불상 몇 점을 만져보더니 나를 불렀다. "이건 진품이에요……. 이건 20년 전에 여기 없었는데……. 이것들은 교체된 것이고요……. 이건 진품, 이쪽 것은 모조예요. 안에 강철 뼈대가 들어 있어요."

서하사나 만력제의 돌문 같은 장소가 수년간 나를 매료시켰다. 나는 베이징에 갈 때마다 시간이 되면 꼭 마안산에 들른다. 돌문 하단의 깎여나간 얼굴과 상단의 희미해진 문양에서—날씨가 수백 년 동안 해놓은 일이든 홍위병이 생각 없이 저지른 일이든—늘 '겹겹이 층진' 중국의 어제와 오늘에 대한 신선한 관점이 우러나오는 듯한 느낌을 받기 때문이다.

수백 년간 이용하다가, 갑자기 이용을 중단하고 무관심하다가, 느닷없이 마구 파괴하더니 관심을 꺼버렸다. 가장 최근에 추가된 또 한 '겹'은 지난 10년 사이에 일어난 현상으로, 베이징의 문화재보호청이 마안산의 길을 문화유산으로 지정하면서 덧씌워졌다. 문화유산으로 지정된 지 6개월 후, 돌문 근처에 석재 명판이 박히고 복원팀이 등장했다. 지난 방문 때는 돌문을 철제 구조물로 받쳐놓은 상태였고, 얼굴 없는 조각들에 다시 얼굴을 새기고 있었다. 서하사에서처럼, 과거에 있었던 삭제 행위가 또 한 번 삭제되는 순간이었다.

일반적으로 우리는 문화재를 파괴하고 과거를 왜곡하는 행위를 파사구에 집착하는 극렬 마오주의자들의 일탈행위 정도로 생각한다. 그것이 남긴 폐해는 자명하지만, 이를 확인하는 데서 멈춘다면 우리는 중요한 점 한 가지를 놓치는 실수를 하게 된다. 서하사와 만력제의 돌문은 문화대혁명과 관련된 측면 그 이상의 것을 암시한다. 실제로 이는 중국에만 국한된 문제가 아니라 아시아 전체와 관련된다. 사람이 과거의 흔적을 전부 지우고 과거와 관계를 끊으려 한다는 것은 무엇을 의미하는가? 그런 충동은 어디에서 비롯되는가? 이런 궁금증은 서하사의 부처들 앞에서뿐만 아니라 중국이나 일본의 도심지에서도 충분히 일어난다. 맥락은 다르지만 인도에도 적용되는 질문이다.

세계사 전반에 걸쳐 가장 적나라하고 강박적으로 과거를 삭제한 사례는 필시 기원전 213년에 일어난 진시황제의 분서갱유일 것이다. 진시황제는 여섯 나라를 정벌하여 중국을 통일한 후 북쪽에는 만리장성, 남쪽에는 수로를 건설하고 문자를 통일하고, 도로를 정비했다. 도량형도 통일하여 길에 난 바퀴 자국의 넓이가 어딜 가나 일정해졌다. 황제의 뜻에 어긋나는 사상은 전부 금지됐다. 진나라 이외의 나라의 행정 기록은 소각되고, 철학과 역사 문서도 황제가 허락하는 것 외에는 전부 불태웠다. 유생 수백 명이 산 채로 땅에 묻혔다. 당시 누군가가 남긴 탄식이다. "얼마나 유감스러운 일인가! 이제 오로지 진나라의 기록만 남았으며, 그나마 날짜도 없고, 짧고 부실하다."

중국의 영어 이름 '차이나'는, 소각과 유감 속에 최초의 통일국가를 이룬 진나라에서 유래한다.

진시황제의 의도는 '타자성'을 제거하는 데 있었던 듯하다. 그는 역사에서 이단을 삭제하고자 했다. 역사를 지우는 것은 진나라의 과거를 살리는 길이었다. 과거의 흔적을 없앰으로써 진나라 이외의 다른 대안적 양식이 고개를 들 여지를 말살하려 했다. 과거가 없으면 미래도 없다는 것을 진시황제는 알고 있었다.

과거의 중요성을 강조하면서도 과거를 말소하려는 충동은 아시아의 근대 경험에서 두드러진 특징이다. 그러나 그것은 중국 최초의 황제가 벌인 사건과는 상황이 조금 다르다. 진시황제는 진나라만의 고유한 방식을 고민했으리라 짐작되지만 19세기 아시아에 서구 문물이 도래한 이후의 상황은 훨씬 더 복잡하다. 과거를 파괴하고 매장하면서도 미화할 수 있는 것이 근대다. 그리고 자신의 역사, 자신이 현재에 이른 과정을 지워버리는 일은 어떤 의미에서 자기비하이고 체념이다. 어떤 식으로 자존감을 측정해도 함량 미달이다. 서하사의 불상이 훼손된 건 넓게 보면 심한 열등감, 즉 자신보다 우월해 보이는 '타자'를 맞닥뜨렸던 경험의 트라우마다.

시간을 정렬하는 얘기로 잠시 되돌아 가보자. 서구가 진보 관념—순차적, 계몽적 시간—을 아시아에 가져다 안겼을 때 무슨 일이 일어났던가? 그리고 그 결과는 어땠는가?

첫 번째 질문은 간단히 대답할 수 있다. 진보 관념을 접하면서 아시아의 사고는 모래시계처럼 뒤집혔다. 사람들은 과거보다 미래를 의식하기 시작했다. 이제 유토피아는 과거에서 미래로 자리를 옮겼다. 이와 관련하여 몇 가지 상징적인 날짜가 있다. 1945년 8월 15일 아침은 일본의 관심이 과거에서 미래로 이동한 결정적인 순간이었다. '정신'과 '조상'에 관한 공허한 관념에 매달렸던 사람들이 패전 후에는 경제 기적을 일으키는 데 몰두했다. 중국의 경우는 1949년 10월 1일이 그런 날이다. 베이징을 함락시킨 마오쩌둥은 '미래를 의식하는 일'을 제도화했다. 동무들, 우리의 앞날에 천국이 놓여 있다, 진시황제 이후 우리를 괴롭혀온 나라는 사라졌다, 이런 식이었을 것이다.

과거에서 미래로 전환된 사고는 세 가지 주요한 결과를 초래했다. 그 중요성은 이루 말할 수 없다.

미래가 주목받자 우선 과거가 불안정해졌다. 옛날에는 유능한 행정관들이 선례를 꼼꼼히 기록하여 후대가 그대로 따르도록 했다. 그러나 관심이 미래로 방향을 트는 순간 과거는 한낱 옛날 이야기로 전락하며 고정성을 상실했다. 늘 역사기록을 보관해왔던 국가는 계속 '옛날 이야기'를 관리하면서 과거와 새로 부상한 권력 간에 어색한 매개자 노릇을 하게 됐다. 과거는 이제 파괴, 창조, 편집, 확대, 미화 등 온갖 변경을 가할 수 있는 대상으로 둔갑했다. 역사를 재창조하는 행위는 아시아인들의 발명품이 아닌데도 유독 아시아에 지대한 영향을 끼쳤다.

둘째로 자아도 불안정해졌다. 근대는 사람에게 '늘 그래왔던' 관습, 운명, 주제 파악에서 벗어나 '뭔가에 도달 중인' 상태가 될 것을 요구했다. 그래서 아시아인들은 옛 자아는 평소에 궤짝에다 넣어두었다가 특별한 일이 있을 때만 꺼내는 것, 새로운 자아는 옷 입듯 '걸쳐야' 하는 것으로 여기게 됐다. 일본과 중국의 근대 초기 문학 작품을 보면 바로 이런 방식을 통해 갈 길을 찾는 인물들이 대거 등장한다. 일본은 전후에야 비로소 왜 자신들이 맹목적으로 덴노天皇*의 명령을 따랐는지 자문하면서 주체성—자주적으로 판단하고 결정하며, '아니다'라고 말할 수 있는 자아—에 대해 논의하기 시작했다.

자아의 문제는 소속감의 문제와도 관련된다. 이 소속감 또한 붕괴를 겪었다. 과거 수백 년간 사람들은 집안, 부족, 마을, 장인 집단, 회사, 공

* 일본 군주인 덴노의 명칭을 둘러싸고 '천황'이라고 표기할 것이냐 '일왕'이라고 표현할 것이냐에 관해 논쟁이 있다. 본서에서는, 일제 강점기부터 사용한 '천황'이나 사전에 없는 조합어인 '일왕' 대신, "em-peror로 표기한 원서의 번역에 충실하기 위해 '천황'의 일본식 발음인 '덴노'라고 표기했다.

장 등 각종 집단에 소속되어 생활했다. 익숙한 것과 맺은 고정적인 관계를 바탕으로 하는 사회라는 의미에서 학자들은 이를 '안심 사회'라고 부른다. 간단히 말하면 이것이 바로 '구식 소속감'이다. 19세기 후반까지도 일본은 여러 '집안'의 집합체이자 그 자체로 하나의 집안이었다. 인도를 한 덩어리의 국가로 보는 시각은 (오랫동안 타자들의) 환상이었고, '하늘은 높고 황제는 멀다天高皇帝遠는 격언이 있는 중국 역시 소속감은 지역 공동체에 국한됐다.

근대의 도래는 소속감에도 변화를 가져왔다. 사람들은 돌연 '국가'에 소속됐다. 국가는 '신뢰를 바탕으로 하는 사회'라고 학자들은 표현한다. 혈연이나 친분에 의존하는 대신, 낯선 사람끼리 서로 신뢰하며 사는 사회라는 뜻이다. 말하자면 구식 소속감에 대비되는 '신식 소속감'이라 할 것이다. 구식 소속감과 신식 소속감 사이에 발생한 긴장과 갈등은 100년이 지난 지금도 감지된다. 19~20세기 초에 아시아가 서구에서 수입한 것 중에 가장 기이하고 다루기 까다로운 것이 국민국가였다. 특히 소속감의 변화는 국민국가라는 관념의 가장 거북한 측면이었다. 이제 과거는 아무런 쓸모가 없을 뿐 아니라 발전을 가로막는 흉물로 전락했다. 과거는 촌스러운 '토종'이고 시골에서 갓 상경한 삼촌처럼 남세스러운 존재였다. 시골은 구식이고 국민국가는 신식이었다. 적어도 이게 당시의 관점이었다.

° 야스쿠니 랜드

1882년 봄, 프랑스 제3공화국이 근대적 국민국가로 도약하던 무렵 소르본대학에서 에르네스트 르낭의 강연이 있었다. 이 강연의 바탕이 된 30

쪽짜리 논문은 르낭의 업적 중에서도 매우 탁월한 것으로 꼽힌다. 당시 이미 사상가 겸 역사가로 이름났던 르낭의 강연 제목은 「국민이란 무엇인가?」였다. 이 물음에 대한 르낭의 도발적인 대답은 이후 수십 년에 걸쳐 논란의 대상이 됐다.

3월 어느 날 개최된 그 강연에서 르낭은 여러 가지 이슈를 제기했다. 그는 "인종과 국민을 혼동하는 아주 심각한 실수"에 대해 말했다. 국민이란 개념을 파악할 때 공통의 언어, 종교, 상업적 이해관계, 지형적 경계 등은 전혀 관계가 없다는 이야기도 했다. 국민의 실체는 "도덕적 의식" 혹은 "정신적 원리원칙"에 관련된 것으로 이해하는 것이 적절하다고 그는 주장했다. 그런 점에서 르낭은 국민과 국적을 중요시했지만 결코 국가주의자는 아니었다. 그의 유명한 은유에 따르면 국민이란 "일상적인 국민투표", 즉 각 시민이 일상적인 참여를 통해 느끼는 소속감과 신뢰의 표명이었다.

르낭의 강연에서 가장 유명한 것은 기억과 망각에 대한 부분이다. 특히 르낭은 망각에 주목했다. "망각과 역사적 누락은 국민을 창조하는 데 있어서 핵심적이다. 그렇기 때문에 역사 연구는 위험할 수 있다." 「국민이란 무엇인가?」에서 가장 빈번하게 인용되는 문구는 다음의 짤막한 문장이다. "따라서 국민의 본질은, 구성원 전원이 많은 공통점을 지닐 뿐 아니라 공동으로 특정한 사실을 망각한다는 데 있다."

르낭의 주장은 시기적으로 절묘했다. 당시 각국은 자기 변신을 도모하고 있었다. 프랑스는 혁명을 기억하되 혁명 이전의 특정 사건들을 망각함으로써 프랑스로 거듭나고자 했다. 남북전쟁 후 재건 시대를 막 지나온 미국도 무엇을 망각할 것이냐 하는 결정을 통해 국가 발전을 도모하려는 오류를 저질렀다. 르낭은 20세기가 되기 전에 사망했고, 우리는 이제—특히 국민국가 전성시대도 시작이 있으면 끝이 있다는 걸 느끼기 시작하는 요즈음—망각의 비용이 얼마나 큰지 깨닫고 있다. 지금도 망각에 관한 르낭의 언급은 여전히 유효하다. 아니, 무서울 정도로 유효하다.

아시아는 20세기를 거치며 삭제의 상흔으로 얼룩졌다. 중국인은 어떤 일은 작정하고 기억하고, 또 어떤 일은 아주 최근에 일어난 사건인데도 거의 기억하지 못한다. 일본인은 20세기를 어떻게 기억해야 좋을지 몰라 망설이다가 세상에서 가장 움츠러든 국민이 되고 말았다. 인도인의 기억과 망각은 하도 빽빽하게 층이 져서, 현재 인도에서는 그냥 '역사'가 아니라 '여러 갈래의 역사에 대한 역사'가 논의되는 상황이다. 어떤 역사를 우리 역사에 포함하거나 제외할 것인가? 어떤 과거가 진정한 우리의 과거인가? 여기에 어떻게 답변하느냐에 따라 21세기 인도(와 다른 많은 국가)의 운명이 결정될 것이다.

약 100년 전 미국의 문학 평론가 반 윅 브룩스가 『미국의 어른 되기』라는 절묘한 제목의 책에서 이른바 "유용한 과거"에 대해 평생에 걸친 탐색을 시작했다. 유용한 과거란 미래를 직시하는 데 도움이 되는 과거를 가리키며, 이것은 찾아내거나 구축할 수 있다. 유용한 과거를 추구하는 일은 오늘날 아시아가 꼭 풀어야 할 어려운 숙제다. 미래를 똑바로 내다보는 데 도움이 될만한 과거는 어떤 것인지, 그런 과거는 무엇으로 구성되고 무엇을 포함해야 하는지 판단하는 일은 결코 쉽지 않다.

한번은 시안에서 대안탑大雁塔이라 불리는 7세기 불탑 유적지를 구경하는 관광객들의 모습을 관찰했다. 그곳 경내에는 전통 악기를 연주하는 음악가, 마을 씨름 선수, 오두막의 부부 등 근대 이전의 중국인의 생활상을 보여주는 동상들이 여기저기 서 있었다. 그것들을 살펴보던 중국인 관광객은 웃으며 서로 사진을 찍거나 개중 날렵한 사람들은 동상 위로 기어 올라가기도 했다.

기묘한 장면이었다. 테마파크 버전으로 재구성된 자신의 과거를 쳐다보며, 어디서 본 듯한 사람에게 인사할 때처럼 불편한 미소를 짓는 기분이란 대체 어떤 것일까? 그 순간 내가 도쿄의 야스쿠니 신사를 떠올린 것은 어쩌면 자연스러운 일인지도 모른다. 야스쿠니는 재건된 초거대도시의 소음과 마천루에 둘러싸인, 목가적으로 재해석된 과거다.

아시아인들이 근대에 난무하는 파편과 삭제와 자기부정의 틈바구니에서 어떤 고유한 과거를 찾아 나섰다는 점만은 확실하다. 특히 '기원'이란 문제는 지속적으로 논의되는 주제다. 아시아인들은 묻는다. "걸쳤던 것을 전부 벗어버렸을 때 우리는 누구인가?" 미국 신문 특파원으로 오래 일했던 일본인 지인은 신토神道의 사제가 되고자 직장을 그만두고 도쿄 생활을 접었다. 중국에 가면 전통 의상을 입고 다니며 연장자에게 큰절을 올리는 유교 부활 운동가를 흔하게 볼 수 있다.

전통의 중요성을 깎아내리려는 것은 아니다. 그러나 이런 전통 되찾기는 대부분 별 도움이 안 된다. 시안에서 펼쳐진 풍경은 '디즈니랜드 화'된 역사다. 야스쿠니 역시 과거를 연출하는 하나의 방식이며 일종의 테마파크다. 과거에 저지른 삭제 행위를 삭제하는 일 또한 무익하다. 망각이 한 겹 더 추가될 뿐이다.

그렇다면 아시아의 유용한 과거는 무엇이며 어디서 찾을 수 있을까?

아시아인이 진정으로 자신을 알기 위해서는, 즉 어른이 되기 위해서는 자신이 이종교배의 산물임을 수긍하려고 노력해야 한다. 지금 우리가 살아가는 이 시점, '현재'에 이르는 모든 개별적 순간이 모여 과거를 이룬다. 과거 한 점 한 점이 전부 우리의 일부분인 것이다. 만력제의 돌문도, 그 돌문을 파괴했던 일도 우리의 일부고, 그 파괴가 드러내는 자기혐오도 우리의 일부다. 복원 작업과 돌문 근처에 새로 박은 명판 역시 우리의 일부다. 이 모든 것이 돌문을, 중국을, 아시아를 있는 그대로 보여준다. 전통은 거기에 우리가 뭔가를 추가할 수 있을 때 존중의 대상이 된다. 그렇지 않으면 생명을 잃은 인습일 뿐이다.

° 탈아에서 입아로

르낭의 소르본 강연으로부터 3년 후인 1885년, 일본이 슬슬 일본같지 않은 외관, '새로운 일본'의 외관을 띠기 시작했다.

일본은 빌딩이나 분주해진 일상생활만 새로 얻은 것이 아니라 근대국가의 체계를 갖춰가고 있었다. 몇 년 내로 헌법도 제정됐다. 일본은 여러 나라의 헌법을 살펴본 뒤 독일 헌법을 모델로 삼았다. 백작, 남작 같은 작위도 독일에서 수입했다. 헌법에 따라 의회를 만들고 제한적으로 선거권도 도입했다. 그 후 10년 동안 일본은 제국으로 발돋움하기 시작했다. 보아하니 '국가'는 식민지를 갖고 있었고—1885년은 유럽 각국이 식민지를 획득하는 데 큰 진전이 있던 해였다—그래서 일본도 식민야욕을 품었다.

그때쯤 벌써 '문명'이라는 용어를 탄생시킨 후쿠자와 유키치는, 같은 해에 「탈아론」脫亞論이라는 논설을 신문에 기고했다. '탈아'란 '아시아에 이별을 고한다' '아시아를 빠져나온다' 정도로 해석할 수 있다.

후쿠자와는 다음과 같이 글의 서두를 연다. "서양 문명의 바람이 서서히 동쪽으로 불어오고 있다. 이 바람결에 쓸리지 않는 풀 한 포기, 나무 한 그루가 없다."

그리고 중간에 이렇게 말한다. "문명은 홍역과도 같아서 (……) 이 시점에서 우리가 그 해악을 막아보고자 해도 그럴 만한 수단이 무엇이 있겠는가? 전혀 없다."

그가 보기에는 결국 전통과 관습, 즉 유교나 과거에 연연하는 태도가 문제였다. 이것들은 근대 문명에 어울리지 않았다. 그래서 일본은 전통과 관습을 옆으로 치우고 "아시아에서 존재할 새로운 방식을 수용"했다. 그 방식이 바로 탈아였다. 구체적으로 말해서 탈아는 중국과 한국보다 앞서가는 것을 의미했다. "이 두 나라의 민족은 스스로 개혁할 줄 모르고 (……) 독립을 유지하지 못할 것이다."

그리고 다음과 같은 결정적인 결론을 내렸다.

서양 문명인의 눈에는 이 세 나라가 서로 접하고 있어 때로는 다 똑같아 보일지 모른다. (……) 그러므로 우리의 시급한 과제는 이웃나라가 개화되기를 기다리느라 시간을 허비할 것이 아니라, 그들로부터 떨어져 나와 서양의 문명 국가들과 운명을 같이해야 한다. (……) 중국과 조선을 대하는 방식도 서양인이 그들을 대하는 방식을 따라야 한다. 나쁜 친구와 어울리면 나쁜 평판을 면할 수 없다. 우리는 동아시아의 나쁜 친구들을 거부해야 한다.

탈아론은—최대한 좋게 해석할 때—자국이 유럽 대륙의 일부냐 아니냐를 놓고 고민하던 또 다른 섬나라 영국의 고충을 연상시킨다. 그러나 탈아론은 이보다 더 복잡미묘하다. 후쿠자와의 주장은 수백 년간 일본의 본보기 역할을 해온 중국과 한국에 대한 심각한 비난이었다. 서구 세력의 도래로 인해 아시아인이 자신의 과거와 자기 자신으로부터 어떻게 소외됐는지 이보다 더 극명하게 보여주는 예는 없을 것이다. 후쿠자와가 탈아론을 집필할 무렵에, 일본은 대륙으로부터—중국과 한국을 거쳐—1400년째 문물을 차용해오고 있었다. 그런 일본이 갑자기 아시아의 일부가 아니라고 주장한 것이다.

일본도 이제 예전의 일본이어서는 안 됐다. 탈아하려면 많은 것이 변해야 했다. 버려두고 갈 것도 있고, 새로 추가할 것도 있었다. 그야말로 전통이 창조되는 시대였다. 입헌군주제를 시행하려면 황실도 거기에 걸맞아야 했다. 그래서 덴노는 교토의 장막 뒤에서 나와 쇼군이 살던 도쿄의 성으로 거처를 옮겼다. 메이지유신이 이루어진 것이다. 새로운 의례(모순 어법이 아닐까?)가 확립됐다. 새 덴노가 즉위할 때마다 연수를 1부터 다시 세는 연호제도 도입했다. 일본은 지금도 두 개의 다른 시간 속에 산다. 서구에서 도입한 순차적 시간 개념과, 덴노의 존재를 백성의 의식 속에 확고히 심어놓기 위해 고안된 순환적 시간 개념이 바로 그것이다.

중국 문화를 수용하기 이전의 일본의 토착 전통 중에서도 아주 매력적인 측면은 남녀 관계와 성에 관한 것이다. 이것은 태양의 여신을 중심으로 하는 일본의 건국신화와 연관이 있을 가능성이 높다. 중국 문화를 수입하기 전 일본이 모계사회였음을 보여주는 증거는 많다. 남녀는 서로를 편안히 여겼고, 감격스럽도록 순수한 방식으로 애정과 친밀감을 느꼈다. 그 시대의 향가들이 이를 뒷받침한다. 그러나 '새로운 일본'이 서구국가처럼 되려면 그런 부분도 포기해야 했다. 여성스러운 편안함과 즐김의 문화는 적절치 않았다. 메이지유신을 이끈 것은 사무라이들이었고,

사무라이 전통은 당나라 전사 계급에 기반을 두었기 때문이다. 결국 고대의 편안한 전통은 삭제됐다. 이상하게 들릴지 모르나 이것이 바로 근대 일본이 친밀감을 그토록 갈구하게 된 이유다. 일본인은 근대국가를 세우는 과정에서 한때 그리도 익숙하던 '사랑하는 방법'을 잊고 말았다.

근대에 일본이 행한 가장 본질적인 망각은 자연을 바라보는 관점과 관련있다. 이것은 간단치 않은 문제다. 자연에 대한 아시아의 전통적 관념은 서구와 상당히 다르고 물리적인 세계와 인간이 맺는 관계도 서구인의 관점에서 볼 때 아주 단순한 편이다. 어느 일본인 학자는 이 복잡한 문제를 "근대 일본은 과학에 의해 침례 받았다"라는 놀랍도록 간결한 말로 표현했다.

서구는 자연을 '대상'object으로 본다. 자연은 우리와 별개인 이질적 존재이며 우리도 자연에게 이질적인 존재다. 인간은 자연을 부리는 주인이며 — 구약성서에서 찾아볼 수 있는 관념이다 — 따라서 자연에 행위를 가해야 한다. 우리는 물질세계에 우리 자신의 의지를 관철시킬 수단을 일컬어 '과학'이라고 한다. 니체가 여러 번 말했듯이, 과학은 자연을 인간화한다. 그리고 우리는 과학이 해결하지 못하거나 건드리지 못하는 부분은 없다고 믿는다.

인간과 자연에 대한 아시아의 전통적 관념은 서구와는 매우 다르다. 그들에게는 자연이야말로 모든 것이고 인간은 자연의 일부다. 소외도 없고 주체와 대상의 관계도 없다. 인간은 자연에 행위를 가하는 대신 자연의 흐름을 따른다. 아시아의 자연은, 니체의 용어를 빌자면 '탈인간화'된 자연이다. 비아시아인에게는 역설로 느껴질 '무위', 즉 '아무것도 행하지 않는 행위'라는 가치관은 여기에서 비롯된다. 불교의 영향이 — 일본의 경우는 선禪사상이 — 흠뻑 느껴지는 대목이다. 꽃 한 송이, 나무 한 그

루를 잘 보려면 그 꽃과 나무의 본질 속으로 완전히 들어가야 한다. 일본계 미국인 조각가 이사무 노구치는 말년에 석재에 손을 대는 일을 최소화하여 "돌이 스스로 말하도록" 했다. 하이쿠의 짧은 시구 속에 엄청나게 많은 일본을 담아냈던 마쓰오 바쇼는 이 관념을 다른 어떤 아시아인보다 이해하기 쉽게 표현했다.

소나무에 관한 것은 소나무에게 배우고
대나무에 관한 것은 대나무에게 배우라.

프랑스 철학자 앙리 베르그송은 『형이상학 개론』에서 같은 테마에 서구적인 옷을 입혔다. 그는 앎에는 두 가지 길이 있다고 주장했다. 하나는 사물을 살펴보고 관찰하는 자연과학적 방법이고, 다른 하나는 직관과 교감을 통해, 즉 "상상력을 동원"하여 사물의 내적 실재를 파고드는 방법이다. 후자가 한때 일본이 자연을 대하던 방식이자 바쇼의 메시지다. 그런데 일본에서 무슨 일이 일어났는가? 자연에 관한 전통적 관념은 완전히 삭제되지 않았다. 그러나 이를 근대적 맥락에서 재해석하려는 시도도 이루어지지 않았다. 대신에 그것은 박물관화됐다. 기존의 관념은 서구에서 수입한 자연에 대한 태도와 정신분열적으로 병존했다. 그래서 소나무와 교감하고 화산 온천에 몸을 담그는 국민이 고속도로, 거대도시, 초대형 산업 단지, 전국 주요 하천의 수력발전 댐 같은 콘크리트 범벅 속에 살고 있는 것이다.

탈아한 후에도 여전히 일본적인 것이 남아 있을까? '별로 없을 것'이라는 게 메이지 시대 지도층의 생각이었지만, 몇 가지는 살아남았다. 일본어도 물론 존속했지만 '소속'에 관한 전통적 관념도 이어졌다. 일본 국민은 '일상적인 국민투표'가 아니라 태생과 혈통으로 규정됐다. 그리고 국가가 그런 소속 관념을 강요했다는 점에서 국가권력의 본질에도 일본 적인 성격이 남았다고 말할 수 있다. 한편 일본의 미적 감각이 순수하게 일본적이라고 감탄하는 사람이 많은데, 백 퍼센트 맞는 말은 아니다. 일본이 서구의 상상력을 자극한 것은 분명하지만, 오늘날 우리가 '일본식 미학'이라고 여기는 것에는 서구 모더니즘이 끼친 영향도—미국 건축가 프랭크 로이드 라이트가 바로 뇌리에 떠오른다—적지 않다.

만약 탈아론이 일본에 남긴 최대의 유산을 꼽으라면, '정말로 비상한 혼란 상태'라고 답해야 할 것이다. 그 모든 삭제와 망각과 매장에는 역설 적이게도 근대화 과정에서 잃어버린 모든 것에 대한 억제된 집착이 뒤 따랐다. 일본은 지금도 깊은 향수에 잠겨 있다. 오늘날 일본인으로 산다 는 것은 상실한 것을 그리워하며 현재와 말소된 과거를 잇는 몇 가닥 남 지 않은 실을 잡아당기는 일을 의미한다. 원시시대 도기, 전통 춤, 고대 건축양식 등에 대한 일본인의 관심은 변해버린 일본에 대한 일종의 비 밀스러운 체제 전복 행위다. "모든 예술, 모든 진정한 문화는 외부자들 outsiders이 창조한다." 저명한 무용가 다나카 민의 말이다. 다나카는 부 토(舞踏, 무답)를 추는 춤꾼이다. 부토는 '전통 아래 묻힌 전통'에 기반하 는 디오니소스적인 '어둠의 춤'이다.

탈아를 결심하자 아시아를 보는 일본의 관점은 마구 뒤틀리기 시작 했다. 탈아는 결국 아시아의 식민지화를 의미했고, 일본은 1895년 중국 을 시작으로 이에 돌입했다. 일본이 아시아에서 배운 것들을 소중히 했 던 만큼 탈아脫亞는 곧 탈아脫我를 의미했다. 그러나 일본은 아시아에서 벗어나려면 아시아가 필요했다. 아시아를 서양식으로 정복하여 아시아 에 대한 일본의 우월성을 입증해야 했기 때문이다. 아시아를 식민지로 삼을 때 서구를 철저히 본받을 작정이었다. 일본이 내세운 식민화의 목적은 아시아를 '서양 문명의 바람'으로부터 보호한다는 것이었다. 이것이 말하자면 일본판 '문명개화의 사명'이었다. 이런 종류의 사명은 늘 타자를 만들어내지만, 일본의 경우는 자기 자신도 타자화했다. 결국 뒤틀림의 실체는 이렇다. 일본은 과거를 파괴하기 위해 보존했다. 그리고 과거를 보존하기 위해 파괴했다. 대단한 역설이다.

탈아는 일본이 근대국가를 확립하는 과정에서 높이 내걸었던 기치는 아니었다. 후쿠자와가 탈아론에 대해 글을 쓴 것은 한 번뿐이었지만, 그 한 번으로도 효과는 충분했다. 그렇다면 탈아론과 연결된 결코 짧지 않은 가닥을 좇아가보자. 메이지 시대의 또 다른 저명한 사상가 니토베 이나조는, 일본이 "태평양을 가로지르는 다리"가 되어 동서양 사이에서 친절한 통역가 역할을 수행해야 한다고 선언했다. 백작 작위를 받고 19세기 말부터 20세기 초에 정치가로 두각을 나타낸 오쿠마 시게노부는 일본이 "동양 문명과 서양 문명의 조화"를 상징하는 존재가 되어야 한다고 생각했다. 불과 몇 년 전에는 후쿠다 야스오 전 총리가 재직 중에 아시아 각국과 미국에게 태평양을 '내륙해'內陸海로 만드는 일에 동참해달라고 호소했다. 이 모든 발상이 1880년대 중반에 집필된 짧은 글 한 편에 동하여, 실타래에서 실이 풀리듯 꼬리에 꼬리를 물고 이어졌다.

이것이 전부 좋은 의도에서 비롯된 것인지 아니면 그저 강박증인지 궁금하지 않을 수 없다. 패전 후 일본이 미국의 말을 고분고분 들어야 하는 처지가 되자, 후쿠자와의 탈아론은 아시아를 벗어나 유럽에 합류하자는 '탈아입구론'으로 변형됐다. 그러다 1980~90년대에 일본이 부유해지면서 미국이 별로 대단해 보이지 않게 되자 탈아론은 계속 진화하고 다양해졌다. 외국 사람들은 잘 모르지만 일본인 대다수가 다음의 문구들을 알고 있다.

탈아입구脫亞入歐: 아시아를 벗어나 유럽에 합류하자

입아입구入亞入歐: 아시아에도 합류하고 유럽에도 합류하자

입아친구入亞親歐: 아시아에 합류하고 유럽과는 친하게만 지
내자

가장 최근 버전인 '재아친구'在亞親歐, 즉 아시아에 있으면서 유럽과 친하게 지내자는 구호는 후쿠자와의 탈아론 이후 가장 과감한 것이다. 아시아의 일부가 된다는 것, 아시아 속에 존재한다는 것은 상당한 발상의 전환이다. 일본이 드디어 자신의 정체성을 인정하고 선언할 준비가 된 것일까? 그 모든 혼란이 끝나려는 것인가? 역사 파괴가 마침내 막을 내리려는가?

나는 여러 해에 걸쳐 일본 국회의원 에다 사쓰키와 우정을 나눴다. 1980년대 말 처음 만났을 때 그는 아직 40대였고, 겸손하면서도 머리회전이 빠르고 예리한 안목을 지닌 사람이었다. 에다는 의원석 대여섯 개를 확보한 소규모 정당의 당수로, 각계에서 공정한 발언을 하는 인물로 인정받고 있었다. 다시 말해 그는 소란스럽기 짝이 없는 일본 정계에서 고대 그리스 연극의 코러스 같은 역할을 혼자 담당하는 사람이었다.

우리가 만나는 장소는 에다의 도쿄 사무실일 때도 있고 그의 고향 오카야마일 때도 있었다. 그는 일본 정치를 일련의 단계로 구분했다. 제1단계는 일본을 국민국가로 만든 메이지유신이다. "그러나 그것은 일종의 궁정유신이었기 때문에 대중을 널리 참여시키지 못했지요." 1945년

부터 제2단계에 들어섰다. "민주주의 체제를 확립했지만 국민은 그 체제를 활성화시킬 준비가 돼있지 않았어요." 1990년대 초 역시 중요한 시점이다. "우리는 이제 제3단계에 와있습니다. 사람들은 지금도 개인의 고유한 관점에 따라 투표하는 일에 익숙지 않아요. 가족, 동네, 회사, 노조 등 자기가 소속된 곳이 개인이 한 표를 행사하는 일을 좌우하지요. 하지만 이제 사람들이 슬슬 깨닫고 있어요. 자기 손으로 체제를 운영할 준비를 하는 중이지요." 그런 순간이 정말로 온 듯하다. 그와 마지막으로 만나고 얼마 후에 에다가 이끄는 정당이 집권했기 때문이다. 일본 유권자들의 성숙이 느껴지는 사건이었다.

에다 자신은 그런 식으로 생각지 않았겠지만 나는 시간이 지나면서 그가 에르네스트 르낭이 한 말에 중요한 변경을 가하고 있음을 깨달았다. 국가건설은 망각을 요하지만 우리 시대에 필요한 망각은 르낭이 말한 망각이 아니다. 망각해야 할 것은 역사적 사실이 아니라 옛날식 소속감이다. 그리고 이를 대체할 새로운 소속감은 역사를 망각하는 능력 대신 역사를 똑바로 기억하는 능력을 부여할 것이다.

일본이 탈아론 같은 역사 노이로제를 치유하고 싶다면 이 점은 매우 중요하다. 일본뿐 아니라 이웃나라에도 중요하다. 19세기가 서구의 전성기였듯 21세기가 아시아의 전성기가 되려면, 잊을 것을 잊고 기억할 것을 똑바로 기억하는 일이 아시아의 '어른 되기'에 반드시 필요하다.

일본이 아시아태평양전쟁에 관하여 사과하는 문제를 놓고 그동안 내내 얼버무리고 더듬거린 일은 잘 알려져 있다. 일본은—특히 일본 정부는—이 기간을 어떻게 기억해야 좋을지 모른다. 검정을 받은 역사교과서들도 '일본이 잘못은 했지만 잘못한 일만 있었던 것은 아니다'라는 식의 기술로 내내 모호한 태도를 반영해왔다. 일본제국은 아시아가 서구 세력에 맞설 수 있도록 개화, 통합하고자 했을 뿐이고, 그것이 일본의 사명이었다고 말한다. 옛날에 이행하던 사명에 대해 사과하는 국가를 보았느냐는 것이다.

그러다 1990년대 중반에 분위기가 일변했다. 1989년 제124대 덴노 히로히토가 사망하고 나서 몇 년이 흐른 뒤였다. 에다가 '새로운 소속감'의 등장을 감지한 것도 (우연이 아니겠지만) 이 무렵이었다. 일본이 갑자기 힘주어 자기표현을 하기 시작했음을 생생히 느낄 수 있었다. 그리고 패전 50주년인 1995년 중요한 순간이 찾아왔다. 당시 총리는 일본 사회당 소속 무라야마 도미이치였다. 총리 재임기간도 짧았고, 포부에 비해 별다른 성과를 내지 못한 인물이었다. 그러나 무라야마는 1995년 8월 15일 국회에서 일제의 '식민지배와 침략'과 일제가 아시아에 끼친 '피해와 고통'을 대담하게 언급했다.

의심의 여지가 없는 역사적 사실에 대하여 겸허하게 통절한 반성의 뜻을 표하며, 마음 깊이 사죄의 감정을 표명한다.

그로부터 10여년 후 무라야마보다 훨씬 쇼맨십에 능했던 고이즈미 준이치로 총리는 인도네시아 반둥에서 열린 '반둥 회의 50주년 기념식'에서 무라야마의 담화를 답습하며 같은 내용을 반복해서 강조했다.

일본은 역사적 사실을 겸허하게 직시하고, 통절한 반성과 마음으로부터 사죄를…….

두 경우 모두 획기적이고 역사적인 순간이었다. 1970년 빌리 브란트 독일 수상이 바르샤바의 유대인 게토 희생자추모비 앞에서 무릎을 꿇은 사건에 비견될 만했다. 독일은 이 일로 이웃나라와의 관계를 개선하는 계기를 마련했다는 평가를 받았지만 일본은 그런 평판을 누리지 못했다. 아시아가 서구에게 느꼈던 열등감과 피해의식은 20세기 중반부터 반일 감정으로 전이됐다. 주목할 만했던 일본의 사죄가 이웃 아시아 국가들에게 불충분한 것으로 간주된 이유는 간단하다. 반성 없는 일본이 반성하는 일본보다 쓸모 있기 때문이다. 특히 중국의 피해의식은 깊었기 때문에 일본의 사과를 받아들일 심리적인 준비가 전혀 돼있지 않은 듯했다. 그럼에도 일본은 오랜 망각을 뒤로하고 다시금 과거를 상기하며 제대로 아시아의 일원이 되는 길, 일본인이 말하는 이른바 '정상국가'로 가는 길을 향해 첫발을 내디뎠다.

일본이 마침내 '기억하는 법'에 통달하여 국민국가라는 서구에서 수입한 조직 체계를 능숙히 다룰 줄 알게 되리라는 전망에는 아이러니가 도사린다. 그런 통달의 순간은 20세기가 과거로 후퇴하고 국가가 한물간 기술 체계를 닮아가기 시작할 때 찾아올 것이다. 언젠가는 국가 자체도 망각될 수 있다고 르낭은 상상이나 할 수 있었을까? 지금 일본이 바로 그런 의문을 품고 있다. 국가의 종말이 저 머나먼 지평선에 어렴풋이 나타나기 시작한 것을 그 누구보다도 예민하게 감지하는 것이 일본인 듯하다. 사람들은 앞으로 국가 말고 다른 기술적 체계를 통해 자기를 표현하는 법을 배워야만 할 것이다. 일본이 이 문제에 예민한 이유는 간단하다. 애당초 국가라는 장치를 편안하게 여겨본 일이 없기 때문이다. 이에 대해 에다 사쓰키는 다음과 같이 이야기했다. "국가 주권은 약화되고 국경은 낮아집니다. 국민국가는 인간을 규율하는 절대적인 법칙이 아닙니다. 세상에 영원한 건 없죠. 국민국가도 특정한 시대의 산물이에요. 앞으로 한 30~40년은 더 유지되겠지만 21세기 내에 변화가 있을 겁니다."

° 난징대학살과 문화대혁명

'기억의 현장'은, 이 표현을 만들어낸 사상가에 따르면 "기억이 결정체를 이루기도 하고 사취를 감추기도 하는 장소"를 의미한다. 기억과 장소를 연결 짓는 행위는 기억을 하나의 예술 행위로 간주했던 그리스 시대로 거슬러 올라간다. 웅변가들은 연설문을 외울 때 각각의 구절을 건물 한 채의 각 부분과 연결했고, 연설할 때는 그 건물을 마음속에 그리면서 기억을 더듬었다. 오늘날 우리도 장소나 물건을 이와 비슷한 방법으로 활용한다. 박물관, 기념비, 유명한 인물이 살던 집. 이것들이 바로 기억의 현장이다.

그 모든 파괴와 재창조에도 불구하고 아시아에는 많은 기억의 현장이 존재한다. 히로시마의 평화기념공원과 원폭돔이 그런 곳이다. 크메르 루주의 정치범수용소였던 프놈펜의 뚜얼슬렝학살박물관도 여기에 속한다. 그러나 기억할 것을 명령하는 곳, 영원한 기억을 요구하는 곳으로서 난징대학살기념관만한 장소는 아시아에 없다. 중국은 '기억하는 중국'과 '망각하는 중국'으로 깔끔하게 양분된다. 그런 점에서 중국은 아시아의 '기억의 정원'들 중에서 잡초가 무성하고 황폐하기로 단연 으뜸이다. 난징대학살기념관은 중국이 기억하는 방식을 보여주는 하나의 사례다.

국민당 정부의 수도였던 난징은 1937년 일본군에 점령됐다. 처형, 강간, 약탈, 방화가 6주 동안 이어졌다. 희생자 수를 둘러싸고 논란이 있으나 중국 측이 주장하는 30만 명이 믿을 만한 숫자라는 증거는 충분하다.

난징대학살기념관은 1985년에 개관했을 때 유물, 사진, 군사용 지도, 서류, 일기 등 수천 점의 자료를 소장하고 있었다. 당시 전시의 핵심에는 '이런 사건이 이런 식으로 전개됐는데 지금 우리가 그것을 되짚어본다'는 하나의 일관된 줄거리와 연대기가 놓여 있었다. 거기에는 어떤 관조의 느낌이 있었다.

그러나 그것은 '제1단계'에 불과했다. '제2단계', 즉 2007년 난징대학살 70주년을 맞아 증축된 기념관은 이전과는 전혀 다른 모습이었다. 우선 규모가 일곱 배로 커졌다. 한 층에는 고아, 노인, 죽은 아이를 안은 엄마, 아내와 함께 도망하는 대학교수 등 각종 희생자의 모습을 담은 동상을 전시했다. 전시품의 제목도 노골적으로 감정적이다. 일본인을 '악마'로 표현하는 제목도 여럿이다. 희생자 수를 가리키는 '30만'을 12개 국어로 써 놓은 벽도 있다. 전시실에 들어가면 사진, 비디오, 오디오, 조명 등 동원할 수 있는 모든 종류의 시청각 자료들이 오감을 공격한다. 웅얼거리던 흐느낌이 규탄의 함성으로 바뀐 것이다.

증축된 기념관의 특징 중에 가장 흥미로운 점은 관람객이 따라야 하는 관람 순서다. 건물의 구조 자체가 관람 순서를 결정하다시피 하여 이를 쉽게 벗어날 수 없게끔 돼 있다. 먼저 희생자 기록보관소를 들른 후 기념관 건설 중에 발견된 집단 매장지와 각종 전시실을 지나 평화공원에 다다른다. 그런 다음 촛불을 물에 띄운 어두운 묵상실에 들어갔다가 희생자의 이름을 새긴 벽을 지나 마지막으로 자갈 깔린 광장에 도달한다. 회색빛 자갈 하나하나가 숨진 희생자들을 추모하는 기념비다. 높은 검은색 돌벽이 기념관 전체를 에워싸고 있어 장엄한 분위기를 자아낸다.

기념관 증축을 담당한 건축가는 허징탕이다. 나는 광저우에 있는 그의 사무소를 방문했다. 허는 남에게 호감을 주는 활발하고 열정적인 사람으로, 저명인사인데도 대하기가 편했다. 나는 그에게 기념관의 화강암과 대리석이 연출하는 엄숙함, 천연색을 배제하고 검정과 회색을 사용한 것, 기념관을 에워싼 돌벽, 관람 순서를 확정짓는 구조에 대해 말했다.

허는 그 모든 것이 의도적이라고 설명했다. 모든 방문객은 전쟁에서 평화로, 죽음에서 생명으로, 과거에서 미래로 하나의 여정을 거쳐야 한다는 것이다. "난징대학살기념관은 단순한 건물이 아닙니다." 유리진열장 속의 모형을 굽어보며 그가 말했다. "경악의 현장이고 충격의 장소지요. 우리가 벽을 그렇게 대거 설치한 것은, 입장한 관람객을 고립시켜 압박감을 느끼게 하려는 의도입니다. 일단 안에 들어가면 바깥 세상을 전혀 볼 수 없도록 말이죠."

기술적인 측면에서 허의 작품은 감탄할 만했다. 선, 형태, 색, 근엄한 돌덩이에서 배어나오는 힘은 멀리서 봐도 확연했다. 난징대학살기념관은 우리의 정신과 감정은 물론 육체의 참여까지 매섭고 단호하게 요구하며 그 목적을 의기양양하게 달성하고 있었다.

그러나 그 '목적'을 우리는 어떻게 바라봐야 할까?

'사회적 기억'은 우리의 기억 가운데 많은 부분을 차지한다. 특정한 집단에 소속되면 특정한 방식으로 과거를 기억한다. 과거는 '보존'되는 것이 아니라 '재구성'되며, 재구성이란 본질적으로 사회적 행위다. 요즘 남용되는 '집단적 기억'이라는 용어도 바로 이것을 의미한다. 우리는 이 집단적 기억을 염두에 두고 난징대학살기념관과 같은 강렬한 기억의 현장에 의문을 제기해야 한다. 이것은 기념관이 관람객에게 일으키는 효과를 이해하는 데 핵심적이다. 난징대학살기념관에는 평범한 전시관이 허락하는 관조적인 여유나 시간적 거리감—우리는 현재에, 이 사건은 과거에 속한다는 느낌—이 깨끗이 제거돼 있다. 다시 말해 우리는 의식을 치르는 인파 속에 묻혀 일종의 공모자가 된다. 즉 어떤 의미에서는 순서대로 의식을 이행하는 연기자가 되는 것이다.

중국에는 여러 종류의 망각이 존재한다. 중국인과 그들의 근대사에 대한 정보가 조금이라도 있는 사람들은 이런 실상을 잘 안다. 강제된 망각, 거짓 망각, 진정한 망각, 무지했다는 사실에 대한 망각, 삭제를 위한 망각. 난징은 망각뿐 아니라 기억에도 여러 종류가 있음을 암시한다. 난징대학살기념관은 '강제된 기억'이다. 관람객은 대학살을 특정한 방식으로 기억해야 하고, 기억할 때 보이는 반응도 특정한—감정적인—반응이어야 한다. 이른바 '기억 건축가'들이 볼 때 중국인이라면 이런 기억의 방식은 필수다.

허징탕과 이야기를 마칠 무렵 봄비가 억수같이 내렸다. 그는 자기 스튜디오가 있는 대학 정문 앞까지 나를 자동차로 바래다주고 바로 산터우로 출발할 예정이라고 했다. 희한한 우연의 일치가 아닐 수 없었다. 나역시 이튿날 비행기로 산터우를 방문할 예정이었다. 해안도시 산터우는 별다른 볼거리도 없고, 덩샤오핑 시절 특별경제지구로 지정됐지만 다른 곳보다 발전이 뒤처진 곳이었다. 내가 거기에 가는 이유는 오직 한 가지였다. 중국에서 유일한 문화대혁명박물관이 산터우 근교에 있었기 때문이다. 나는 그 박물관에 가보려고 오랫동안 별러왔다.

허에게 이 얘기를 하자 화제가 그리로 옮겨갔다. 조수석에 앉아 있던 그가 나를 향해 뒤로 반쯤 몸을 튼 채 말했다.

"나도 문화대혁명으로 고생한 사람입니다. 하지만 그 시대에 집착해서는 안 됩니다. 그 사건도 적절한 맥락 속에서 바라볼 필요가 있어요. 우리가 현재 처해 있는 상황을 기준으로 해서 과거에 일어난 사건들을 재평가해야 해요."

허가 말을 멈추고 다시 앞을 보며 창밖에 내리는 비를 응시했다.

내가 말했다. "하지만 난징을 보고나니 그에 비해 문화대혁명에 쏟는 관심은 너무 미미한 것 같습니다."

그는 나를 향해 손사래 치며 말했다. "아, 그거요. 문화대혁명을 다루는 곳은 여기저기 있어요. 다른 테마를 다루는 박물관들도 그 사건에 작은 공간을 할애하는 경우도 있고요. 쓰촨에도 몇 곳 있다고 들었습니다."

그가 말을 잠시 멈추었다가 다시 이어갔다. "그 일도 난징대학살처럼 기억해야 할 사건이지요. 30년 전에 있었던 일인데, 30년이면 우리도 많이 변했고, 그 일은 연구되어야 한다고 생각해요. 하지만 거기에 지나치게 얽매이는 건 잘못된 일이에요. 어쨌거나 문화대혁명은 난징대학살과는 다르니까요. 아직도 난징대학살을 부인하는 일본인이 있지 않습니까."

허는 할 말을 다한 듯했으나 나는 아니었다.

"기억과 망각……. 나라마다 무엇을 꼭 기억해야 하고 무엇을 절대로 기억하면 안 되는지 살펴보면 참 흥미롭습니다."

갑자기 그가 안전벨트가 끊어질 정도로 확 몸을 돌려 나를 정면으로 쳐다보았다.

"아니 도대체 왜 그렇게 그 일에 집착하는 겁니까?" 그토록 상냥하던 사람이 참을성을 잃고 쏘아붙였다. 바로 그때 우리는 대학 정문에 도착했다.

덩샤오핑의 개혁개방 정책 이전에는 중국 전체가 이 산터우처럼 거칠고 녹슨 야망에 사로잡힌 모습이었다. 사실 중국에는 아직도 그런 모습이 많이 남아 있지만 산터우는 개중에도 특히 매력 없는 곳이다. 아드레 날린이 마구 치솟는 다른 지역에 비해 산터우는 지친—심지어 스스로에게 질린—상태다. 하지만 나는 도심에서 몇 킬로미터 떨어진 시골 공원 안에 숨어 있는 '문혁박물관'에 이끌려 처음 그곳을 방문한 뒤, 두 번이나 더 찾았다. 그곳은 존재해서는 안 되는 기억의 현장이었다.

그곳에 갈 때면 나는 늘 같은 운전기사를 고용했다. 그의 이름은 류 다준이었다. 류는 1970년대 생이고 허징탕의 가시 돋친 예민함 따위는 없었다. 우리가 처음 만난 날, 마침 시간이 점심 때라 맥주를 곁들여 국수 한 그릇을 함께 먹었다. 그는 내가 문혁박물관을 보러왔다는 사실에 조금도 관심을 보이지 않았다.

"박물관에 가봤어요?" 내가 물었다.

"사람들을 한두 번 태워다준 적은 있어요."

"그곳에 대해 어떻게 생각해요?"

"저는 별다른 감흥을 못 느꼈는데요. 어차피 그 일을 겪은 세대는 우리 이전 세대니까요."

내가 난징대학살기념관에 갔다고 말하자 그가 국수 그릇에서 눈을 떼고 고개를 쳐들었다. 중국인 대다수는 '난징'이라는 말만 나오면 일정한 반응을 보이는데 류도 그랬다. 그는 난징대학살에 대해 강한 의견을 표하면서 다른 사람처럼 국민성 논리를 폈다. 일본인의 국민성이 원래 그렇기 때문에 그런 짓을 저질렀다는 것이다. 그것은 난징대학살기념관의 논조이기도 했다.

류는 허징탕처럼 말했다. "그 두 사건은 아주 다른 거예요. 하나는 한 나라가 다른 나라에 저지른 국제적인 문제이고, 다른 하나는 국내 문제 잖아요. 일종의 집안싸움 같은 거지요. 집안싸움은 금방 해결되잖아요.

그렇지 않은가요?"

시간이 흐르면서 화제가 바뀌었다. 류는 세대에 따라 문화대혁명에 대한 기억이 어떻게 다른지 설명했다. 45세가 넘는 사람들은 생생히 기억하고, 35~45세는 부분적으로 기억하고, 그보다 어린 세대는 문화대혁명에 대한 기억이 전혀 없다고 했다. 자신은 기억이 희미하다고 류가 말했다.

류의 가족사도 등장했다. 이야기가 점점 재미있어졌다. 사실상 생각보다 많은 이들이 그 시절을 기억하지만, 그 기억은 부모가 자식에게, 삼촌이 조카에게 전한 것이었다. 가족끼리 서로 말없이 이해하는 '사적으로 영역화'된 기억인 것이다. 류의 기억의 일부는 그의 이름 속에 존재했다. '다쥔'大軍이란 '위대한 군인'이라는 뜻으로, 손자가 인민해방군에 들어가 위대한 군인이 되길 바랐던 류의 할아버지가 지어준 이름이었다. 하지만 다른 기억도 있다. 류는 지식인 집안 출신이었다. "집안 어른 중에 세 명이 농촌으로 하방* 됐어요. 특별히 할 만한 얘기도 못 돼요. 우리 집안에만 일어난 일이 아니니까요. 한 세대 전체가 겪은 일이죠."

2005년 개관한 문혁박물관의 설립자 펑치안도 일련의 기억을 지니고 있었다. 1960년대에 문화대혁명이 시작될 무렵 지방 공무원이었던 펑은 300여 차례에 걸쳐 공개비판을 당하고 모욕을 받은 후 자본주의자라는 딱지가 붙여져 그 지역 '인민의 적' 목록에 올랐다. 3년 후 석방됐을 때 그는 자신을 '운 좋은 생존자'로 여겼다.

---

* 하방(下放) 운동 : 당 · 정부 · 군 간부들의 관료주의와 종파주의를 방지하고 지식인들을 개조하며 국가 기구를 간소화 한다는 명분으로 고위 관료를 농촌이나 공장으로, 군 간부를 사병과 같은 내무반에서 생활하게 하는 간부 정책으로 1957년 3월부터 시작되었다. 하방된 간부와 지식인은 1,000명에 달한다.

그러나 그가 이 박물관을 세운 것은 개인적인 상처나 원한 때문은 아닌 듯했다. 그는 1990년대 중반에 산터우 교외에 위치한 옌타이타 산에 갔다가 집단 매장지를 발견하고 인근 주민에게 사연을 물었다. 동네 사람들은 거기에 희생자 70명이 묻혀 있다고 대답했다. 얼마 후 친구가 홍콩에서 출판된 책 두 권을 보내왔다. 펑은 그 책을 읽으면서 중국의 대문호 바진에 대해 알게 됐다. 바진巴金은 말년에 글을 통해, 마오가 사망하기(1976년) 전 10년 동안 일어난 사건들을 돌아볼 박물관을 건립하자고 주장한 것으로 유명하다.

"그때까지 바진이라는 이름은 들어보지 못했어요." 펑이 말했다. "저는 지식인이 아니라서요. 그런데 바진이 소망하는 바를 읽다보니 '건립하면 될 것 아닌가? 문화대혁명을 기억할 장소를 마련하지 못할 이유가 없지 않은가?' 하는 생각이 들더군요."

펑은 60대 중반이었고 키가 크고 머리숱이 적었다. 외모가 멋있는 사람은 아니었지만 품위가 있었다. 그는 회색 셔츠, 연한 색 바지, 수수한 샌들 차림이었다. 우리는 박물관 중앙 홀에 있는 플라스틱 의자에 앉아 땅바닥에 놓인 찻주전자에서 차를 따라 마시며 이야기를 나눴다.

펑은 1,600만 위안(약 27억 원)의 기금을 모아 박물관을 설립했다. 원통형 구조와 사각불탑 구조의 중간쯤 되는 묘한 공간이었다. 펑은 친구가 보내왔던 책에서 삽화가 담긴 부분을 떼어 그 페이지들을 검은색 석류석 현판에 박아 넣었다. 중앙 홀에는 이렇게 삽화와 활자가 들어간 현판 수백 개가 벽에 붙어 있다. 이 현판들은 사건, 결정, 판결, 선언 등을 연월 순으로 정확하게 보여주고 있었다. 홀을 둘러보자니 역사 속을 거니는 느낌이었다. 난징대학살기념관에서도 그런 느낌은 있었지만, 이곳에선 적어도 강요받는 기분이 없었다. 그저 가려 있던 것, 원인과 결과,

인간 행위자가 자연스럽게 모습을 드러냈다. 전시물들은 관람객에게 느끼기 전에 생각부터 하라고 당부하고 있었다.

"다음 세대를 위해서 역사를 바로 세우자는 게 제 생각이었습니다."
펑이 소박하게 말했다.

나는 그 일이 어떻게 가능했는지 물었다. 내가 박물관 주소를 문의하려고 시청에 전화했을 때 담당 공무원이 전화를 끊어버린 이야기를 해주자 펑이 웃었다. 얘기를 들어보니 박물관 프로젝트에 대한 산터우 시 당국의 입장도 오락가락했던 모양이다. '산터우 시는 박물관 설립에 금전적 지원을 해줄 수 없다. 그러나 옌타이타산 지역의 도로 및 공공시설 건설은 지원해줄 수 있다. 그 도로나 시설의 위치가 박물관 쪽을 향하는지 여부는 상관하지 않겠다.' 이런 식이었다고 한다.

"베이징 중앙정부의 반응은 어땠습니까? 사정이 조금 달랐을 것 같은데요."

펑의 대답이 흥미진진했다.

"정부는 개관할 때가 되어서야 우리 박물관에 대해 알게 됐어요. 지역 선전부서에서 관료 두 명을 보내 이 일을 조사하더니, 두어 달 후에 시 당국에서 관계자가 나를 만나러 왔어요. 그 사람이 이러더군요. '중앙정부에서는 아무런 반응도 없을 겁니다. 당이나 당 위원회는 당신 박물관에 대해 일체 언급하지 않을 방침입니다. 반응은 앞으로 영원히 없을 거예요.'"

중국인은 자기를 1950년대 생, 1960년대 생, 1970년대 생, 이렇게 10년 단위로 규정한다. 누가 어느 연대에 태어났느냐를 거론하는 이유는, 그 사람이 무엇을 기억하고 무엇을 잊었는지, 어떤 것을 배웠고 무엇을 알지 못하는지를 가늠하는 하나의 잣대이기 때문이다. 이것은 공산화 이후 중국의 의식이 얼마나 놀라운 구조적 변화를 겪었는가를 시사한다. 80대 노인들과는 대장정이나 옌안*에 있는 마오쩌둥의 동굴에 관해 대화할 수 있다. 그러나 20대 젊은이들, 즉 '1980년대 생'은 1989년에 일어난 천안문항쟁조차도 잘 모른다.

기억과 망각은 중국의 과거가 축약되어 담긴 보고서다. 이는 '미래 의식'이 '과거 의식'을 대체한 이래로 끊임없이 이어진 역사 오남용 행위에 대해 중국이 치러온 대가를 암시하며, 체제의 피해자들을 포함한 수많은 중국인이 현재 겪고 있는 무감각증이 어디서 비롯됐는지를 알려준다. 허징탕의 손사래에 묻어 있는 무감각. 산터우의 운전사 류다준이 국수를 먹으면서 던진 경박한 말들 속에 담긴 무감각. 그 무감각의 뒤편에는 사적인 기억의 호수 수억 개가 자리한다. 평범한 시민뿐 아니라 당 간부들의 모호한 태도 속에도 사적인 기억들이 담겨있다. 모두 비밀스런 기억의 현장들이다. 그리고 오늘날 중국인으로서 이행할 수 있는 가장 영예로운 임무는 펑치안이 자청한 것처럼, 이 고요한 호수들을 밖으로 끌어내 그 물을 휘젓는 일이다.

난징과 산터우의 박물관을 나란히 놓고 보면 역사를 마주하는 중국의 고민이 선명히 드러난다. 난징은 피해를 영원히 기억하라고 권한다. 감히 아시아를 벗어나겠다고 선언하고, 중국을 열등한 타자로 취급한 일은 일본의 원죄였다. 중국이 겪고 있는 망각의 노이로제 뒤편에는 단순한 무감각 뿐 아니라 애도 능력 결핍증이 놓여 있다. 슬픔은 용서를 필

<hr>

* 옌안(延安) : 산시성의 도시로 중국 공산군 대장정의 종착지이자 1935년부터 1948년까지 중국공산당의 근거지로 "혁명의 성지"라 불린다.

요로 한다. 그러나 중국은 특히 자해로 생긴 생채기를 아직도 스스로 용서하지 못하고 있다. 반 우파투쟁, 대약진운동, 문화대혁명, 천안문항 쟁 등 공산화 이후 30여 년에 걸쳐 펼쳐진 이들 사건은 한결같이 참사였다. 그렇게 수많은 중국인들이 지도자의 지시를 맹목적으로 따랐다는 사실은 아직 참회해야 할 죄로 남아 있다. 온갖 전위적인 정치적 수사에도 불구하고, 중국은 아직 근대성을 갖추지 못했다. 펑치안이 세운 박물관에 걸린 그림 속에는 미친 듯이 흥분한 군중이 고함을 지르고 있다. 소속감에 대한 인식이 청나라 백성의 수준을 그리 크게 벗어나지 못한 것 같은 표정들이다.

° 기억하려는 중국

몇 년 전 겨울, 장난기 어린 미소를 지닌 작고 연약한 남자가 발표한 글 한 편이 중국 지도층 내에 논란의 불을 지폈다. 그 불씨는 지금도 완전히 꺼지지 않았다. 시에타오는 평범한 '이탈자'—중국공산당 노선에서 이탈한 자—가 아니었다. 공산주의 체제 비평문을 발표할 당시 시에는 85세였다. 공산당에는 25세에 가입했다. 그는 숙청당했다가 1980년에 복권됐다. 문제의 글은 그가 중국 명문 대학인 인민대학 부총장직에서 퇴임한 지 얼마 안 된 시기에 발표됐다.

시에는 이렇게 적고 있다. "정치개혁을 더 이상 늦춰서는 안 된다. 오로지 입헌 민주주의만이 집권당이 직면한 문제를 본질적으로 해결할 수 있다. 오직 민주적 사회주의만이 중국을 살릴 수 있다. 빈곤은 사회주의가 아니다. 그러나 부귀영화나 부정부패도 사회주의는 아니다."

나는 시에를 만나보고 싶었다. 중국 지식인과 당 간부들을 만나보면 공통적으로 풍기는 정치적 성향이 있는데, 같은 경험을 반복하고 싶은 마음은 없었다. 그러나 시에는 달랐다. 단순히 그의 발언 때문만이 아니라 시에라는 인물 자체가 워낙 특이했다. 그는 내부자로서 논쟁을 벌였다. 서유럽식 사회주의를 "노르딕 모형"이라고 부르며 이를 지지했고, 그것이야말로 마르크스가 원하던 사회주의라고 주장했다. 정치 용어를 빌리자면 시에는 제2인터내셔널의 관점에서 제3인터내셔널(코민테른), 레닌의 사회주의를 비판했다. 즉 이탈자는 마오쩌둥이고 오류는 모스크바에서 시작됐으며, 중국은 잘못된 길을 따랐다는 것이다. 이 모든 것이 옌안의 동굴을 부지런히 드나들며 젊은 마오쩌둥의 메시지를 세상에 전달하던 사람의 입에서 나온 말이었다.

시에의 발언은 중국 근대사에 관해 한 가지 중요한 점을 시사했다. 혼란스럽던 양차 세계대전 사이에도, 청나라가 패망한 뒤 공산당이 부상하는 와중에도, 중국에는 다양한 관점이 존재했다. 그러나 그 후 중국이 얼마나 많은 것을 상실했는지, 당시 중국이 얼마나 대안적 미래—현재의 단순하고 영구한 연장을 뛰어넘는 미래—에 근접해 있었는지를 생각해보면 경이롭다.

시에는 흔퇴 후 고향인 쓰촨 성 청두 시에서 지내고 있다. 나는 그의 글이 발표된 이듬해 가을, 중국공산당 전당대회가 막 끝나가던 무렵 베이징에서 기차를 타고 청두로 내려갔다. 찻집에서 처음 만나 시작된 우리의 대화는 결국 이틀이나 이어졌다. 식당에서 밥을 먹으며, 자동차로 시내를 달리며, 그의 아파트에서 저녁을 함께하며 대화는 이어졌다. 러시아어를 구사하는 심리학자인 시에의 아내도 옌안에 머물던 시절과 마오쩌둥 집권 초기의 낙관적인 분위기를 기억했다.

시에는 86세였지만 정정했고, 끊임없이 사물을 연관 짓는 날렵한 정신의 소유자였다. 우리는 많은 이야기를 나누었다. 그는 중국인이 소련을 친구로, 미국을 적으로 생각하던 때가 있었다는 말을 꺼냈다. 그러더니 곧이어 자신과 공산당원 친구들은 미국 소설에 열광했다고 이야기했다. 존 스타인벡, 어니스트 헤밍웨이, 몇몇 흑인 소설가, 펄 벅. 일종의 역사적 증언이라 할 만한 이야기를 들으며 나는 무언가를 느꼈다. 복잡성. 시에의 사고는 복잡하게 작동했다. 혁명은 수많은 이들로부터 복잡하게 사고할 수 있는 능력을 앗아갔다. 그런데 시에는 삭제를 다시 삭제하여 숨겨져 있던 것을 드러내 보였다.

"민주 선생에 대해 들어보셨죠?"

나는 흥미로운 발상이라고 그에게 말했다.

"우리는 민주 선생한테 좀 더 배워야 합니다. 마오쩌둥 시절에는 아무도 스스로 생각할 줄 몰랐어요. 마오 자신이 온 나라의 두뇌 노릇을 했지요. 그 시대에 우리는 자기표현 능력을 상실했어요."

"그러면 덩샤오핑 시대는 어떻습니까?" 그가 덩샤오핑 시대에 복권돼 명문대 부총장까지 올랐던 일을 생각하며 물었다.

"덩샤오핑은 우리에게 기억상실을 선사했지요. 언급하면 안 되는 것 천지고, 역사에 대한 논의도 허락되지 않고요. 현재 이것이 중국 최대의 난제예요. 역사를 자유롭게 이야기하고, 신문과 방송에서 다뤄지는 역사를 제대로 바로잡는 일이 시급합니다."

오랜 공산당원으로서 공고한 자격을 갖춘 원로들은 중국에서 아무도 손대지 못하는 존재다. 그래서 시에는 자기가 생각하는 바를 글로 써냈고, 고요하던 수면에 파문을 일으켰다. 그러나 비판이 계속 확산될 수 있을까? 체제를 비판하려면 발언자가 우선 공산당 원로여야 하고, 언급은 한 번 정도만 가능한 게 아닐까? 나는 내가 생각하는 바를 가능한 한 조심스럽게 표현했다.

시에는 내 말을 전혀 불쾌히 여기지 않았다.

"겉으로 보이는 것의 이면을 잘 살피면 서서히 다가오는 변화가 보일 겁니다. 이제는 심지어 지도층에서도 변화를 찾아볼 수 있어요. 좀 전에 끝난 전당대회를 보세요. 처음부터 끝까지 마오쩌둥에 대한 언급은 한 번도 없지 않습니까. 앞으로 완전한 재진단이 있을 겁니다."

이런 이야기를 중국에서 종종 듣는다. 특히 청년들이나 젊은 당 간부들과 대화하다 보면 빈번하다. 이면을 보라. 뭔가 변하고 있다. 이게 바로 아시아가 변화하는 방식이며 도쿄에 있는 에다가 내게 가르쳐준 것이다. 변화는 종종 조용하고 눈으로 식별되지 않는 장기간의 발아과정을 거쳐 싹튼다. 그런 관념을 믿는다면 변화가 뚜렷해질 때까지 얼마나 오래 걸릴까.

"개혁개방이 시작된 지 30년이 지났습니다." 시에가 대답했다. "이제부터 또 한 30년 지나면 결실을 볼 수 있습니다."

시에도 설명했지만, '기억하려는 충동'이 중국 전역에 만연한다고는 말할 수 없다. 그보다는 막 시작된 단계로 보는 편이 맞을 것이다. 비상한 속도로 진행 중인 재창조 작업은 엄청난 파괴적 효과를 일으킨다. 도시를 깨끗하게 밀어버리는 것은 기억을 말소하는 행위다. 살던 건물, 살던 동네, 이웃들이 전부 사라져버리고 나면 옛날을 기억하기가 얼마나 어렵겠으며, 잊어버리기는 또 얼마나 쉽겠는가? 중국 지도층이 선택한 유형의 변화는 과거를 잃은 중국인을 현재 속에 무력하게 가둬놓을 것이다. 그러나 그런 시도는 오히려 삭제하려던 대상—우리가 전부 찾아나서야 마땅한 '유용한 과거'에 대한 욕망—을 불러내는 효과를 가져올 것이다. 사람들은 우선 기억하는 법을 기억해야 한다. 마오쩌둥과 덩샤오핑 시대에 가해진 망각의 피해는 그 정도로 심각하다.

펑치안은 산터우의 문혁박물관을 방문하는 관람객이 1년에 50만 명이라고 말했다. 내가 박물관에서 관찰한 상황을 기초로 간단히 계산해보면 그 말이 사실인지는 확실치 않다. 그러나 박물관에 오는 단체관람객 한 두 팀만 눈여겨봐도 느껴지는 것이 있다. 전시물을 가리키며 자녀에게 무언가 설명해주는 부모. 현판을 손끝으로 어루만지며 40여 명의 학생을 인솔하는 교사. 그것으로 충분했다. 그들을 쳐다보느라 펑의 얼굴에서 한두 차례 눈을 떼야할 정도였다. 10억 명의 국민이 기억을 상실한 나라에서 펑은 기억하는 방법을 전수하고 있었다.

기억을 역사로 만드는 것은 역사가의 일이다. 그런데 중국 역사학계가 지금 소란스럽다. 과거를 어떻게 규정하느냐에 따라 미래가 결정된다는 것은 누구나 알지만, 중국은—특히 중국의 관변사학은— 더 이상 과거에 대해 무엇을 생각하고 말해야 좋을지 모르고 있다. 하지만 현재 전국의 역사학과에서는 활발한 토의가 이루어지고 있다. 가르치는 내용도 학교별로 다양하다. 연구방법론은 정형화되지 않은 상태고, 이에 대해 여러 학파 간에 이견이 무성하다. 우리는 이런 혼돈을 발전으로 간주해야 한다. 교과내용을 선정하는 일도 요즘은 자유로운 편이라고 교수들은 말한다. 그러나 눈에 보이지 않는 허용선 가까이 접근하면 원로교수들이 들어와 강의내용을 검사한 뒤 '수정' 여부를 결정한다. 문서로 작성된 것에는 더 엄격하게 정부의 제재가 가해진다. 위안웨이시도 바로 그런 감시와 제재를 받았다.

위안웨이시는 중국에서 자신의 관점을 가감 없이 글로 표현할 수 있을 정도의 위치와 연배가 된다는 점에서 시에타오와 닮은꼴이다. 위안의 논문 「근대화와 역사교과서」는 『동방』이라는 잡지에 처음 실린 후, 2006년에 전국 일간지 『중국청년보』의 부속주간지인 『빙점』에 재차 게재되면서 논쟁에 불을 지폈다. 『빙점』은 이 때문에 발간 정지 처분을 받았다.

위안은 어느 비 내리는 토요일, 광저우 중산대학 교정 안에 있는 자신의 아파트에서 나를 맞았다. 백발의 교수는 친절하지만 말수가 적었다. 논란이 된 논문의 방법론은 흥미로웠다. 그는 중국 역사에서 두 가지 사건을 골라 역사교과서에서 그것이 어떤 방식으로 기술됐는지를 연구했다. 하나는 2차 아편전쟁 중이던 1860년에 영국군이 저지른 '원명원 방화사건'이고, 다른 하나는 1900년에 일어난 의화단운동이었다. 중국 역사교과서는 전자를 외국인들의 이유 없는 야만 행위로 규정한다. 후자에 관해서는, 의화단은 영웅적 혁명가들의 원형으로, 외국인은 '악마'로 취급된다.

위안이 제기하는 본질적인 의문은 또 한 번 시에타오를 연상시켰다. 그런 설명 속에 역사적 복잡성은 도대체 어디에 있는가? 청나라 조정이 영국군을 불필요하게 자극하는 실수를 저질렀던 사연은 어디로 사라졌는가? 의화단의 극심한 반근대성과 잔인한 행태는 왜 언급하지 않는가? "이것은 누구나 아는 엄연한 사실이다. 그러나 우리 자녀들이 배우는 역사교과서는 이에 대해 언급하는 것을 거부한다"라고 위안은 논문에 적고 있다.

위안은 분노를 애써 억누르며 시간을 들여 이 문제를 설명했다. "이것이 우리가 물려받은 유산입니다. 우리는 아직도 19세기에 머물러 있어요. 역사교과서들을 보면 완전히 비이성적이에요. 중국이 하는 일은 무조건 옳다는 시각을 지닌 사람들이 역사교과서를 편찬하고 있어요. 과거에 혁명과 관련해서 일어났던 일도 전부 옳고, 지금 중국공산당이 하는 일도 무조건 옳다는 거지요. 수많은 역사가들의 연구결과에 정면으로 배치되는 얘기입니다. 중국인이 근대적 시민으로 변화하려면 과거를 올바르게 기억하는 일이 필수적입니다. 근대성을 갖춘 시민은 이성적으로 사고할 수 있어야 합니다.”

나는 위안웨이시의 사례를 어떻게 풀이하면 좋을지 몰랐다. 논문 한 편으로 중국 전체에 논란을 일으켰던 그가 방금 자기 아파트에서 별 자의식 없이 그 사건을 설명했다. 하지만 결국 위안은 잊혔다. 그가 비판한 역사교과서들은 여전히 사용되고 있다. 이런 상황을 놓고 우리는 어떤 결론을 내릴 수 있을까?

한때 ‘애모이’라고 불렸던 해안 도시 샤먼에는, 시에타오가 한창 젊은 때였을 혁명 직전의 시기를 전공한 역사학자가 있다. 이 교수의 성도 ‘시에’였지만 청두에서 은퇴생활을 하는 그 유쾌한 사회주의자와 혈연관계에 있는 사람은 아니었다.

시에용은 자신의 연구에 “대학의 상실”이라는 이름을 붙였다. 그는 혁명 이전의 중국을 세대별로 구분한 후 각 세대가 어떻게 교육받았는지를 조사했다. 윗 세대는 고전을 암기하는 전통적인 교육을 받은 마지막 세대였고, 아랫 세대는 훨씬 순수한 서구식에 가까운 교육을 받았다. 그 중간 세대가 받은 교육에는 전통적 요소와 서구적 요소가 혼합돼 있었다. 선교사가 세운 학교에서 (지금은 녹슬어버린) 영어를 배운 시에타오가 아마 이 세대에 속할 것이다. 시에용 교수에 따르면 이 중간 세대에서 가장 이상적인 모습이 나타났다. 서구에서 수입된 사고방식도 잘 이해하고 중국의 실상에도 민감하여 ‘자유로운 사고’가 가능했다.

"그랬던 것이 1949년에 종말을 고했지요." 그가 말했다.

시에용은 40대고 '1960년대 생'이었다. 「대학의 상실」은 역사학자의 연구물이자 '내가 몰랐던 중국'을 알고 싶은 욕망에 사로잡힌 한 중국인의 글이며, 위안웨이시의 논문보다 우회적인 중국 현대사회 비평이었다. 언론이 뭐라 해도 바뀌지 않는 교육제도와 문화가 생산되고 아이디어가 부화되는 방식, 공공정책이 수립되고 책이 집필되고 출판되는 방식 등, 모든 것이 중국의 현 '지식 체계'를 만들어 놓았다고 시에용은 말했다.

"저는 잃어버린 것에 대해 향수를 느껴요. 지식인층에 그런 경향이 많지요. 혁명 직전에는 자유롭게 숨 쉴 공간이 있었어요. 개개인이 성숙해질 수 있는 기회였지요. 그런데 이제는 그런 사적인 공간이 존재하지 않습니다. 그게 심각한 문제를 낳고 있어요."

이와 함께 화제가 과거에서 현재로 이동했다.

"1949년 이후 중국인의 사고방식이 계속 질적으로 저하됐어요. 철저히 통제되는 지식 체계도 문제지만 사람들의 인성도 문제예요. 인성이 제대로 형성되지 않는 거지요. 진실하게 자기표현을 할 줄 몰라요. 벌써 아실 테지만 그런 것은 오로지 사적 공간에서만 가능하지요. 부정직이 온통 만연해 있어요."

시에용은 차를 몇 모금 마셨다. 그러고는 다시 세대를 언급했다.

"1980년대 생들은 조금 달라요."

"왜 하필 1980년대 생인가요?"

"약간 다른 환경에서 자랐고 너무나 많은 것을 망각한 세대거든요."

"하지만 망각은 심각한 문제 아닙니까?"

"망각에는 양면성이 있어요. 1980년대 생은 문화대혁명 같은 사건을 거의 몰라요. 그게 얼마나 중요한 사건인지 전혀 판단하지 못한다는 애기죠. 연장자에게 물어보기도 하고 화제나 글감으로 삼을 때도 있지만 그 이상의 지식은 없어요. 망각이라는 정책이 지도층이 원하는 결과를 낳지 않을 수도 있다고 생각하는 이유도 바로 여기에 있어요. 왜 망각해 야 하는지 그 이유까지 함께 망각해버리는 거지요. 그러고 나면 다시 기 억하기 시작하는 거예요."

베이징의 어느 유수 대학에서 교편을 잡고 있는 젊은 역사학자 리샤 오빙 교수는 '역사관리'의 변천을 면밀하게 관찰했다. 리와 대화하면서 배우는 게 무척 많았다. 우리는 때로는 천안문 근처 왕 삼촌네 찻집에 서, 때로는 그가 몸담은 대학 근처 카페에서 만났다. 한번은 리에게 역사 기록에 대해 물었다. 중국인은 예나 지금이나 말보다는 글에 민감하다 는 사실을 깨달았기 때문이다.

"그게 전통이에요. 사람들은 당대를 논하는 일을 피했어요. 자신들의 관점이 객관적일 수 없다는 생각 때문에요. 한 시대의 역사는 후대 사람 들이 기록했지요. 원나라 역사는 명나라가, 명나라 역사는 청나라가요."

"그렇다면 이제 마오쩌둥 시대가 끝났으니 이제 곧 그 시대를 기록하 는 일이 이루어지겠군요."

"예, 그렇지요. 그런 움직임은 막을 수 없을 겁니다. 그런데 한 가지 문제가 있어요. 마오 시대나 지금이나 같은 왕조거든요. 지금은 아직 'CP(Communist Party)왕조' 치하예요."

CP왕조는 아주 완곡히 말해서 '역사와 매우 복잡한 관계를 맺고 있다' 고 볼 수 있다. 개혁개방 시대에 이르러 중국공산당은, 자신들이 이념적 으로 망각시키려고 했던 사건들은 국민이 기억해주길 바라고, 기억시키 려고 애쓴 사건은 잊혀지길 바라고 있다.

　　　　　　　　　　　　　　　　　　　　　　　　　　　　　

예를 들어 최근 『인민일보』에 매일같이 등장하는 화해사회和諧社會라
는 당의 구호를 보라. 이는 간단명료하게 갈 길을 제시하던 일본 메이지
시대의 구호들과도 그리 다르지 않으며, 중국인이라면 누구나 즉시 이해
할 만한 지극히 순수한 형태의 역사적 암시다. 화해사회란 유교의 가르
침에 따르라는 간청이다. 그러나 당의 공식문서나 『인민일보』에서 공자
에 대한 언급은 찾아볼 수 없다. 유교 전통은 마오쩌둥의 파사구 운동
의 주요한 타파 대상이었다. 따라서 화해사회를 반복해서 외치는 것은
머릿속에서 깨끗이 쓸어내 버리라고 지시했던 것을 제발 다시 기억해달
라고 요청하는 것으로, 역설의 정점이다.

요즘 중국에서는 어딜 가나 유교 전문가, 유교 부흥 운동가, 유교 의
식 재현가, 사제, 시종 등 유교 전통 전파자들을 볼 수 있다. 정부의 지원
이 있는 것 같지는 않지만 정부가 그들을 반기는 것만은 분명하다. 만기
가 지난 혁명 담론의 대체물로 혁명보다 선동 효과가 훨씬 미약한 화해
사회를 내세우는 상황에서 신유교주의자들은, 대놓고 장려는 못해도 유
용한 존재였다. 유토피아는 미래에 있다던 마오의 '미래 의식'은 바뀌었
다. 그러나 이 변화는 '과거 의식'으로 회귀되었다기보다는 '영원히 확장
하는 현재 의식'으로 전환된 것이었다. 바로 지금 이 순간이 유토피아며,
이 조화로운 천국에서 행복하게 살기 위한 딱 그만큼의 목적을 위해 우
리 자신의 일부를 과거에서 되찾자는 것이다.

몇 년 전 베이징 도심에 있는 유교 사원 한곳에서 대규모 원형 복원
공사가 이루어졌다. 14세기에 세워져 원나라 선비들의 과거시험 장소로
이용되던 이곳은, 명대에 재건되고 청대에 증축되어 황제가 이곳에서 고
전을 논했다. 원, 명, 청, CP. 네 개의 왕조, 네 번의 반복…….

나는 토요일 아침이면 그 사원에 들르곤 했다. 하루는 그곳에서, 한 무리의 초등학생이 검은 비단으로 지은 전통 예복을 입은 남자의 뒤를 졸졸 쫓아가는 모습을 보았다. 아이들도 전통 두루마기를 걸치고 있었다. 두루마기 밑으로 베이징 중산층 자녀들의 전형적인 복장인 줄무늬 운동복과 운동화가 보였다. 아이들 뒤에는 팔짱 낀 부모들이 흐뭇한 표정으로 줄지어 서 있고, 그 뒤편에는 조부모들이 접이의자에 앉아 있었다.

예복을 입은 남자가 성현들의 조각상 앞에 놓인 장미목 제단에 절을 했다. 아이들은 나름대로 최선을 다해 사제가 하는 대로 '조화'롭(지 않)게 따라했다. 그가 아이들에게 뭐라고 지시하자, 아이들은 흩어져 자신의 할아버지, 할머니에게 다가가 차례로 절을 올렸다.

"무엇을 가르치려는 겁니까?" 나는 근처에 서 있던 학부모에게 물었다. 중년의 아이 엄마는 그 장면이 대견해서 어쩔 줄 몰랐다.

"저 사람은 7년 동안 사람들을 가르친 예법 전문가예요. 아이들이 전통 의례와 절차를 배우는 거지요."

나는 그 전문가에게 인터뷰를 청했다. 그의 이름은 셴쯔치앙이었다. 흥미롭게도 '쯔치앙'이라는 이름은 자강自强, 즉 스스로를 강하게 한다는 의미였다. 알고 보니 그는 'SSL 문화개발사'라는 곳에 근무했다. 출판, 교육, 자신의 문화적 뿌리를 찾는 관광, 심신건강 프로그램, 중국 전통의 해외 홍보 등을 전문으로 하는 회사였다. 셴은 젊고 유능한 사장으로서 이 모든 것을 내게 한참 설명했다.

"사람들에게 무엇을 가르치고자 하나요?" 그의 설명이 끝나자 내가 물었다.

"저는 선생이라기보다는 예법과 의례를 행하는 사람입니다. 유교의 가르침에는 경전과 의례라는 두 가지 측면이 있습니다. 의례에서 자세와 동작은 가치를 표현하지요."

나는 신유교주의자들을 무수히 만나봤지만 다들 비슷했다. 논어 같은 유교의 고전은 읽어보지도 않고서 의례, 동작, 자세 등 형식에만 집착했다. 사실 새삼스러울 것도 없었다. 유교의 역사는 곧 저속화의 역사로서, 각 세대는 자신의 필요에 따라 유교를 이용했다. 나는 최대한 정중한 말투로 그런 생각을 말했다. 놀랍게도 셴은 내 말을 반박하지 않았다.

"저는 사람들에게 법도를 가르칩니다. 이토록 급속하게 변하는 사회에서 사람의 마음은 자기 집처럼 편안한 곳을 필요로 하지요. 소속감을 느낄 수 있는 장소 말입니다."

셴이 잠시 말을 멈추더니 곧 말을 이었다.

"불과 30년 만에 우리는 많은 것을 이뤄냈어요. 하지만 얻은 만큼 잃은 것도 있습니다. 뿌리를 잃었어요. 실 끊어진 연처럼 불안에 시달리는 국민이 된 거지요."

지금 중국 전역에서 목격되는 유교의 부흥을 '유용한 과거' 찾기의 하나로 볼 수 있을까? 아니면 그저 혼란스런 현실로부터 도피하거나 처절하게 향수를 분출하는 일에 불과할까? 전통적으로 유교는 사람 사이의 관계를 규정하는 것을 중시한다. 자신의 위치는 아버지와 아들, 남편과 아내, 임금과 신하, 어른과 아이, 친구 관계에서 결정되는데, 이 가운데 오직 마지막 관계만이 위계질서에서 자유롭다. 오륜伍倫의 인간관계는 배타적이고, 개인적 주체성은 부인된다. 유교 전통을 현대화할 유일한 방법은 유교 사상에서 그런 특성을 제거하는 것이다. 그러나 그러고 난 후에 남는 결과물은 더 이상 유교가 아니라 가치관을 잃은 거친 사회에서 예의바르게 사는 법을 일러주는 생활지침 정도가 될 것이다.

우리는 지금 중국인 한 명 한 명이 얼마나 어려운 과제에 직면해 있는지를 인식해야 한다. 근대성을 획득하고 새로운 삶의 방식에 적응하고 자아를 재창조해야 하지만, 너무나 오랫동안 '선례'에 의존해온 사회에서 아무런 선례도 없이 이 일을 해야 하니 힘이 드는 것이다. 지난 세기에 중국인으로 사는 일이 독특한 잠정성을 띠었던 것도 바로 그 때문이다. 그렇다고 해서 이를 현실도피의 원인이나 변명으로 삼아서는 안 된다. 셴쯔치앙은 똑똑하고 솔직한 사람이지만 그가 옹호하는 것은 현실 도피에 해당한다. 유용한 과거는 과거를 피난처로 삼는 일을 허락하지 않는다.

° 북경의 마오, 옌안의 마오

명나라는 우리에게 지금의 베이징을 —현재 광범위한 파괴가 진행되고 있지만— 선사했다. 명은 베이징을 원형으로 설계했다. 성벽, 해자, 원형 도로가 동심원을 그리는 가운데 그 중심에 자금성이 놓여있다. 그리고 자금성 바로 바깥에 거대한 천안문 광장이 있다. 이미 15세기 초에 이와 같은 모습을 갖춘 베이징은 이후 200년간 세계 최대 도시의 지위를 누렸다.

아시아 어디에도 이런 장소는 없다. 순수한 기호학적 상징, 완벽한 한 세트의 기표이다. 옛 황궁은 지금 박물관으로 쓰인다. 자금성에 입장하려면 마오의 초상화가 걸린 천안문을 통과해야 한다. 천안문 건너편에는 사면이 도로인 천안문 광장과 몇 채의 흥미로운 건물이 놓여 있다. 마오주석기념당, 인민대회당, 혁명박물관, 인민영웅기념비, 국가안전부.

이 모든 것이 공공성을 강조한다. 일종의 전시다. 자금성 내 상당수의 건물은 지금도 입장이 제한된다. 알려진 바에 따르면 마오쩌둥은 명나라가 망해가던 시기에 자금성에서 식탐을 채우고 고전을 탐독하느라 신하 만나기를 거부했다던 만력제만큼이나 자금성에서 많은 시간을 보냈다. 마오 시대에도 그랬지만 지금도 자금성 경내에는 중국공산당 중앙위원회, 중화인민공화국 국무원 등 경찰을 제외한 궁 밖의 어떤 기관보다도 강력한 권력을 지닌 조직들이 자리하고 있다. 고위 관료들 말고는 일반인은 구경도 할 수 없는 곳이다. 중국 근대사에 비추어 볼 때 이런 식의 자리 배치는 야릇하기만 하다. 구태를 일소하겠다던 공산주의자들의 광명이, 거울에 반사된 태양처럼 구태 속에 굴절된다.

중국을 마침내 다시 일으켜 인민의 사랑을 받았던 사내의 초상화가 이 모든 것을 굽어본다. 그를 아끼는 중국인들의 마음은 놓치려야 놓치기 어렵다. 그러나 이제 과거가 현재로 스며들면서 마오쩌둥은 모든 이가, 심지어 전당대회에서조차도 언급하기 꺼리는 인물이 돼가고 있다. 공자와는 정반대다. '공자를 무시하라는 지시를 들어도 공자를 기억하라. 마오를 기억하라는 지시를 들어도 마오를 잊으라.' 이제 침묵의 그늘이 마오를 둘러싼다. '위대한 조타수'를 소리 높여 찬양하라, 비록 그가 우리의 목소리를 앗아갔더라도. 중국으로 하여금 너무나 많은 것을 망각하게 만든 장본인이 이제 서서히 '잊힌 자'의 반열에 들어서고 있다.

옌안 행 기차가 메마르고, 황량하고, 가파른 시골 언덕길을 오른다. 땅을 깎아서 만든 도로, 계단식 경사로, 언덕 정상, 울타리, 주거지 등이 다소 중원中原의 분위기를 풍긴다. 옌안 사람들은 수백 년간 언덕을 파서 만든 야오동이라 부르는 혈거穴居에서 살았다. 마오쩌둥은 바로 이 동굴에서 오늘날 우리가 아는 마오쩌둥으로 변신하여 중공군에 대한 통제권을 장악하고 베이징을 함락하기 위한 공격을 준비했다.

마오가 가장 영웅적인 시기를 보낸 옌안에서는 그를 어떻게 기억하고 있을까? 어느 겨울날 해질 무렵 비바람에 몸을 웅크리고 천안문 앞을 지나다가 마오의 초상화를 올려다보며 떠오른 그 생각이 머리에서 떠나질 않았다.

옌안은 CP왕조의 기호학적 상징을 구현하는 또 다른 장소이다. 그 역사적인 동굴집으로 이어지는 자갈길에는 기념품, 잡화, 아이스크림 등을 파는 가게가 있었다. 가게 앞쪽에 화면을 길가로 향한 텔레비전 한 대가 볼륨을 최대한 높인 채 비디오를 상영하고 있었다. 사인방 — 문화대혁명 기간 동안 무소불위의 권력을 휘둘렀던 마오의 아내 장칭과 다른 세 명의 과격파 — 에 관한 내용이었다. 비디오는 어떻게 그들이 '새로운 중국'에 관한 자신들의 비전을 강요하려 들었는지를 장황하게 설명했다. 그들이 정치적으로 어떻게 궁지에 몰렸고, 어떻게 체포됐는지도 나왔다. 재판 과정에 관한 흥미로운 자료 화면도 제시됐다. 말하자면 그 비디오는, 과거를 망각한 자들을 위한 일종의 설명서였다. 마오의 중국이 소수가 저지른 잘못에도 어떻게 마오의 중국으로 살아남을 수 있었는가에 대한 지극히 부정확한 이야기였다. 동영상은 무한히 반복됐다.

바위 언덕 아래 있는 혈거는 천장은 아치형이고, 바닥에는 벽돌이 깔리고, 벽은 흰 색으로 칠해져 있다. 마오의 동굴이 제일 넓었다. 따로 회의실도 있고 미소 띤 '위대한 조타수'와 가족사진도 몇 점 걸려 있었다. 아내나 자녀의 이름은 쓰여 있지 않았다. 다른 동굴들은 방이 두 개씩밖에 없었다. 이쪽 동굴에는 저우언라이가 사용하던 침대, 세면대, 책장이, 저쪽 동굴에는 뛰어난 사령관 주더가 군사 지도를 펼치던 책상이 있었다. 수도원보다도 훨씬 더 소박한 곳이었다. 혁명 초기의 이상주의적인

분위기가 짙게 풍겼다. 이른바 공산혁명의 성지를 순례하는 '홍색 관광'
이 일부 중국인들에게 인기를 끄는 이유도 이런 데 있었다.

시안에서 온 할머니는 이곳에 벌써 세 번째 와본다고 했다. 부친은 우
파로 몰려 체포됐고 자신은 강제로 외양간에서 살았다고 말했다. "하지
만, 이제는 대체로 좋은 기억만 남아 있어요. 세상이 훨씬 좋아졌으니까
요." 동부 후베이 성에서 '작업 단위' 사업장 동료들과 함께 관광 온 노
인은 옛 생각에 푹 젖은 듯했다. "우리는 혁명의 역사를 기념하러 이곳
에 왔습니다." 그가 활기차게 말했다.

주더가 살던 혈거 앞에는 돌로 된 책상이 있다. 그 양편에 긴 의자가
놓여 있고 상 위에는 오래 전에 그려진 장기판이 있다. 거기에 40대 남
자가 앉아 있었다. 기름때 묻은 누비 코트를 걸치고 면도도 하지 않은
채였다. 남을 의식하지 않는 듯한 모습 때문이었는지 멍하니 허공을 응
시하는 눈빛 때문이었는지 몰라도, 나는 그에게 다가가 말을 걸었다. 그
의 이름은 왕이장이었다. 나는 중국 이름의 뜻에 별다른 관심을 두지
않는 편인데, 이 사람의 이름에는 어딘지 시적인 데가 있어 마음이 끌렸
다. '이장'—江은 '하나의 강'이라는 뜻이었다. 그렇게 해서 나는 그날 오후
동굴 앞에서 만난 이장과 시내에서 저녁식사까지 함께 했다.

그는 '1960년대 생'으로 중국 남부의 산업 도시인 창사 출신이었다.
이장은 자신이 문화대혁명을 기억하기에 너무 젊어서 부족하나마 입수
할 수 있는 모든 자료를 동원해 공부했다고 말했다. 그러나 천안문항쟁
에 대한 기억은 생생했다. 천안문은 이장에게 혹독한 시련의 장이었다.
그는 창사대학에서 집회를 주도했으나 항쟁의 실패를 목격했고, 강제로
'자아비판문'을 제출해야 했다. 그리고 1989년 이후 수많은 동세대가 그
랬듯이, 여기저기로 떠돌며 가게점원 등 부정기적인 일을 하며 끼니를

떼우는 생활을 시작했다. 이장은 오토바이를 몰고 정처없이 옮겨 다녔다. 자기도 사람들이 옛 시절을 어떤 식으로 기억하는지 궁금해서 옌안을 찾아왔노라고 말했다. 다음 행선지는 티베트라고 했다.

"저는 그냥 여행자예요." 이장이 어깨를 으쓱했다.

나는 그의 말을 알아들었다. 말 그대로 그는 여행자였다. 자신과 기억을 공유하지 않는 세상에서 그는 마음 둘 곳이 없었다. 별다른 이유 없이 '그냥 거기 있으니까' 티베트에 가보겠다는 생각을 하는 것도, 주더의 장기판 앞에 앉아 허공을 응시하는 것도 다 그 때문이었을 것이다.

"천안문항쟁은 아무 계획이나 조직 없이 오로지 이상과 정열만 가지고 일으킨 일이에요." 이장이 말했다. "사람들이 기억을 일부러 안 하는 게 아니라 못 하는 거예요. 1989년에 뜻을 함께 했던 친구들 가운데 몇몇은 사업을 시작했는데 어쩌다 만나도 그때 얘기를 못해요. 희망이 사라지면 무감각해질 수밖에 없는 거죠."

그러나 이장은 무감각해지지 않았다. 축복이자 저주였다. 그래서 살아 있는 사람답게 살 수 있었지만 외로웠다. 그의 특이하고 기형적인 삶, 전진도 후퇴도 못하는 삶은 내가 중국에서 목격한 어떤 측면을 대표했다. 이장의 삶 속에는 막대한 양의 아쉬움이 증류되어 있었다.

프랑스 역사학자 피에르 노라는 역사를 "기억의 적"이라고 말했다. 지금까지 관찰한 바에 비추어 볼 때 그 말은, 역사를 기록함으로써 우리 내면에서 기억해야 하는 부담이 덜어진다는 의미인 듯하다. 니체의 말처럼 역사는 이런 방식으로 인간의 삶에 복무한다. 바람직한 종류의 망각이 가능해지고, 이와 함께 현재를 사는 일—과거를 짊어지고 가되 거기에 짓눌리지 않는 것—도 가능해진다. 반대로 역사를 등한시하는 곳에서는 사람들이 과거에 시달리며, '항상 기억해야 한다'는 강박관념의 감옥에 스스로를 가둔다. 기억 속에 갇힌 이장의 공포를 덜어줄 역사는 없다. 그러나 그는 침묵하는 수백만 명이 못하는 말을 똑바로 표현할 줄 알았다.

그날 옌안의 어느 관광호텔에서 저녁식사 중에 이장이 남긴 말이 기억에 아로새겨졌다.

"우리는 모두 강물에 씻겨 내리는 모래알 같은 존재입니다. 이전으로 되돌아가는 건 불가능하지요. 중국의 약점은 자신의 약점을 인정하지 못한다는 데 있어요."

°솜나트 사원의 비극

페르시아 만에서 호르무즈 해협을 지나면 아라비아 해가 나온다. 이 아라비아 해와 마주한 절벽 위에 힌두교 역사상 가장 중요한 사원이 자리한다. 힌두교도라면 누구나 솜나트 사원을 알고 있다. 캘커타에서 만난 어느 중년 부인은 내가 솜나트를 언급하자 "죽기 전에 꼭 가봐야 할 곳"이라고 말했다. 그만큼 솜나트는 힌두교도에게 소중한 존재다. 힌두교도들이 들으면 불쾌할 표현이지만, 솜나트는 일종의 '메카'다.

국경선이 아직 그어지기 전 지도에서 솜나트의 위치를 살펴보면 매우 흥미롭다. 솜나트에서 바그다드나 카불까지의 거리는, 솜나트에서 델리나 캘커타 혹은 마드라스까지의 거리와 별 차이가 없다. 솜나트는 원래 서아시아 세계, 즉 오늘날 우리가 생각하는 인도와 거의 관계 없는 세계의 일부였다. 솜나트 사원을 건립한 시기로 추정되는 10세기는 상인들이 아라비아 해를 넘나들며 활발한 교역을 벌였던 때다. 솜나트 같은 해안 도시를 중심으로 이루어지던 이 교역은 궁극적으로 중앙아시아를 넘어 중국까지 뻗어 나갔고, 덕분에 솜나트 일대는 부유해졌다. 솜나트가 속해 있는 구자라트 주에는 당시의 영향이 생생히 남아 있다. 주민의 90퍼센트인 힌두교도와 10퍼센트인 무슬림은 지금도 구자라트어를 공용어로 사용한다. 구자라트 출신 상인들은 지금도 탁월한 상술로 정평이 나있다.

솜나트가 수없이 약탈 당하고 파괴된 일은 유명하다. 이곳 사원들은 교역 덕분에 융성해질 수 있었으므로 교역을 반겼고 상인들은 서로의 종교와 전통을 존중하고 때로는 수용했다. 그 결과 이 지역에서는 일찍부터 싱크레티즘(혼합주의)이 발달했다. "신들이여, 저 상인은 당신들의 상인이옵니다!" 독일 시인이자 극작가 프리드리히 실러의 말이다. 구자라트가 바로 그랬다. 상업이 발달하면서 여러 방면으로 지식과 사상이 꽃피고 각종 발명이 이루어졌다. 그러나 무역상과 함께 묻어온 침입자들은 사원을 습격하거나 순례자를 상대로 약탈을 일삼았다. 여행은 위험했고 해적질은 19세기까지도 빈번했다.

솜나트가 몇 차례나 약탈당했는지는 아무도 모른다. 아홉 번이라는 사람도 있고 열두 번이나 스무 번이라는 사람도 있다. 그러나 제일 믿을 만한 사료에 따르면, 가장 유명한 약탈 사건은 1026년 가즈니왕조의 마흐무드 술탄에 의해 자행됐다. 가즈니는 오늘날 아프가니스탄에 해당하는 지역에 있는 도시로, 카불과 칸다하르 중간쯤에 위치한다. 마흐무드 시대에 가즈니왕조의 세력은 동으로는 이란, 북으로는 중앙아시아에 미쳤으며, 그 일대에서 잠시도 가만히 있지 못하고 일을 벌이는 세력 가운데 하나였다.

마흐무드는 야망에 불타는 술탄이었다. 그는 자신의 수도가 문학과 예술의 중심지가 되길 바랐다. 또한 독실한 수니파였던 그는 서아시아 정치판에서 권모술수에 능했다. 무엇보다도 그는 능수능란한 약탈자였다. 마흐무드 시대에 약탈은 부를 축적하는 전형적인 수단이었다. 마흐무드는 학자들이 가즈니로 공부하러 오게끔 도서관에 소장된 서적들을 통째로 훔쳐오기도 하고, 궁정 생활을 유지하는 비용과 용병의 월급을 충당하기 위해 보물 창고와 사원을 약탈했다. 이 방면으로 마흐무드는 무차별적이어서 힌두교도건 비수니파 무슬림이건 가리지 않고 습격했고, 한때는 자신에게 지극한 충성을 바친 '틸락'이라는 이름의 힌두교도에게 군대의 지휘를 맡기기도 했다.

마흐무드가 1026년에 솜나트 사원을 파괴했는지, 아니면 단순히 모독한 것인지는 정확히 알 수 없다. 그가 많은 인명을 앗아갔다는 얘기도 있지만 — 5만 명이라는 비현실적인 숫자가 언급된다 — 어찌됐든 사원에서 엄청난 재산을 도적질해 갔던 것은 분명한 듯하다. 그러나 중요한 것은 마흐무드가 지성소至聖所에 있던 우상을 파괴했다는 점이다. 불에 태웠다고도 하고, 산산조각을 낸 다음 파편 몇 점을 가즈니로 가져갔다는 얘기도 있다. 자세한 내용은 확실치 않다.

솜나트 공격을 직접 지휘한 사람은 누구였을까? 이 또한 불확실하다. 돈을 버는 게 주목적인 용병일 수도 있고, 아라비아 해를 건너 이루어지던 말 교역에 훼방을 놓아 자신의 상업적 이익을 챙기려던 가즈니 상인일 수도 있다. 우상을 파괴한 행위는 해석이 쉽지 않다. 파괴된 우상은 이슬람교가 전파되기 이전 시대의 여신이자 예언자 무하마드의 규탄을 받았던 마나트 여신상이라고 설명하는 고대 역사학자도 있다. 마흐무드가 솜나트를 습격한 사건이 무슬림으로서 이행한 임무라 하더라도, 파괴하려던 우상이 힌두교의 우상인지 이단적인 무슬림들이 숭배하던 우상이었는지 우리는 알지 못한다.

사건이 있자마자 이야기가 퍼지기 시작했다. 상황은 왜곡되고 과장됐다. 희생자 숫자는 부풀려졌고 약탈당했다는 금은보화의 양도 천차만별이었다. 파괴된 우상은 링감, 즉 돌로 만든 남근상이다. 아니다, 인간의 형상을 한 보석으로 뒤덮인 조각상이다. 사원은 석조 건축물이다. 아니다, 티크 목재로 된 건축물이다. 마흐무드의 동기는 이거다. 아니다, 저거다……. 소문만 무성했다.

로밀라 타파르는 현재 인도 최고의 역사학자 중 한 명으로, 최근에 펴낸 저서에서 솜나트와 관련된 난해한 역사를 일류학자답게 날카롭게 풀어냈다. 나는 이 책과 저자의 강연에서 몇 가지 상세한 지식을 얻었다. 타파르의 저서는 솜나트 사원의 역사를 다루지 않는다. 그건 이미 역사의 안개 속에 파묻힌 지 오래다. 그녀가 연구한 것은 솜나트에 대한 모든 진술에 대한 역사다. 그런 진술을 연구하면, 진술의 내용보다는 진술을 하는 주체에 관해 많을 것을 배울 수 있다는 것이 그녀의 생각이다. "이야기가 한 번씩 전달될 때마다 새로 바뀌는 부분이 생기지만, 그럼에도 계속 변하지 않는 내용이 있다. 그것이 바로 사람들이 기억하는 부분이다. 어떤 사건은 기억 속에서 지워져도 기록이 남는다. 그러면 그 기록은 또 하나의 기억이 된다."

그렇다면 솜나트는 오늘날 우리에게 어떤 의미를 지니는가? 오늘날 인도 전역에서 들을 수 있는 솜나트에 대한 진술, 예컨대 '열두 번' 약탈당했다든가 '스무 번' 약탈당했다는 이야기 속에 숨은 뜻은 누구의, 어떤 욕구를 충족시키는가?

솜나트는 수세기 동안 폐허였다. 이제 옛 사원의 흔적은 기둥을 떠받치던 것으로 추정되는 받침돌 하나뿐이다. 이 받침돌은 옛 사원이 아라비아 해를 굽어보는 웅장한 건축물이었음을 능히 짐작케 한다. 남아 있는 돌 유적은 듣던 대로 밀려드는 조수의 염분에 색이 변하고 부식된 상태였다. 정교하게 조각된 이 돌덩이를 잘 살펴보면 닳아버린 문양 속에 고대 그리스, 로마, 페르시아, 아라비아의 영향이 느껴진다. 수백 년의 역사가 아로새겨진 자그마한 '기억의 현장'이다.

그러나 솜나트는 기억의 현장이 아니라 재구성된 역사의 현장이 되고 말았다. 그리고 그와 같은 재구성은 솜나트를 거짓 기억의 현장, 환상의 현장, 새로운 인도와 새로운 힌두교 건설에 봉사하는 현장으로 변질시켰다. 말하자면 솜나트는 이제 '망각의 현장'이었다.

인도 독립 후 얼마 후에 한 무리의 정치가들이 솜나트 재건을 제안했다. 새로운 국가에는 새로운 상징물, 스스로를 재창조하고 과거의 영광을 되찾을 상징물이 필요했다. 이 운동의 주도자 중에는 정치가 겸 역사소설가였던 K. M. 문시가 있었다. 그의 소설은 언제나 힌두교도의 찬란한 과거를 이상화했다. 자신이 원하는 바를 공격적으로 선동하는 인물이었던 문시는, 사원을 재건하는 주체가 신정부라는 소문을 널리 퍼뜨렸다. 이에 라젠드라 프라사드 대통령은 솜나트 사원 재건 준공식을 자신이 집전하기로 동의했다. 해외에 파견된 인도 외교관들은 그 축하 의식을 위해 각자 주재하는 나라의 강물을 본국으로 떠오라는 지시를 받았다. 문시는 이렇게 적고 있다. "마흐무드가 솜나트 사원을 파괴한 일은 잊지 못할 국민적 참사로서 우리 인종의 집단적 잠재의식 속에 1,000년이나 낙인처럼 박혀 있었다."

여기서 잠시 멈추고 문시의 발언에 대해 생각해보자. 인종과 종교와 국민을 혼동하지 말라는 르낭의 경고를 기억하는가. 문시가 말하는 '인종'은 힌두교도를 의미하지만, 힌두교도는 결코 하나의 인종으로 볼 수 없다. 문시가 말하는 '잊지 못할 국민적 참사'는 온갖 다양한 종족과 종교로 구성된 나라, 인도의 참사다. 모든 것이 지나고 나면 자명해 보이는 법이지만, 문시의 말 속에는 앞으로 다가올 비극의 씨앗이 있었다. 네루는 이 모든 상황에 격분하여 신속히 선을 그었고, 결국 사원을 재건하기 위한 재원은 정부와 무관한 재단을 통해 마련됐다. 그러나 건국의 아버지가 거둔 이 승리는, 오늘날까지 이어지는 험한 장기전 가운데 전투 하나에서 이긴 것에 불과했다.

솜나트 재건 공사는 1951년에 착공됐다. 이 '삭제' 작업에 4년이 걸렸다. 독립 후 특정한 유형의 국가가 생기는가 싶더니 금방 자취를 감추기 시작했다. 인도가 수백 년간 살아남은 이유는 구자라트의 상인들이 살아남은 이유와 비슷하다. 사람들 간에 차이가 없어서가 아니라 그 반대였다. 엄청나게 다양한 사람들이 있기에 '다르다'라는 것이 더 이상 문제가 되지 않았다. 인도에는 가즈니 상인이 있었고 가즈니에는 인도 상인이 있었다. 수많은 타자들 속에서 타자성은 세상을 범주화하는 수단으로써 쓸모를 잃었다.

인도의 과거를 이렇게 단 몇 마디로 설명해버리는 것을 문제 삼는 인도인도 많을 것이다. 그러나 '인도'가 되자마자 자기 삭제에 돌입한 인도를 그렇게 설명해야 마땅하다. 관용과 싱크레티즘이 넘치던 삶이 배타적 삶에 자리를 내주고, 타자성이 삶의 한 가운데로 파고들었다. '나는 다른 무엇이기 이전에 인도인'이라는 새로운 소속감이 부담스럽다는 듯, 그것만 가지고는 자기정체성을 유지하기 부족하다는 듯, 인도는 건국과 동시에 구식 소속감을 찾아 나섰다.

1950년대 초에 솜나트 사원이 새삼스럽게 이슈화된 것도 바로 그 때문이다. 그리고 새로운 서사가 등장했다. 이해하기 쉽고 깔끔했다. '힌두 인종'과 '힌두 국민'이 존재한다는 것이다. 솜나트 약탈의 역사에서도 열두 차례냐 스무 차례냐 하는 식의 모호성은 사라졌다. 마흐무드는 돈을 탐낸 단순한 약탈자가 아니라 무슬림 혹은—힌두교도가 무슬림을 일컬을 때 묘하게 자주 사용하는 용어로—'터키인'이고, 그 터키인이 우리 힌두 인종, 우리 인도인에게 그런 못된 짓을 했다는 논리였다.

새로 지은 솜나트 사원은 하늘 높이 솟아 있었다. 제일 먼저 눈에 띄는 것은 모래 색깔 돌이고, 그다음은 수많은 기둥이 있는 곁방을 덮는 지붕, 석재로 된 거대한 입구로 눈이 간다. 입구에 들어서면 이곳을 건축하고 관리하는 재단 측의 호소문이 잔뜩 붙어 있다. "솜나트의 황금시대를 복원합시다." 재단 이사장 슈리 케슈바이 파텔의 서명이 기재된 글이다. 새 영빈관을 세울 돈을 기부해달라는 호소문도 있다. 그 옆에는 이렇게 적혀 있다.

> 역사에 따르면 시바 신을 섬기는 솜나트 사원은 황금과 보석으로 장식돼 있었다고 합니다. 저희 슈리솜나트재단은 본당과 사바 만답Sabha Mandap 신전의 겉면을 금으로 도금하여 약소하게라도 고대의 영광을 재현코자 합니다. 부디 이와 같은 역사적이고 숭고한 사업에 신자 여러분의 참여를 부탁드립니다. 기부는 현찰, 수표 및 기타 방법으로도 가능합니다…….

이렇게 역사를 바로잡는 일에 기여하라는 말로 사람들의 기부와 참여를 호소한다. 여기서 역사는 민족 관념과 민족정체성을 구축하는 도구로 이용된다.

재건한 지 거의 60년이 되어가는 솜나트 사원은 (역사가 항상 미완성이듯) 여전히 미완성으로 보인다. 건물은 어딘지 디즈니랜드를 닮은 천박한 모습이다. 차라리 방문객을 구경하는 편이 더 재미있다. 대부분 독실한 힌두교도로, 가족끼리 무리를 지어 사원 경내와 주변을 몰려다녔다. 곁방에 들어간 사람들은 바닥에 털썩 엎드려 대리석 타일에 이마를 대고 기도문을 읊었다. 무아지경에 빠진 사람도 상당수였다. 환희에 차서 흥분하다 못해 공격적인 모습을 보이는 사람도 있었다. 사원 입구는 정원으로, 해변에 이르는 산책길로 이어졌다. 거기서 십대 소년 몇 명이 다가와 내 얼굴 가까이 자기들 얼굴을 들이밀고는 눈을 희번덕거리며 "솜나트는 위대하다!"라고 소리 질렀다. 완곡히 표현해서, 이건 힌두교도가 평소에 사원에서 보이는 몸가짐이 전혀 아니다.

방파제에서 나는 남극 표시를 찾았다. 이 표시는 솜나트 사원 못지않게 유명했다. 기둥 꼭대기에 지구본이 올려 있고, 화살 하나가 그 지구본을 꿰뚫고 있다. 화살촉은 남극을 가리킨다. 그 밑에는 이렇게 적혀 있다. "여기서 빛을 쏘면 바다 끝 남극까지 아무런 장애물 없이 뻗어간다." 이 지구본은 어떤 의미에서 토템이다. 마치 힌두교가 보편적인 가치를 지닌 종교라고 말하는 듯하다. 벤치에 앉아 지구본을 찬찬히 관찰했다. 세공도, 페인트칠도, 설명도 전부 거칠었지만, 나는 그런 점에 신경쓰기보다는 솜나트에 가면 이 지구본을 꼭 보라고 당부하던 힌두교도 지인들을 생각했다. 캘커타에서 만났던 그 중년 부인은 이렇게 말했다. "가보면 아실 거예요. 힌두교는 온 세상을 위한 것임을 그 지구본이 증명하고 있지요."

나는 저녁까지 거기서 시간을 보냈다. 사원 뒤편 외벽에 이미지를 영사하는 송 에 뤼미에르son et lumiere 이벤트가 진행 중이었다. 역시 예상대로였다. 벽에 비춰진 화면에는 복잡하고 다층적인 인도의 역사를 보여줄 만한 것은 전혀 없었다. 혼합과 싱크레티즘의 관습에 익숙했던 과거는 자취를 감췄다. 해안을 따라 조금만 걸으면 마흐무드가 사당을 세웠던 장소임을 알리는 1301년에 새겨진 페르시아어 명문銘文을 볼 수 있지만, 사람들은 관람석에 앉아 동화 수준의 단순한 선악 구도와 힌두교의 영원한 난공불락을 구경하는 편을 택했다.

° 인도식 국가주의, 네오힌두이즘

하루는 현지인의 안내로 인도 북부의 어느 사원을 방문했다. 안내인은 이곳의 역사를 400년 정도로 추측했다. 정교하게 조각된 돔이 있는, 작지만 균형이 잘 잡힌 사원이었다. 내부는 조명이 어두웠지만 벽화를 볼 수 있었다. 새, 동물, 신, 인간 등이 석고 벽과 돔 천정에 그려져 있었다. 내부에 볕이 들지 않는 까닭에 색은 바래지 않고 선명했으며, 화풍은 원시적이면서도 묘하게 현대적이었다. 그림 속 민속 전통은 전혀 힌두교도의 것이 아니었다. 다른 나라였다면 16~17세기 미술가가 심혈을 기울인 이런 작품은 미술관 한 자리를 당당히 차지하고 있을 터였다.

그러다 내 눈길이 다른 데 가닿았다. 돔 여기저기에서 물이 스며들어 석고 벽에 물 자국이 나고 물감이 번져 있었다. 이끼도 끼었다. 내가 이를 걱정스럽게 언급했지만 안내인도, 관리인도 전혀 관심을 보이지 않았다.

이것이 지금 이 시대, 몰락과 부패의 시대에 목격되는 힌두교의 현주소다. 이런 시대에는 다른 것도 쇠하지만 사원도 쇠한다. 인도인에게 이것은 받아들임의 문제다. 그리고 받아들임, 즉 파괴와 창조의 여신 칼리의 기나긴 전성시대에는 세상이 전반적으로 붕괴된다는 것을 받아들이는 것은 힌두교 전통의 일부다. 내가 방문한 곳처럼 제대로 관리하지 않아 황폐하고 쓰레기 천지인 사원을 인도 전역에서 쉽게 찾아볼 수 있다. 칼리 여신의 시대에는 사람들이 모든 걸 안일하게 생각하고 무사태평했다. 그 옛날 마흐무드가 끊임없이 습격해 올 때도 그랬고, 지금 솜나트의 돌 유적이 소금기에 상하는 것도 그 때문이다.

몇 년 전 인도의 저명한 사상가 K. J. 샤가 힌두교에 대해 몇 가지 질문을 던졌다. 힌두교는 종교인가 철학인가? 아니면 둘 다인가? 두 요소가 다 있지만 어느 한쪽의 성격이 더 강한가? 특히 마지막 질문이 의미심장하다. "힌두교의 본질이 무엇인지 대체 그 누가 알겠는가?"

샤가 던진 질문에는 정답이 없으므로 그가 말하려는 핵심은 질문 속에 있다고 볼 수 있다. 힌두교는 고정된 체계가 없어서 정의할 수 없다. 힌두교에는 성서나 코란에 해당하는 단일한 경전이 없고 바티칸 같은 존재도 없다. 종교적 관례는 있어도 율법은 없다. 신의 숫자가 몇십만 개에 달한다. 시골 동네마다, 소도시마다, 산골짜기마다, 평원마다 그들만의 신이 존재한다. 인도에서는 조금만 다른 지역으로 가도 힌두교를 믿는 방식이 다르다. 신이 달라지기 때문이다. 힌두교는 믿는 사람이 나름대로 만들어갈 수 있다. 힌두교는 전통적으로 포용적인 종교다. 포용성이 없다면 힌두교가 아니다. 힌두교는 강요하기보다는 수용한다. 한 친구는 내게 힌두교는 종교라기보다는 살아가는 방식이라고 이야기했다. 그 말에 어떤 동의나 반박도 자신 있게 하기 어렵다. 그게 힌두교다.

사원도 제대로 돌보지 않고, 신도 셀 수 없이 많고, 문서화도 안 돼 있고, 엄격함도 별로 없는 이 힌두교는 수세기에 걸쳐 인도에 정착했다. 인도가 전통적으로 이방인에게 개방적이고 타자와 편안하게 어울리는 것

은 힌두교의 다양성에 근거한다는 견해가 있지만, 재건된 솜나트 사원이
나 요즘 인도 곳곳에서 눈에 띄는 대형 신축 사원들이 대표하는 힌두교
는 그런 힌두교가 아니다. 나는 최근에 등장한 이 변질된 힌두교에 '네오
힌두이즘'이라는 이름을 지어주었다.

힌두트바Hindutva는 아주 극렬한 형태의 네오힌두이즘이다. 힌두트바
에도 수많은 버전이 있기 때문에 이를 명확히 이해하기란 힌두교를 명
확히 이해하는 것만큼 어렵다. 힌두트바는 종교도 아니고, 철학이나 신
념은 더더욱 아니다. 힌두트바는 이데올로기다. 여기에는 비교적 짤막하
지만 매우 흥미로운 일화가 따른다.

전통적인 힌두교가 위대한 이유는 스스로 위대하다고 우기지 않기
때문이다. 격식과 야심이 없는 만큼 자유로운 공간을 허락하는 열린 종
교(로 볼 수 있다면)라는 점에서 힌두교는 다른 종교와 구별된다. 네오힌
두이즘은 이 기존의 관념에 정면으로 도전한다. 힌두교의 위대성을 요란
하게 선언하는 네오힌두이즘은 자기를 낮추는 대신 공격하고, 수용하는
대신 강요하고, 포용하는 대신 배제하며, 자유로운 공간 대신 닫힌 공간,
자기와 타자를 분리하는 공간을 제공한다.

재건된 솜나트의 힌두교는 네오힌두이즘이다. 네오힌두이즘은 힌두교
를 다른 세계종교처럼 만들고 싶어 한다. 확실하게 규정된 전통과 거대
한 예배당을 원하고, 신화나 전설을 역사적 사실이라 우기며, 기독교, 유
대교, 이슬람교처럼 통일된 경전을 추구한다. 경전 문제는 아직 해결되
지 않았다. 힌두교에는 다양한 경전이 존재하기 때문이다. 최근에는 기
독교 근본주의자들이 하는 식으로 지금까지 문학책이나 형이상학적 명
상책으로 읽어왔던 경전들을 역사적 사실로 믿으라고 강요하는 양상을
보이고 있다.

　네오힌두이즘의 이런 신념과 욕구는 힌두트바 이데올로기에 매우 근접해 있다. 간단히 말하자면 힌두트바는 '정치적 이슬람'political Islam 운동에 비견되는 '정치적 힌두' 운동으로 볼 수 있다. 인도는 곧 '힌두'이고, 힌두교도의 자아는 곧 진정한 인도 국민의 자아라는 것이다. 그 정체성에 들어맞지 않는 나머지, 즉 풍부하고 다채롭게 불협화음을 내며 북적거리는 것은 진정한 인도가 아니기 때문에 없애야 할 거대한 대상이 된다.

　이 같은 네오힌두이즘은 벌써 몇십 년 동안 호소력을 발휘해왔다. 1977년에는 힌두트바 이데올로그의 영향에 놓인 연립정부가 들어섰고, 인도 국민회의는 독립 이후 처음으로 정권을 빼앗겼다. 이 힌두트바 이데올로그들은 곧이어 바라티야 바나타 당(Bharatiya Janata Party, 인도 인민당)을 결성하고 1998년에 집권했다. 이후 '우리'와 '저들'을 구분하는 네오힌두이즘의 이분법은 점점 더 뚜렷해졌다.

　우리는 이러한 '분열의 서사'가 발휘하는 선동적인 힘을 언론이 빈번하게 보도하는 집단 폭력 사태를 통해 목격한다. 특히 구자라트 주는 상황이 심각하다. 그러나 그보다 더 중요한 문제는, 네오힌두이즘과 힌두트바의 중간쯤 되는 무언가가 인도 도시 중산층의 일반적인 풍조로 자리 잡았다는 사실이다. 법원의 판결문에서, 파시즘이 희미하게 감지되는 사원 건축물에서, 기업인, 과학자, 혹은 평범한 대학생과 나누는 대화에서 그것이 느껴진다. 벵갈루루의 젊은 과학 기술자나 캘리포니아, 뉴저지 등지에 사는 비거주 인도인 사이에도 힌두트바나 그와 유사한 성향이 널리 퍼져 있다. 이것은 그리 놀랄 일이 아니다. 가장 근대적으로 사는 사람들이 그 누구보다도 힌두트바가 제공하는 과거를 필요로 하는 법이다.

네오힌두이즘이나 힌두트바 추종자에게 가감 없이 적나라한 과거는 부담스러울 뿐이다. 그런 과거 속에 순수한 '힌두 인도'를 위한 자리는 없다. 일종의 '과거 의식'이 네오힌두이즘 추종자들을 지배한다는 점은 역설적이다. 복잡하게 뒤엉킨 과거라는 실타래에 현재를 덧칠해야 한다. 있는 그대로의 과거는 잊히고, 실상과 무관한 과거가 '기억되어야' 한다.

어쩌다 이 지경이 됐을까? 세상에 유례없는 다양성의 역사를 자랑하는 나라가, 어쩌다 이렇게 자신의 역사를 망각하고 경박한 단순 논리를 추구하게 된 것일까? 어쩌다 이렇게 많은 이들이, 자기가 원하는 과거가 아니라고 해서 풍요롭던 과거를 지워버리고 결코 사실이 될 수 없는 과거를 선호하게 된 것일까? 인도가 느끼는 삭제 및 날조 충동의 이면에는 근대 아시아의 다른 곳에서도 볼 수 있는 자기혐오가 놓여 있다는 점에서, 앞 질문들에 대한 해답은 하나의 주제의 변주에 해당한다. 자존심을 내세운 자기부정. 자기정체성을 위한 진실의 포기.

° 힌두투바 이데올로기

인도인이 아닌 사람이 근대 인도에 관하여 매우 권위 있는 역사서 한 권을 펴냈다. 영국의 경제학자이며 역사학자인 제임스 밀은 1806년 『영국령 인도의 역사』를 쓰면서 인도에 가보거나, 현지어를 배우거나, 인도인과 사귈 필요를 전혀 느끼지 못했다. 그로부터 10년 후 이 책이 세 권으로 출간될 때, 밀은 자신이 법조인 같은 객관성을 원했다고 설명했다. 희한한 점은 『영국령 인도의 역사』가 본질적으로 인도에 관한 책이 아니라는 사실이다. 밀의 관심사는 무엇보다도 영국과 영국의 정치였다.

밀은 제러미 벤담을 추종하는 공리주의자였다. 사물의 가치는 그 유용성에 따라 결정된다는 것이 벤담 철학의 핵심이다. 인간, 문화, 업무, 사람의 노력 등 모든 것이 이 기준으로 평가된다. 여기서 우리가 공리주의의 정의를 깊게 논할 필요는 없다. 공리주의의 이론적 체계가 확립된 이래 우리는 200년 이상 공리주의적 방식에 익숙하게 살아왔고 지금도 그렇게 사고한다. 서구가 아시아를 바라보는 시선도 마찬가지다. 그러나 밀이 『영국령 인도의 역사』를 집필하던 시기는 영국에 공리주의 논의가 등장한 지 얼마 되지 않은 시점이었다. 에드먼드 버크 같은 보수주의자나 장 자크 루소 같은 18세기 낭만주의자들은 공리주의에 반대했다. '고결한 야만인'noble savage의 간소한 삶을 주장하던 그들은 결국 근대가 시작되면서 패배했다. 제임스 밀이 이 책을 집필한 의도 역시, 당시 큰 쟁점이 되고 있던 인도에서의 영국의 역할에 공리주의 원리를 적용해 그 효용성을 분석하는 것이었다. 밀은 인도를 식민화하는 일이 비효율적이라는 이유로 반대했다. 그가 보기에 사법제도와 교육제도는 계속 현지어로 이루어지는 편이 훨씬 더 유용했다.

밀은 두 가지 측면에서 인도에 영향을 끼쳤다. 우선 그는 인도의 과거를 이상하게 혐오한 나머지 별로 보존할 만한 점이 없다고 여겼다. 인도 역사에는 위대한 면이 조금도 없으므로 영국은 인도를 백지 상태로 간주하고 접근해야 한다고 밀은 주장했다. 『영국령 인도의 역사』 초판에서 그는 인도 역사에 겨우 20여 쪽을 할애했다. 밀은 "저속한 나라일수록 아득한 옛날에 대해 허세를 부리며 만족을 구하는 법"이라면서 "동양 각국은 특히 뽐내거나 이해할 수 없는 허영을 보이는 경향이 심하며, 터무니없는 주장을 하는 경우가 빈번하다"고 적고 있다. 즉 영국이 발견하기 이전의 인도는 별 볼일 없다는 태도였다.

또한 밀은 인도의 역사를 힌두 시대, 무슬림 시대, 영국령 시대로 구분했다. 이전에는 그런 구분이 없었다. 그리고 이 이후로 이 구분이 전혀 쓸모없다는 견해도 나오지 않았다. 그러나 무슬림은 무굴제국이 통치하기 이전에 이미 교역을 통해 수백 년간 인도에 영향을 주었다. 이 기간에 수백만 개의 손가락이 형식에 구애받지 않고 차근차근 하나의 정교한 양탄자를 짜냈고, 이를 통해 다채로운 사람들이 공유하는 하나의 역사가 형성됐다. 무슬림이든 힌두교도든, 지배층이 오로지 자기 종교에만 의거해 타자를 지배하는 법은 없었다. 하지만 이런 사실은 밀의 '시대 구분'에서 빠지고 없다. 예를 들어 마흐무드가 솜나트를 습격한 사건은 19세기에 와서야 힌두교도들에게 '트라우마'로 주입됐다. 과거를 오랜 반목의 역사로 이해하는 편이 더 유용했기 때문이다.

무슬림은 호전적이고 횡포하고 맹렬히 싸운다. 이것이 십자군전쟁 이후 무슬림에 대한 서구의 인식이었고, 무굴제국 시대 역시 그렇게 묘사됐다. 그럼 힌두교도는? 그들은 무슬림과는 대조적으로 모든 면에서 열등하게 인식됐다. 환상적인 신화는 있지만 역사가 없고, 사회체계 및 제도가 부족하고 과학에 무식한, 무기력하고 퇴폐적인 사람들로 그려졌다. 무슬림과 나란히 비교했을 때 힌두교도는 나약했다. 무능력하고 무지하고 소심했다. 밀은 이렇게 표현했다. "힌두교도는 사물의 효용보다는 하찮은 관례를 더 중시한다." 그는 또한 "힌두스탄 원주민들의 열의 없는 무심함과 신체적 나약함" "힌두교도의 생기 없음과 나태함"을 언급했다.

『영국령 인도의 역사』가 출간된 지 2년 후, 밀은 인도에서 영국의 이해관계를 대변하는 영국 동인도회사 고위직에 임명됐다. 밀은 죽을 때까지 그 직책을 맡았고, 그의 유명한 아들 존 스튜어트 밀이 대를 이어 같은 일에 종사했다. 제임스 밀의 저서는 거듭 인쇄되면서 영국령 인도제국 시대에 동인도회사 직원들과 공무원들의 필독서로 자리 잡았다. 밀의 사상은 주류가 됐고, 그 자취는 지금도 서구인이 별 생각 없이 내뱉는 말 속에 남아 있다.

물론 밀의 영향력에 대한 과대평가일 수 있다. 실제로 적지 않은 인도인이 그의 영향력을 과대평가한다. 그러나 이것은 밀이 발휘하는 영향력이라기보다는 밀로부터 형성된 일정한 통념이 발휘하는 영향력이다. 인도인은 지배자 영국이 인도에 대해 하는 말이 사실일지 모른다고 생각하게 됐다. 힌두교도들이 그런 통념에 처음으로 도전한 것도 바로 지배자들이 심어준 열등감, 실패감, 역사적 모욕감 속에서 일어난 일이었다. 인도의 교육받은 엘리트 지식인들은 1870년대에 이런 움직임을 주도하면서, 그게 힌두교도의 문제점이라면 힌두교도는 이를 재고해야 할 것이라고 말했다.

힌두트바라는 명칭은, 민족주의자 비나약 다모다르 사바르카르가 영국 감옥에서 인도는 민족국가, 힌두 국가여야 한다고 주장한 1923년에 등장했다. 사바르카르의 사상이 나타난 시기는 동인도회사의 지배가 끝나고 영국령 인도제국이 시작된 1858년 직후로 거슬러 올라간다. 당시는 일본과 중국이 서구 세력의 도래에 대처할 방법을 궁리하던 때다. 구체적인 상황은 달랐지만 인도에서도 유사한 테마를 발견할 수 있다. 향수, 무력함, 르상티망. 힌두트바는 그 명칭을 얻기도 전에 벌써 이 모든 것을 반영하고 있었다.

초창기에 힌두트바 이데올로기는 열성적인 신봉자 다야난다 사라스와티의 영향을 받았다. 브라만 가문에서 태어난 다야난다는 힌두교 사제가 되려고 공부했으나, 회의가 들자 공부를 그만두고 떠돌면서 힌두교

신앙을 전면적으로 개혁해야 한다고 설파했다. 힌두교는 서구인이 보기에 뒤죽박죽 체계가 없으니 깔끔한 정리가 필요하다는 것이 그의 생각이었다. 우상숭배, 신화, 지역마다 다른 전통과 신, 다신교 전통 등 모든 것을 전부 바꿔야 했다. 대신 '제대로 된' 종교에 걸맞게 유일신과 통일 경전(베다)이 있어야 했고 다양한 종파는 필요 없었다. 그래야만 힌두교도들이 퇴보하지 않고 외국의 지배에서 벗어나 잃어버린 황금시대를 되찾을 수 있었다. 그리하여 1875년 다야난다는 '고결한 공동체'라는 의미의 '아랴 사마지'Arya Samaj를 설립했다. 힌두트바라는 용어가 사용되기 반세기 전에 이미 거대하고 맹렬한 힌두트바 조직이 설립된 것이다.

다야난다의 수많은 후계자들은 스승의 이념을 발전시키고 여기에 집착했다. '힌두교도는 나약하고 생기가 없다. 형이상학적인 것에 너무 심취해서 그렇다. 힌두교도는 비과학적이다. 베다 속에서 과학을 재발견해야 한다. 제임스 밀이 말한 "역사적 우화"는 버려야 한다. 그리고 결국 자아가 문제다. 힌두교도는 이제 세상을 달리 봐야 한다. 세상은 힌두교도와 비힌두교도로 나뉜다. 무슬림과 기독교인이 정복자가 된 이유는 남성적이고 무력과 과학을 숭상했기 때문이다. 그러나 그들은 우리와 섞여 살 뿐 우리가 아니다. 인도인의 자아는 곧 힌두교도의 자아다.'

정작 본인은 신앙심도 없으면서 신앙에다 이런 이데올로기를 접붙여 오늘날 인도를 망치고 있는 장본인이 바로, 감옥에서 선동적인 글을 써낸 사바르카르다. 그는 무슬림에 대해 애증을 느꼈다. 무리도 아니다. 그는 무슬림이 자랑하는 임전무퇴의 용맹함에 "거부할 수 없는 매력"을 느낀다고 고백하기도 했다. 그러나 그에게 무슬림은 호감의 대상이기에 앞서 힌두교도의 자아를 확립하는 데 필요한 '타자'였다. 이것은 공간의 문제였고 '인종'의 문제였다. 사바르카르는 가즈니왕조의 마흐무드가 처음으로 인더스 강을 건너 남하하던 날 인도는 길은 잃었다고 말하며 이렇게 적고 있다. "바로 그날, 생사를 가르는 갈등이 시작됐다." 그는 또 이렇게 말했다. "비자아non-self와의 갈등만큼 사람의 자의식을 또렷이 하는 것은 없다."

사바르카르는 — 이게 정말 묘한 점인데 — 종교적인 인간이 아니었다. 자료에 의하면 그는 오히려 무신론자였고, 수많은 힌두트바 조직 중에서 가장 막강한 라쉬트리야 스와얌세박 상(Rashtriya Swayamsevak Sangh, RSS)에도 가입하지 않았다. 그러나 RSS로 인해 유명해진 힌두트바 전략전술의 완성자가 바로 사바르카르였다. 욕설과 비방, 보복, 증오와 편견 심어주기, 힌두의 과거를 이상향으로 보는 강박적 의식, 힌두교도만 희생자라는 피해의식, 극적인 효과를 위해 의도된 폭력, 파시즘적인 방식과 이미지에 대한 찬양 등을 사용한 것이다. 힌두트바는 '국민' 관념을 구축하는 과정에서 유럽인들의 사고방식을 대폭 빌렸다. 그러나 차용해온 것들은 전부 틀려먹은 유럽인들로부터 빌린 틀려먹은 관념들이었다. 인종, 종교, 지리, 혈통, 영토. 바로 르낭이 경계 대상으로 지적하던 것들이다. 그러나 힌두 민족주의자들은 이것들을 운동의 도구로 채택했고, 우리는 벌써 무서운 속도로 세력을 확장해가는 힌두트바를 목격하는 중이다.

인도는 정신과 물질이라는 문제를 일본이나 중국처럼 절실하게 근심한 적이 없는 나라다. 근래에 들어서야 도입된 새로운 기술들이 기존의 사고방식과 충돌하고 있다. 그러나 인도가 오늘날 맞이한 위기는 체와 용의 문제로 조명해볼 만하다. 같은 주제의 변주에 해당하는 사례인 탓이다. 물론 인도는 근대적 시스템 중에서도 가장 문제가 많은 국민국가 개념을 둘러싸고 그동안 다채로운 토론을 벌여왔다. 서구를 맞아 발생한 인도의 위기는 결국 이 같은 형태로 모습을 드러냈고, 논의는 벌써 100년 이상 이어지고 있으나 여전히 같은 위기를 겪고 있다.

논의의 골자를 우리는 이미 알고 있다. 간디는 독립을 원했고 민족주의 운동에 핵심적인 역할을 했다. 그러나 그는 민족주의적 엘리트와 그들의 수입된 진보 관념을 비판하고 이를 실천으로 보여줬다. 간디의 샌들 한 짝, 사롱 한 벌에도 그의 신념이 담겨 있었다. 이 문제를 놓고 타고르와 간디가 정면으로 충돌한 사실은 유명하다. 타고르에게 민족주의, 국가주의는 또 다른 우상숭배에 불과했다. 국민국가는 인간의 욕구를 채우고 가능성을 현실화하는 도구로써 충분치 않았다. 타고르의 말을 빌리면 그것은 "다이아몬드 값을 지불하고 사는 유리"였다.

네루는 열성적인 국가주의자였다. 그는 과학기술을 신봉했고 물질적인 측면에서 드러나는 서구의 우월성을 인정했다. 그는 '인도를 창건할' 인물이었다. 그러나 네루는 서구의 진보 관념, 즉 순차적 시간에 의한 진보를 믿었고, 그가 꿈꾸는 인도도 서구의 기준에서 진보한 인도였다. 네루의 국가주의는 본질적으로 해외에서 수입하고 모방한 모든 것을 획일화하는 국가주의였다. 이런 측면에서 네루의 국가관은 기이하게도 힌두트바의 국가관과 겹치는 데가 있다.

네루의 국가주의적 서사는 20년을 버티다가 부정부패, 목표 달성 실패, 경제적 곤란, 세계화의 압박, 신자유주의적 사고의 만연 등 몇 가지 원인에 의해 붕괴됐다. 그러나 붕괴의 첫 조짐이 역사 문제에서 드러났다는 점은 시사하는 바가 크다. 1977년 RSS가 『고대 인도』라는 역사교과서를 문제 삼았다. 힌두 우파들은 이 책이 신성을 모독했다고 선언했다. 옛날에는 브라만 계급도 쇠고기를 먹었다는 내용이 담겨 있었기 때문이다. 쇠고기는 무슬림이나 먹는다고 치부하는 힌두트바 조직 내에서 그런 말은 입 밖에 낼 수 없었다. 게다가 『고대 인도』는 힌두트바의 인종적 정체성의 근간을 이루는 아리아 인종에 대해서도, 이들이 인더스강 남쪽과 동쪽에는 원래 살지 않았으며 북부 지역에서 남하해 정착했다고 설명했다. 힌두트바는 이를 좌파의 선동으로 간주하고 교과서를 불태웠고, 이 일로 『고대 인도』는 큰 논란을 일으켰다. 국민회의가 실권하고 연립정부가 들어서면서 RSS가 처음으로 전국적인 정치 무대에 등장한 때도 바로 같은 해이다. 이후 몇 년간 '삭제'는 공식 국가 정책으로 자리 잡았고, '누가 어떻게 인도의 구성원이 되느냐' 하는 문제는 해결되지 않은 채 남겨졌다.

° 인도 속 비인도인

메마르고 황량한 인도 북서부. 파키스탄 국경 부근의 타르 사막 언저리에 부크나라는 마을이 있다. 여기에서 살인 사건이 일어났다. 카스트제도와 관련된 살인이었다. 부크나 주민의 대다수는 전사 계급이던 라지푸트로서, 상위 카스트에 속했다. 그런데 이 라지푸트 한 사람이 이른바 '불가촉 천민'으로 알려진 달리트 계급의 일원을 살해한 것이다.

사건이 발생한 후 부크나에 살던 달리트 20여 가구는 도피하여 약 130킬로미터 떨어진 곳에 있는 지방 관청 앞에 난민촌을 형성했다. 지저분한 임시 거처였다. 비닐 방수포와 카페트 조각으로 만든 천막에 수도 시설은 물론 없었고, 사람들은 각자 가족이 머무는 천막 앞에서 모닥불로 음식을 조리했다. 내가 방문했을 때 이들은 그런 생활을 벌써 6개월째 계속하고 있었다. 지역 관청이 살인 사건을 공정하게 해결하고, 자신

들이 새로 정착할 마을을 마련해줄 때까지 그곳을 떠날 계획이 없다고
했다. 두 가지 소원 모두 아직까지 충족되지 않았다.

토지를 둘러싸고 오랜 분쟁이 있었다. 라지푸트들은 달리트인 코할라
바이가 소유한 땅을 가로질러 길을 내고 싶어 했다. 법정 소송에서 코할
라바이가 승소하자 라지푸트들이 그의 집을 습격했다. 긴장이 격화되자
부크나에 살던 달리트들은 당국에 보호를 요청했다. 파견된 경찰이 몇
주 만에 철수하자 라지푸트 아홉 명이 코할라바이가 밭에 나가는 아침
시간을 노려 각목, 파이프, 낫 등을 휘둘러 그를 살해했다.

그게 달리트 측의 설명이었다. 난민촌에서 이 사연을 들려준 사람은
희생자의 형인 조다바이였다. 우리는 모래 위에 돗자리를 깔고 캔버스
천으로 된 덮개로 해를 가리고 앉아 이야기를 나눴다. 조다바이의 이야
기를 다 듣고 나서 나는 라지푸트 측의 이야기를 들어보기 위해 부크나
로 차를 몰았다.

부크나는 드문드문 풀이 난 광활한 평지에 자리했다. 전기는 들어왔
지만 상하수도 시설은 없었다. 물은 80킬로미터 떨어진 하천에서 파이
프로 끌어다 사용했다. 그 물이 고이는 공동 물탱크에서 놋쇠 항아리에
물을 받아 이고 모랫길을 걸어가는 여인들을 보았다. 라지푸트 여인이라
면 옛 전통에 따라 푸르다purdah로 몸을 가렸을 텐데 그러지 않은 걸 보
니 라지푸트가 아니겠구나 하고 추측할 뿐이었다.

그 모랫길에 면한 헛간 한 채에 이르렀다. 라지푸트 남자들이 들어와
서 차를 들라고 권했다. 헛간 안에 열두어 명이 있었다. 우리는 대충 자
른 목재에 밀짚 돗자리를 얹은 널찍한 벤치에 걸터앉았다. 주변에는 쿠
션과 깔개가 흩어져 있었다. 라지푸트 원로들이 모이는 곳인 듯했다. 라
지푸트 전통대로 콧수염이 무성하고 머리에 천을 두른 노인이 입을 열

었다. 부크나는 건전한 마을이라고 그가 말했다. 모두들 농사를 지으며, 사람 먹을 곡식 두 종류와 동물 사료용 풀 한 종류를 재배하고, 우유도 풍부하게 생산한다고 했다.

노인의 이름은 카자지 고바다지 라지푸트였다. 그는 주로 물 얘기에 시간을 할애했다. 물 부족은 인도 전역이 그렇듯 부크나에서도 큰 이슈였다. 그러나 인도 농민의 약 3분의 1만이 관개시설의 혜택을 누렸다.

카자지가 말했다. "우리는 몬순에 전적으로 의존하고 있어요. 그래 봤자 7월부터 10월까지지만요. 지하수는 너무 깊은 데 있고 소금기가 많아요. 정부도 관개시설을 설치해주지 않고요. 과거에 외국인들이 다른 지역에 보를 세워줘서 거기는 쓸모 있는 경작지가 됐는데 이곳은 제외됐지요."

보는 시내나 개울물을 가로막는 소규모 장애물이다. 그가 말하는 외국인이란 구호단체 요원들을 가리켰다.

살인 사건에 대해 묻고 싶었지만 말을 꺼낼 때마다 노인은 다시 물 문제로 화제를 돌렸다. 결국 나는 그냥 이렇게만 말해보았다. "부크나의 카스트제도에 대해 알고 싶습니다."

노인이 답했다. "그 문제는 역사가 깊어요. 이곳은 어느 왕국의 일부였어요. 그 왕국의 왕이 이곳 농지를 파텔 카스트에게 하사했지요. 하지만 계급 구분은 있어도 서로 교류를 잘 해서 우리도 파텔들의 집을 방문하거나 그들의 의식에 참가하고 그들도 우리한테 옵니다. 역사적인 관습이지요. 부친도 조부도 다 그렇게 했으니 우리도 선례를 따를 따름입니다. 여자들도 마찬가지예요. 예부터 늘 푸르다를 입어왔으니 지금도 입는 겁니다. 여자들끼리 따로 만나는 장소가 있고요."

"부크나에 달리트는 없습니까?"

키가 큰 젊은 사내가 끼어들었다. 그의 이름은 가네스지 나란지 라지
푸트였다.

"몇 집 있지만 많지는 않아요. 네댓 가구 정도지요."

"몇 사람들이 이곳을 떠났다는 얘기를 들었는데요."

가네스지가 답했다.

"농사일을 하려고 온 이주민들인데 그 일은 임시였기 때문에 지금은
떠났습니다."

그러더니 그들은 자기들끼리 이야기하기 시작했다. 동행한 통역가가
내 쪽으로 몸을 굽혀 속삭였다.

"그 살인 사건은 아직 수사 중이래요. 지금 우리가 앉아 있는 이 헛간
주인이 그 사건 피의자 가운데 주동자인데, 현재 종적을 감춘 상태래요.
그가 어디 있는지는 아무도 모르나 봐요. 당신 질문에 사람들이 긴장하
고 있어요."

자기들끼리 이야기가 끝나자 노인이 헛간 구석에 있던 소년을 불렀다.
아이가 수줍어했다. 이 잘생긴 소년은 양쪽 귀에 보석 박힌 금 귀걸이를
대여섯 개씩 달고 있었다.

노인이 경사가 있다고 했다. 그날은 소년이 혼례를 치르는 날이었다.

나는 깜짝 놀랐다. 인도에서는 벌써 식민지 시대부터 아동의 결혼을
법으로 규제했다. 그런 관습이 아직 남아 있다는 얘기는 있어도 실제로
목격하는 경우는 아주 드물었다. "우리 젊은이는 나이가 몇인가?" 마음
을 추스르고 내가 간신히 물었다.

소년은 대답하려 하지 않았다. "열 살이에요." 노인이 자랑스럽게 말
했다.

"이름이 뭐니?"

가네스지와 다른 사람들이 또 자기들끼리 뭐라고 얘기하기 시작했다. 해서는 안 되는 질문을 했다는 게 명백했다.

통역가가 또 속삭였다.

"이제 가야겠어요. 저 사람들이 당신을 관청에서 염탐 나온 사람으로 확신하고 있어요."

달리트 살인 사건에 대해 새로운 정보를 알아내지는 못했다. 그러나 부크나는 마음속에 수많은 의문을 남겼다. 그 의문은 인도의 다른 지역에 적용해보아도 좋을 만한 것들이었다.

부크나의 라지푸트는 어떤 존재들인가? 그들은 어떤 소속감으로 묶여 있는가? 그들은 자기정체성과 소속감을 어떤 식으로 이해하는가?

그들은 농민 계급인 파텔 앞에서는 '라지푸트 전사의 후예'였고, 달리트 앞에서는 '라지푸트 계급'이었다. 그들은 '힌두교도'였고, 소년의 혼례에 있어서는 하나의 '가족'이었고, 살인 사건 수사와 관련해서는 '부크나 주민'이었다. 그들은 어떤 때에 '인도인'일까? 주로 안 좋은 일인 경우에 그렇다. 예를 들어 인도 정부가 인도 국민에게 마땅히 제공해야 할 관개 시설을 제공하지 않는다고 불평할 때 그들은 '인도인'이다.

달리트는 어떤가? 난민촌에서 만난 조다바이는, 자신들은 카스트제도에 불만이지만 강제되는 것이니 어쩔 수 없이 참고 받아들인다고 설명했다. 그러나 그들은 강한 정체성을 공유했다. 그들이 부크나에서 피신할 때 트럭 한 대를 대여했는데 그 일대 모든 달리트들이 대여비에 보태라고 돈을 냈다. 달리트는 이렇게 연대의식을 지녔다. 자기들의 불리한 처지가 외부적으로 강제된 것인데도 강한 소속감을 보이는 경우를 다른 데서도 본 적이 있다. 달리트는 인도인이기도 했다. 그들은 인도 정부가 자신들을 보호하고, 사건을 공정하게 심판하고, 피난민이 다시 정착하는 일을 도와주길 바랐다. 그들이야말로 마을사람이나 그 외 다른 어떤 것이기 이전에 '인도인'이었다. 그들은 경찰, 법원, 지역 관청에 차례대로 호소했다. 그들은 부산스러운 읍내 중심가에 임시로 진을 치고 모닥불을 피우고 기다렸지만 그들이 기다리는 인도 정부는 와주지 않았다.

우리는 부크나의 달리트와 라지푸트의 이야기에서 일곱 가지 소속관념을 보았다. 이게 바로 인도다. 이렇게 많은 종류의 소속감이 끈질기게 명맥을 잇고 있음을 충분히 고려하지 않았던 네루보다는, 간디가 인도 국민을 더 잘 이해했던 것으로 보인다. 인도를 '모자이크'라고 부르는 것은 진부한 표현이다. 어쩌면 '조각그림 맞추기'가 더 적당한 용어일지 모른다. 단순히 사회, 문화, 종족, 종교 정체성 같은 거시적인 다양성만이 문제가 되는 게 아니라, 각 개인과 공동체에 내재하는 여러 정체성도 중요하다. 즉 사람이 어떤 때, 무엇에 소속감을 느끼느냐 하는 것이다. 이런 의미에서 우리는 인도의 총인구는 알아도 그중에 스스로를 '인도인'으로 인식하는 이가 몇 명이나 되는지는 모른다. 분명히 11억 명은 아닐 것이다. 인도가 뭔지 모르는 사람을 '비인도인'으로 규정한다면 인도에는 수많은 '비인도인'이 있다고 말한 이도 있다.

이 '모자이크'는 사실상 무한하다. 그 방대함과 다양성은 이루 다 말할 수 없다. 사금파리나 몇 쪽 주워들고 잘 살펴서, 부분으로 전체를 파악할 힌트를 얻어내길 바라는 길밖에 없다. 비록 '장님 코끼리 만지기' 식의 접근법이고, 그런 작업을 끝내는 일이 과연 가능할지도 알 수 없지만, 그럼에도 꼭 해야만 하는 일이다. 다음의 일화도 그런 사금파리 한 조각이다.

° 브라만과 달리트의 결혼

라자스탄 주의 수도 자이푸르는 군주가 1853년 영국 왕세자의 방문을 기념해 도시를 온통 분홍색으로 칠했다 하여 '핑크시티'로 알려져 있다. 자이푸르의 궁전, 옛 요새, 앨버트 박물관은 인도의 이른바 '마하라자 관광' 코스에서 빼놓을 수 없는 곳이다.

카비타 스리바스타바는 자이푸르의 어느 주택지에서 일종의 사회 복귀 훈련소 같은 시설을 운영한다. 사람들은 예고 없이 이곳에 와서 필요한 만큼 머물다가 옛 생활로 되돌아가거나 혹은 새로운 삶을 찾아 떠난다. 그런 특성 때문에 이곳에는 일종의 통제된 혼란이 존재한다. 관광 명소에서 불과 몇 킬로미터 떨어진 곳에 '인크레디블 인디아'가 아니라 '감춰진 인도', 완전히 별개의 인도, 밀폐된 인도, 그 밀폐를 벗어나려고 애쓰는 사람들의 인도가 있다.

나는 거기서 비말레시와 라비 부부를 만났다. 아내는 브라만, 남편은 달리트였다. 두 사람은 자이푸르에서 자동차로 두어 시간 떨어진 마을 출신의 젊은 교사들이었다. 고교시절부터 알고 지낸 비말레시와 라비는 카스트제도의 장벽과 가족의 반대를 무릅쓰고 온갖 고난 끝에 결혼식을 올렸다. 혼례는 힌두교식으로 치르고 관청에서 혼인신고까지 마쳤다. 처음에 그들은 결혼 사실을 비밀에 부치고 각자 부모 집에서 살았다. 곧 두 사람은 집을 떠나 사범대학에 입학했으나, 비말레시의 가족이 결혼 사실을 알고 둘을 강제로 떼어놓으려고 했다. 동네 브라만들이 라비의 가족을 못살게 굴기 시작했다. 이 일은 법정 공방으로 번지고 급기야 경찰서에서 대치하는 상황까지 벌어졌다. 비말레시가 뎅기열로 둘째 아이를 잃었을 때도 그녀의 가족들은 아무런 위로도 건네지 않았다.

내가 그들을 만났을 때 비말레시의 가족은 이미 그녀와 절연했고, 라비는 공립학교 교사직에서 쫓겨난 상태였다. 비말레시는 자신을 더 이상 브라만으로 생각지 않았다. "누가 물으면 전 달리트라고 말해요." 그 말에서 고집스러운 자부심이 느껴졌다. 그들의 고향마을은 평화를 되찾았지만 여전히 불편한 공기가 감돌았다. 그들은 다시는 거기로 돌아갈 생각이 없었다. 만약 돌아갔다가는 집안의 명예를 더럽혔다는 이유로 살인까지 일어날 판국이었다.

대가족에서 이탈한다는 것은 인도에서 쉬운 일이 아니다. 그 점에 대해 어떻게 느끼는지 물었다.

앞가르마 아래 기혼녀임을 나타내는 붉은 선을 그려 넣은 비말레시가 말했다. "저는 남과 다른 선택을 했지만 제 선택에 확신을 갖고 있습니다."

비말레시가 말하는 동안 라비는 생각에 잠겼다. 목 단추를 푼 셔츠에 청바지 차림인 라비는 아주 침착했다. 그에게는 달리트들이 종종 보이는 움츠러드는 기색이 전혀 없었다. 잠시 후 그는 아내와 똑같이 단호하게 내 질문에 답했다.

"아주 간단히 말해서 '자력으로 헤쳐 가는 법을 배웠다'고나 할까요."

인도에서 카스트제도는 여전히 위력적이다. 그렇지만 마을이나 도시마다 그 정도는 각각 다르고, 특히 시골과 도시의 차이는 상당히 크다. 카스트제도가 전통적인 사회적 영향력을 잃은 곳도 많고, 고용 측면에서도 사회적 유동성은 증가하는 추세다. 대신에 카스트는 점차 정치 세력으로 변해가는 중이다. 예를 들어 바후잔 사마지 당Bahujan Samaj Party은 달리트 계급의 정당으로서 최근 부상하고 있다. 이들이 세력을 넓혀

감에 따라 흥미롭게도 상위 카스트들도 정당을 만들고 있다. 이렇게 정치 현상으로서의 카스트제도는 복잡한 양태를 보인다.

카스트는 개인에게도 복잡한 문제다. 달리트 계급 출신이 출세하면 달리트의 권익을 위해 싸울까, 아니면 그냥 대도시로 삶의 거처를 옮기고 출신 계급을 숨기며 살까?

델리에서 만난 정형외과 의사 야두 랄은 달리트 출신이었다. 부친은 가죽 샌들을 만들었다. 랄이 어릴 때 그의 가족은, 네루 정부의 법무장관으로서 달리트의 권리를 위해 투쟁한 빔라오 람지 암베드카르에 크게 고무 받았다. 선교사 학교는 랄의 앞길을 터주었고, 의과대학을 마친 그는 1984년 32세로 모 공립병원 정형외과 의사로 임명됐다. 누구나 욕심 내는 영국에서의 전임의 과정도 마쳤다. 그러나 역경이 닥쳤다.

공립병원에도 물론 하위 카스트 출신 의사들이 있었지만 고위직에는 전혀 없었다. 랄은 자기에게 배당되는 수술이 점점 줄고 있음을 깨달았다. 그는 그 추이를 기록하고 이를 근거로 진정서를 제출했다. 그러자 병원은 수술을 맡기기에 능력이 부족하다며 그를 재빨리 해고했다. 이 사건은 델리의 각종 일간지에 수개월간 크게 보도됐다. 법원은 결국 랄에게 직무상 아무런 과실이 없다는 판결을 내렸지만 그의 경력은 이미 망가진 상태였다. 나와 만났을 때 랄은 운명과 야심 사이, 타고난 정체성과 만들어진 정체성 사이에서 샌드위치가 된 채 도구가 모자라 정기적으로 수술할 여건이 안 되는 소규모 병원에서 근무하고 있었다.

"과학을 웃음거리로 만들어도 유분수지요." 어느 날 저녁, 자택에서 자기 사연을 전부 털어놓은 랄이 말했다. "과학은 논리적인 분석을 요하지요. 의료 감사제도가 꼭 필요해요. 그런데 제가 겪은 사례에서 드러난 실상은 21세기가 아니라 완전히 중세 인도예요."

라자스탄 주 아지메르에는 수도원 학교인 소피아대학이 있다. 이곳에서 교편을 잡고 있는 산디야 라이나 교수는 사회학자이고 브라만 출신이었다. 산디야는 제자들과 자신에 대한 이야기를 들려주었다.

인도에서 젠더는 또 하나의 밀폐된 공간이며, 또 하나의 소속감이고 또 하나의 족쇄다. 계급이 높을수록 밀폐의 정도는 심하다. 소피아대학을 나온 수많은 젊은 여자들도 졸업 후 몇 년 내로 힌두교 전통 혼례의 뿌연 베일 속으로 사라져갔다. 상위 카스트 출신의 어느 학생은 졸업 후 얼마간 교수들과 편지로 연락을 지속했다. 이 학생은 소피아대학을 우수한 성적으로 졸업했지만, 집에 돌아갔을 때 가족들은 그녀에게 젖소를 돌보게 했다. 편지는 점차 뜸해졌고, 이 우등생이 그 후 어떻게 됐는지 아는 사람은 아무도 없다.

나는 산디야에게 비말레시와 라비의 이야기를 들려주었다. 산디야가 고개를 저었다.

"다른 카스트끼리 결혼하는 사례가 증가하고 있는 건 맞아요. 하지만 그것은 어디까지나 카스트 간에 큰 차이가 없을 때의 얘기지요. 예컨대 라지푸트와 자트라면 서로 별 차이가 없지만, 브라만과 달리트요? 극단적인 경우지요. 사회는 그런 결혼을 절대로 용납하지 않습니다. 특히 여자의 경우는 더하고요. 감정적, 심리적, 재정적, 사회적 지원 없이 인도에서 가족과 연이 끊기고 사회에서 천시 받으면 역경을 피할 길이 없어요."

산디야는 사회학자답게 전문용어를 사용했다. 카스트 제도상 혼인은 '계급내혼'이 원칙이었다. 즉 같은 카스트 안에서 배우자를 골라야 했다. 라비와 비말레시는 '계급외혼'을 선택했다. 라비는 '상향결혼'을, 비말레시는 '하향결혼'을 했다. 산디야가 이런 용어들을 써가면서 말하려는 요지는 결국 제도를 유지하는 것을 중요시하는 자신의 관점이었다. 그녀는 제도의 내부자이자 관찰자로서 말했다.

화제가 자신에 대한 것으로 넘어가자 산디야는 이렇게 말했다. "근대성은 우리의 의식주보다는 사고방식에 더 큰 의미를 지니지요. 가치관은 가정마다 다른데, 우리 집의 경우는 꽤 근대적입니다. 저는 딸을 동등한 존재로 대해요. 그러나 혼인 문제는 굉장히 중요해요. 우리 고유의 문화를 그냥 무시하기는 어렵거든요. 전부 다 근대적일 수는 없지요."

°아메다바드의 폭력

아지메르에서 산디야와 대화한 후 나는 하이테라바드에서 만난 젊은이 아라빈드 쿠마르를 떠올렸다. 그는 산디야처럼 세련되지는 않았지만, 그럼에도 두 사람은 한 발은 근대를 다른 한 발은 전근대적 전통을 딛고 살아간다는 점에서 닮은꼴이었다.

아라빈드는 하이테라바드로부터 240킬로미터 떨어진 소도시에서 자랐다. 그의 가족은 '기타 소외계급', 즉 궁핍한 사회계급으로 분류되는 마라타 출신이었다. 아라빈드는 그 지역의 대학에서 텔루구Telugu어로 진행되는 강의로 학사과정을 마친 뒤, 하이테라바드로 옮겨 경영학 석사 학위를 취득했다. 영어 강의는 하이테라바드에서 처음 수강했다.

"갑자기 대인관계술을 개선하고 기업인들과 접촉해야 했어요." 아라빈드가 말했다.

나는 그게 무슨 말인지 알 수 있었다. 하이테라바드에서 아라빈드는 새로운 자아를 창조해야만 했다. 그래야 낯선 이들로 가득한 낯선 세상을 잘 헤쳐 나갈 수 있었다. 실제로 그는 제대로 변신한 듯했다. MBA 덕분에 그는 광고회사에 취직해 무역박람회 홍보직도 맡았다. 아라빈드의 어휘는 '전시의 개념화' '홍보 전략 구상' '장소 마케팅' '현장 관리' 등 업계 전문용어로 가득했고, 그는 그것을 즐기고 있었다.

아라빈드가 한 달에 버는 2만7,000루피(약 68만 원) 덕택에 가족들도 하이데라바드로 거처를 옮겼다. 아라빈드는 집 한 채를 빌려 가족과 함께 살면서 그들의 생계를 책임졌다. 나이 스물일곱에 그의 새 자아와 옛 자아는 나란히 놓여 있었다.

"결혼은 안 해요?" 내가 물었다.

"2~3년 지나서 생각해보려고요. 결혼해도 계속 부모형제와 함께 살 생각이에요. 하지만 중매결혼은 싫고, 연애결혼을 하고 싶어요."

아라빈드가 말을 잠시 멈췄다가 다시 이어갔다. "결혼하기 전에 양가의 합의가 있었으면 좋겠어요."

"합의요?"

"제게 카스트는 문제되지 않아요. 결혼은 당사자들이 결정할 일이죠. 두 사람이 서로를 이해하는 게 먼저고 재산 같은 건 부차적인 일이에요. 하지만 우리 어머니는 아주 전통적인 사람이고 이질적인 상황에 노출된 적이 없어요. 아버지도 마찬가지고요."

"만약 부모님을 설득하지 못한다면 같은 카스트 출신 배우자와 결혼할 생각인가요?"

"물론이죠."

2002년 구자라트를 발칵 뒤집은 집단 폭력 사태의 전모는 이미 잘 알려져 있다. 힌두트바 계열 조직들이 살인과 방화를 사전에 계획한 것이 분명했다. 이 사건은 인도 전역에 상흔을 남겼다. 그리고 곧 기이한 침묵이 찾아왔다. 충격과 황망함과 수치심으로 인한 침묵이었다. 인도가 어쩌다 이 지경이 됐는가? 힌두교는 왜 이렇게 변했는가? 힌두교는 어떻게 인도를 이렇게 만들어 놓았는가?

아메다바드에서 나딤 사예드를 만난 것은 그로부터 수년이 흐른 뒤였다. 봄베이에 있는 지인이 그의 이름을 거론하며 해준 설명은 아주 모호했다. 지역 무슬림들이 존경하는 인물, 모종의 지도자. 그러나 무엇을 주도하는 지도자인지는 확실치 않았다. "그에게 정중하게 부탁하면 자마 마스지드 사원의 이맘(Imam, 종교 공동체 지도자)을 만나게 해줄 겁니다." 그 봄베이의 지인이 말했다. 자마 마스지드는 인도에서 가장 아름다운 모스크 중의 하나로 꼽힌다. 15세기 초에 건립된 이 거대한 사암 건축물에는 이슬람 양식과 힌두 양식이 묘하게 혼합된 문양이 기둥마다 정교히 새겨 있다.

전화를 받은 나딤은 퉁명스럽고 망설이는 어조였다. 원하는 게 뭔지, 무슨 책을 집필할 계획인지, 내 다른 저서를 볼 수 있는지 등을 물었다.

그가 잠시 침묵하더니 이윽고 말했다. "10분 후에 호텔 로비로 내려오세요."

나딤은 30~40대로 보였고 머리는 엘비스 프레슬리처럼 빗어 넘긴 스타일이었다. 길 건너편에 그의 모터사이클이 서 있었다. 우리는 모터사이클에 올라타고 구시가지 중심가에 있는 이슬람 사원으로 출발했다.

모터사이클은 오후의 혼잡한 길을 지그재그로 누볐다. 그 붐비는 대로에서 나딤이 다른 모터사이클 한 대를 바짝 따라잡았다. 검은 복장에 베일을 쓴 여인이 왼손에 휴대전화를 든 채 모터사이클을 몰고 있었다. 나딤은 시속 64킬로미터로 달리는 상태에서 손을 내밀어 그녀의 휴대전화를 가로챘다. 나는 심장이 멎는 줄 알았다. 나딤은 다음 몇 킬로미터를 내달리는 동안 여전히 같은 속력을 유지한 채로 그 휴대전화에 메시지와 전화번호를 입력했다. 여인은 계속 우리를 뒤쫓아 오며 뭐라고 소리를 질렀다. 빨간 신호등에 정차했을 때 나딤은 비로소 여인이 문제의 휴대전화를 다시 잡아채가도록 놔두었다.

나는 아무 말도 하지 않았다. 사실 그날 나딤과 내가 나눈 대화는 지극히 단순한 수준에 머물렀다. 언어 차이로 인해 의사소통이 제한적일 수밖에 없기도 했지만, 나딤의 소통 수단이 주로 상징과 몸짓이었던 이유도 있다. 그는 어떤 것을 보여준 다음 판단은 내게 맡겼다.

우리는 좁은 골목길 몇 개를 차례대로 이리저리 빠져나갔다. 어떤 골목은 포장도로였고 어떤 골목은 흙길이었다. 덮개 없이 훤히 드러난 하수가 길 한복판을 흘렀다. 길가에 염소, 개, 닭, 아이들, 건달들, 석쇠에 달군 다리미로 다림질하는 사내들이 차례대로 스쳐 갔다. 나는 우리가 어디로 가고 있는지 궁금해지기 시작했다. 마치 왔던 길을 되돌아가는 느낌이었다.

그때 아까 그 휴대전화 여인이 갑자기 나타났다. 나딤은 그녀를 쫓아가 모터사이클을 세우고 몇 마디를 나눴다. 그녀는 누구였을까? 아내? 누이? 여자친구? 자세한 건 알 수 없으나 상관없었다. 잘 알려진 사실이지만 휴대전화는 전통적인 공동체 안에서 강력한 도구로 자리 잡았다. 휴대전화는 자주성을 상징했고, 무슬림 집안에서 여성에게 휴대전화가 허락되는 일은 별로 없었다.

이맘은 휴대전화는 물론 텔레비전 시청, 여성의 대학교육, 현대적인 복장에 반대하는 보수적인 인물이지만, 정치 지향적이거나 다른 공동체에 적개심을 갖고 있지는 않았다. 그는 키가 크고 마른 체격에 하얗게 샌 수염을 길게 길렀다. 우리는 그의 서재 바깥쪽에 깔린 양탄자에 앉아 모스크의 널찍한 중앙광장을 내다보았다.

내가 말했다. "이 모스크가 1424년에 세워졌으면 무슬림과 힌두교도가 서로 600년이나 나란히 공존해왔다는 얘기 아닙니까. 그런데 이제 와서 서로 갈등을 보이는군요."

"600년 전에는 우리 무슬림 공동체에 어떤 덕성이랄까 그런 것이 있었지요. 지금은 그게 사라지고 없어요."

"그럼 힌두 공동체는요?"

이맘이 웃었다.

"그들도 마찬가지예요. 그들도 덕성을 잃었습니다. 힌두교도를 힌두교도답게 하던 특질과 도덕성을 상실했어요. 무슬림이나 힌두교도나 인성이 결여된 것은 똑같습니다."

대화가 잠시 옆길로 샜지만 이맘이 다시 원래의 논점을 되짚었다. "우리 무슬림은 이제 옛날과는 다른 방식으로 타 집단과 구별되고 있어요. 그게 가장 마음에 걸리는 부분입니다."

이맘과 보낸 시간은 짧았다. 면담이 끝난 후 나딤은 나를 호텔로 다시 데려다주었다. 모스크에 갈 때와 마찬가지로, 이번에도 큰길을 피해 길고 꾸불꾸불한 샛길을 골라 필요 이상의 복잡한 방식으로 빙 돌아왔다.

나딤이 보여준 것들과 이맘이 들려준 이야기의 의미를 이해하기까지 어느 정도 시간이 걸렸다. 아메다바드에 대해 좀 더 잘 알게 된 후에야 그것을 깨달을 수 있었다.

아메다바드는 오랜 세월 인도의 전통적인 관용과 포용을 상징하던 기념비적인 장소였다. 도시명은 15세기에 이곳을 세운 술탄 아메드 샤의 이름에서 유래했다. 아메다바드는 이후 수백 년간 무슬림의 지배를 받았고, 인도와 서방 이슬람 국가들을 이어주는 곳, 남아시아와 서아시아

가 만나는 곳으로 기능했다. 16세기에 세워진 어느 모스크 창문에 돌로
정교하게 조각된 '생명의 나무'는 최근까지도 이 도시의 상징이었다. 그
러나 이 모든 것이 내가 아메다바드를 방문할 무렵에는 기억의 한 조각
으로 변해 있었다. 아메다바드는 이제 관용의 척도가 아니라 그 반대였
다. 개인적 폭력이 집단 폭력으로 번졌고 힌두교도는 무슬림을 적으로
여겼다. 생명의 나무는 여전히 거기에 있었다. 모스크 안에서 창문을 올
려다보면 솜씨 좋게 새겨진 나무가 창공을 배경으로 그 수려한 모습을
드러냈다. 그러나 그 작품은, 아메다바드의 (무슬림 및 힌두교도) 주민들
설명대로, 이슬람 양식이었던 까닭에 도시 상징물로서의 지위를 박탈당
하고 말았다.

영국(과 수많은 인도인들)은 인도와 파키스탄을 분리시킴으로써 에르
네스트 르낭이 경고했던 실수를 아주 골고루 저질렀다. 아메다바드는 옛
날에도 폭력 사태가 전혀 없던 곳은 아니었지만, 지금처럼 최악의 상황
은 아니었다. 2002년 폭력 사태 이전에는 이곳 무슬림과 힌두교도의 주
거 지역은 따로 구별되지 않았다. 과거에는 집단 폭력 사태가 간간히 있
더라도 싸우는 '기술'은 훨씬 '개인적'이었다. 무기는 주로 면도날이었고,
부상자는 꽤 나와도 사망자는 극히 드물었다. 주민들의 삶에도 별다른
변화는 없었다. 그러나 2002년 폭력 사태는 이곳에 중대한 변화를 가져
왔다. 이번에는 계획적인 인종청소의 측면이 있었다. 면도날은 대대적인
방화로 대체됐고, 무슬림 여인들은 집단으로 강간당한 뒤 불태워졌다.
마치 오랜 원한과 무기력증과 피해망상을 귀신 쫓듯 몰아내려는 듯한
기세였다. 사망자가 속출했고 도시는 심각하게 파괴됐다. 무슬림들은 동
네에서 쫓겨났고 그와 함께 '기억'도 지워졌다. 부동산 개발업자, 중개업
자, 건축업자들이 아메다바드를 재설계했다. 내가 묵고 있던 호텔 인근

주민 15만 명 가운데 무슬림은 단 한 가구뿐이었다. 다른 무슬림들은 고립된 협소한 지역에 모여 살았다. 현재 아메다바드에는 무슬림 동네와 달리트 동네가 따로 있고, 나머지 땅은 힌두교도와 상위 카스트가 차지하고 있다.

나딤은 나에게 바로 이런 실상을 알려 준 것이다. 그는 일부러 무슬림 슬럼가를 지나가며 지워진 도시의 흔적을 보여주었다. 그리고 이 구역에는 인도의 법이 아닌 무슬림의 법이 존재한다는 것도 보여주었다. 그는 무슬림 법을 따랐고, 그의 소속감도 거기에 놓여 있었다. 무슬림은 이제 옛날과는 다른 방식으로 구별되고 있다고 이맘은 말했다. 나딤이 이맘의 입을 빌려 내게 들려주고 싶었던 말도 바로 그것이었다.

그날 이후로 몇 달간 나딤을 보지 못했다. 나는 솜나트에 가는 길에 아메다바드에 들러 그에게 전화를 걸었다. 목적지를 언급하자 나딤이 말했다.

"중요한 장소지요."

"그래요? 왜요?"

"유서 깊은 곳이니까요."

"유서 깊은 곳. 그게 이유예요?"

"아주 유서가 깊어요."

"그저 오래된 곳이기 때문에 중요하다는 겁니까?"

나딤이 잠시 조용하더니 이윽고 이렇게 말했다. "역사에 따르면 가즈니왕조의 마흐무드가 그곳을 공격했지요. 그것도 여러 번."

내가 말했다. "역사에 따르면 그렇다고 하는데, 그 얘기가 사실이라고 생각하나요?"

그는 한참 지나 입을 열었다.

"저도 잘 모르겠습니다. '역사에 의하면 그렇다'고 밖에는 할 말이 없네요."

나는 아메다바드에서 RSS 소속 조직원을 면담하고자 했다. 다른 곳에서 만나본 이 단체 조직원들의 이야기는 늘 비슷했다. 인도는 힌두교도의 나라이며, 나머지는 손님에 불과하다는 식의 이야기를 아주 상냥한 어조로 말하곤 했다.

그러나 2002년 폭력 사태의 중심지였던 아메다바드는 조금 달랐다. 사건 이후 이 도시가 전혀 양심의 가책을 느끼지 않는다는 사실은 인도 사회에 또 한 번 충격을 안겼다. 나는 스리랑카나 다른 장소에서도 비슷한 현상을 목격한 일이 있다. 파괴, 살해, 폭행, 실종 등 사실상 내전에 해당하는 상황이 펼쳐지는 와중에도 현지에는 섬뜩한 침묵만 가득한 상황. 중국을 연상시키는 점도 있었다. 물론 인도는 중국과 상당히 다른 곳이지만 애도 능력이 부족하다는 점에서 두 나라는 닮은꼴이었다.

나는 발라크리슈난 파르마르를 만나러 그의 일터를 찾아갔다. 그는 동굴처럼 어둠침침한 홀에서 응급처치법을 훈련받는 중이었다. 아메다바드에서 64킬로미터 가량 떨어진 힘마트나가르에서 옮겨온 지 얼마 안 된 발라크리슈난은 후리후리하고 수줍음 많은 27세의 젊은이로, 훈련실에 들어선 외국인의 모습에 약간 당황한 듯했다.

나는 그에게 2002년 일을 물었다.

"그건 사고였어요." 그가 대답했다.

"사고요? 조금 더 설명해줄래요?"

그는 단호하게 대답했다. "못합니다. 우리한테는 잊고 싶은 사건이에요. 하루 이틀 정도 폭력이 있었지요. 더 자세히 알고 싶으시면 RSS 사무실에 연락해 담당자에게 물어보세요."

매우 정교하게 기획된 사건을 그는 '사고'라고 불렀다.

구자라트 폭력 사태는 지역에 따라 두 달 이상 지속된 곳도 있었건만 그는 '하루 이틀'이라고 말했다.

"힘마트나가르는 어땠습니까? 거기에서도 문제가 있었나요?"

"그런 일을 아는 게 무슨 의미가 있지요?"

발라크리슈난과의 대화가 처음부터 삐걱거렸다. 그래서 나는 그냥 RSS에 대해 이야기해달라고 부탁했다. 그가 침착함을 되찾더니 좀 더 편하게 말했다.

"1925년에 발족했지요. 인도의 독립이 목표였고요. 청년들에게 민족주의를 고양하려는 의도였습니다."

연도는 정확했지만 다른 부분은 그가 잘못 알고 있었다. RSS는 독립 투쟁에 대해 무심한 태도를 취한 채, 주로 '힌두교도의 힘'을 키우는 데 열중했다. 발라크리슈난이 혼동한 것은 '과거 삭제'가 있었던 탓이다.

"민족주의 조직이요? 저는 종교 조직인 줄 알았는데요." 내가 약간 놀란 어조로 말했다.

"예, 종교 조직 맞습니다. 하지만 종교는 민족의 뿌리입니다. '나라'와 '국가'는 달라요. '나라'는 땅덩어리고 '국가'는 민족의 정신력이 결집된 공동체입니다."

"정신력이요." 내가 되뇌었다.

"미국을 생각해보세요. 미국에서는 전 국민이 정치에 대해 알지요. 인도에서는 전 국민이 종교에 대해 알아요."

우리의 대화는 이런 식으로 한동안 이어졌다. 예상대로였다. 발라크 리슈난의 이야기는 RSS 표준 지침 그대로였고, 불명확한 용어와 해소되지 않은 모순으로 가득했다. '인도는 곧 힌두이며 종교는 인도의 뿌리다. 그러나 무슬림도 신심은 깊다. 자이나교도나 기독교도 혹은 여타 종교를 따르는 이들도 그 점은 마찬가지다. 종교는 신앙의 문제지만 인도에서 이것은 다르마Dharma, 즉 일종의 윤리적 규범이다. 다르마는 힌두교의 사상이지만 모든 사람이 다르마에 따라 살아가며 다르마는 하나로 정의될 수 없다.'

발라크리슈난의 얘기는 앞뒤가 맞지 않았다. 불확실한 부분을 명확히 하려고 하면 할수록 오히려 점점 뒤엉켰다. 이런 현상은 RSS가 창설되던 때로 거슬러 올라간다. 힌두트바는 언제나 한 덩이의 뒤엉킨 국수와도 같은 이데올로기였다.

발라크리슈난은 십대 때 고향에서 RSS 지부에 가입했다. 인도 전역에 그런 지부가 수십만 개였다. 발라크리슈난이 RSS에 끌린 이유는 이 단체가 주최하는 카바디kabbadi라는 팀 스포츠가 재미있어서였다. 카바디 규칙은 특이하다. 한 팀에서 선수 한 명이 상대방 팀으로 뛰어가 '카바디, 카바디, 카바디'를 반복해서 외치며 가능한 많은 상대방 선수를 건드려야 한다. '카바디'를 외치는 일을 멈추거나 붙잡히면 탈락한다.

발라크리슈난이 카바디에 대해 설명했다. "팀워크와 용기를 길러주는 스포츠지요. 자신을 개선하는 요령도 배울 수 있습니다. 내 인성을 발달시킬 수 있다는 가능성을 본 것도 RSS에 가입한 후였어요."

청년들을 스포츠 경기로 매혹시켜 프로파간다를 전파하고, 자기변신의 중요성 및 내편과 네편을 가르는 습관을 강조해 지배 이데올로기를 주입하는 모습의 전형이었다.

어느덧 해가 졌다. 발라크리슈난과 이야기는 할 만큼 했다. 그와의 면담에서 카바디 경기 규칙을 배웠다는 것 말고는 새로운 사실은 얻지 못했다.

내가 일어서려 하자 그가 한 가지 말하고 싶은 게 있다고 했다.

"네, 말씀하세요."

"저는 RSS의 가르침을 신봉하지만 저와 제일 친한 친구는 무슬림이에요. 여기서 함께 응급처치 교육을 받고 있어요."

인도라는 모자이크 그림을 짜 맞추기 위해서는 시간을 들여 수많은 타일 조각을 모아야 한다. 나는 여기서 그 가운데 지극히 일부만을 제시했다. 그러나 무슬림 친구에 관해 발라크리슈난이 말한 뜻밖의 이야기는 그가 어떤 사람인지를 알려주는 정보로써, 여러 해 전에 착수했지만 완성될 가망이 안 보이던 모자이크 맞추기에 중요한 단서가 됐다. 이 암담한 현실 속에서도, 이 모든 망각과 부정확한 기억의 외중에도 한줄기 빛이 반짝였다.

Somebody

Else's

Century

중요한 것은 우리 내면의 허무를 극복하는 일이다.

【 니시타니 게이지, 1967 】

East

and

West

in

a

Post-Western

World

공중정원

° 이종교배 아시아

이제 우리가 출발했던 곳, '일곱 색깔 연기'를 자랑스러워하던 그 도시로 되돌아가자. 우리는 새로운 이미지를 창조하여 자기변신을 꾀하는 인구 100만 명의 도시 기타큐슈를 다시 한 번 잘 살펴볼 필요가 있다. 왜냐하면 이처럼 재창조된 이미지 속에 바로 이 책이 던지는 질문, 즉 '19세기는 서구의 세기, 20세기는 전환의 세기라고 본다면 왜 21세기는 또 다른 주체가 주도할 세기로 봐야 하는가'에 대한 답이 있기 때문이다.

기타큐슈는 지난 40년간 놀라운 변화을 이뤄냈다. 날이 따뜻할 때면 아이들은 도카이 만 해변에서 멱을 감는다. 음식점은 근해에서 잡히는 100여 종에 달하는 물고기로 요리를 준비한다. 도시 곳곳에 강변 산책로, 자연보호 구역, 환경 박물관, 생태 연구시설 등이 마련되어 있다. 핀

볼 기계, 프린터 카트리지, 자동차, 가전용품, 사무용품, 형광등 등 일일이 열거하지 못할 정도로 많은 물품들이 각각 별도의 재활용 공장에서 처리된다. '못타이나이'もったいない, 즉 '아깝다'는 생각 때문이다. 특별히 새로운 발상도 아니다. 쌀농사를 짓던 농민들의 생활 태도가 반영된 아주 오래된 사고방식이다.

1969년 역사상 최초로 스모그 경보를 발령했던 기타큐슈는 이제 환경 파괴 없는 '지속가능발전'sustainable development의 세계 중심 도시로 발돋움하겠다고 나선 것이다. 성공하지 못할 이유가 없어 보인다. 기타큐슈는 이미 국제사회에서 '환경도시'로 인정받았다. 해안에는 일본 최초로 무공해 산업 단지가 조성됐다. 환경 친화적인 아파트 단지와 재활용품을 파는 친환경 쇼핑몰도 들어섰고, 이와 유사한 기타 사업 수백여 종이 진행 중이다. 시내 어디서나 쉽게 접할 수 있는 광고 인쇄물에는 주민, 기업, 지역사회가 공유하는 목표가 간명히 표현되어 있다. "자연 속의 도시, 도시 속의 자연."

이제 물어볼 차례다. 기타큐슈에서 도대체 무슨 일이 일어난 걸까? 어떤 굉장한 계기가 있었기에 그런 변화가 일어났을까? 기타큐슈가 지난 시대에 자기파괴에 쏟아 부었던 수준의 열정으로 지금 친환경주의를 받아들이는 까닭은 무엇일까? 공리주의적 관점으로는 '일곱 색깔 연기'가 초래한 비용이 편익을 초과했기 때문이라고 말할 수 있을 것이다. 맞는 말이지만 그것만으로는 충분치 않다. 그런 설명은 20세기에서 21세기로 이어지는 기타큐슈의 여정에 관한 이해를 돕기보다는 도리어 어렵게 만든다.

시청에서 나는 미조구치 히로를 만났다. 면담은 그의 사무실에서 이루어졌다. 창밖에는 구름 한 점 없는 푸른 하늘을 배경으로 풍력 터빈들이 줄지어 돌아가고 있었다. 중년에 머리가 벗겨진 미조구치는 수수한 차림으로 조용히 제 할 일을 하는 평범한 공무원처럼 보였다. 그러나 환경보호에 그토록 몰두하는 도시의 환경 공무원은 결코 평범할 수 없다. 우리가 나눈 대화 또한 평범한 것과는 거리가 멀었다. 기타큐슈 시 환경부처 국제협력 담당인 미조구치는, 기타큐슈의 여정이 발전에 대한 집착에서 인간, 기술, 자연 간의 조화에 대한 집착으로 급선회한 사연에 대해 세련된 설명을 내놓았다.

미조구치는 우선 내게 몇 가지 용어의 의미를 거론했다. 하나는 '환경'이라는 말에 대한 것이었다. 환경의 '환'은 사물의 관계성을 의미하고 '경'은 '어떤 것의 상태'를 가리키므로, 환경은 우리가 사는 세상 속에서 모든 사물이 연결되어 있는 상태를 의미했다. 또 다른 용어는 공생이었다. 공생 개념은 지난 10여 년 동안 일본에서 널리 대중화됐다. 미조구치에 따르면 공생이란 단일종이 세력을 얻는 것이 아니라 다양한 것들이 함께 살아가는 상태를 뜻했다. 그는 그 외에도 몇 가지 관련 용어를 열정적으로 설명했다. 우리의 대화는 어느새 과학의 한계, 자연과 인간의 관계를 바라보는 동서양의 관념 차이에 관한 철학적 대화로 발전했다. "우리는 주체고 나무는 객체지요." 미조구치가 말했다. "그러나 우리를 주체로 만드는 건 나무입니다." 이야기는 이런 식으로 이어졌다. 누가 시청에서 이런 종류의 대화를 하게 되리라고 예상했겠는가.

면담을 마무리하면서 미조구치가 인상적인 말을 했다. "우리 나름의 이상과 신념이 있었는데도 우리는 서구의 방식을 따랐습니다. 서구식 진보를 원했던 나머지 고유한 사고방식을 잊은 거예요. 그러다 시간이 흐르면서 사람들이 조바심을 내기 시작했고 결국 우리 고유의 신념을 되찾았지요."

서구인들은 내가 미조구치와 나눴던 종류의 대화를 대개 묵살해 버린다. 오염된 도시를 정화했다는 단순한 사실을 가지고 괜히 동양적으로 신비화하는 소리라고 일축한다. 이해는 간다. 서구인은 경험주의자라 눈에 보이는 것에만 관심을 갖는다. 서구인에게 시각은 오감 가운데 가장 우월한 감각이다. 19세기 서구에 의해 묘사된 일본인과 중국인의 모습도 거울에 비친 서구의 모습과 같다.

그러나 눈을 더 크게 뜨고 기타큐슈를 잘 살피면 흥미로운 점이 보이기 시작한다. '우리가 행하고 만드는 것 속에 우리의 진정한 자화상이 담겨 있다'던 간디의 사상을 마침내 이해했다는 듯, 도시는 전에 없이 정신과 물질이 조화롭고 일치된 모습을 보여준다. 또 우리는 이곳 기타큐슈에서 서구를 극복할 새로운 진보 개념을 발견한다. 서구가 남긴 유산에 대한 중독증은 아시아 전역에서 눈에 띄지만, 단순히 겉으로 나타난 증상만으로는 전모를 알 수 없다. 진실을 파악하려면 아시아의 겉과 속을 한꺼번에 볼 줄 알아야 한다. 당장 겉으로 드러나는 현상을 넘어서야만 앞으로 다가올 것들에 대한 여러 징조와 눈앞에 보이는 것 이면에 존재하는 열망을 발견할 수 있다. 전 지구적인 관점에서 봤을 때 아시아는 산업화된 교외 지역에 해당한다고 얼마 전 베이징의 어느 지인이 말했다. 일리는 있지만 그것이 이야기의 결말이라고 단정할 수는 없다.

이게 바로 기타큐슈의 교훈이다. 기타큐슈는 아시아가 최근 강렬하게 내비치는 충동, 즉 한 세기 반의 방황 끝에 잃었던 자아를 회복하려는 충동을 상징한다. 이것은 많은 의미를 담고 있다. 정신과 물질, 체와 용, 목적과 수단을 구별하던 습관은 마침내 소멸될 것이다. 전경과 배경이 하나로 합쳐지면서 아시아는 자기를 유용한 과거를 갖고 있는 곳, 이 종교배된 곳으로 이해하게 될 것이다. 요컨대 아시아는 근대성의 의미를 스스로 규정함으로써 자존감을 되찾을 것이다. 이 점은 굉장히 중요하다. 이를 통해서 21세기 아시아는 서구의 지도 편달을 받는 처지에서 벗어나 온전한 파트너로 도약할 것이기 때문이다.

메이지 근대화 과정에서 일본은 역사 전체를 통틀어 가장 근본적인 의식의 변화를 겪었다. 그런데 지금 우리는 그런 변화를 또 한 번 목격한다. 다만 이번에는 그 방향이 반대다. 미조구치의 말처럼 일본은 "서구를 흉내 내기로" 결정한 그 순간 과거를 땅에 파묻었다. 앞서 박물관화라는 용어도 등장했지만 '과거를 매장'하는 것도 결국은 같은 말이다. 이로 인해 과거와 현재는 단절됐다. 이후 일본인과 다른 수많은 아시아인들이 자기 궤도가 아닌 타인의 궤도를 따라 살았다. 그러나 이제 그들은 잊고 지내온 과거를 다시 기억해 새로이 이용하고 있다. 본격적인 '자아 되찾기'가 시작된 것이다. 이것이 아시아의 오늘이다. 정도의 차이는 있어도 아시아 곳곳에서 나타나고 있는 이와 같은 현상에 의해 21세기는 크게 바뀔 운명이다.

이것은 박물관에서 곰팡내 나는 구닥다리 전통을 꺼내와, 전통이 드문 요즘 이 얼마나 매혹적이냐고 찬양하는 행위와는 거리가 멀다. 그건 보수적 국가주의자나 문화적 향수병 환자들이 하는 짓거리다. 내가 말하려는 것은 그것과는 정반대다. 근대와 함께한 오랜 역사 끝에 어떤 새로운 전통, 근대적인 전통이 모습을 드러내고 있다. 너무 오래 남의 것을 빌려 썼다는 기분은, 수입된 것들의 유효성을 선언하고 그것들을 마침내 내 것으로 여길 권리를 주장하고픈 충동으로 대체되고 있다. 이로써 아시아에게 얼마나 중요한 돌파구가 열린 것인지 서구인들은 절대로 완전히 이해하지 못할 것이다. 옛것과 남이 가져온 새것이 이종교배된 상태에서 살아가는 것, 이것이 근대 아시아의 운명이다. "우리는 이제 무엇이

'일본적'이고 무엇이 '서구적'인지 더는 구별할 수 없게 됐다"고 도쿄의 지인이 말한 바 있다. 바로 이것이 핵심이다.

나는 아시아가 근대를 경험하면서 본질적이라고 여겼던 몇 가지 요소를 이 책의 주제로 다뤘다. 시간, 자아, 자연이 바로 그것이다. 전부 묵직한 주제들이다. 아시아는 이에 대한 서구식 관념을 흡수하는 일에 한 세기 반을 소모했다. 서구적인 순차적 시간 관념 때문에 과거와 현재는 서로 접근할 수 없는 불연속적인 것으로 재인식됐다. 자아는 광범위한 공동체에 뿌리박은 자아가 아닌 자기중심적인 자아로 변했다. 인간은 물리적 세계를 구성하는 일부가 아니라 자연으로부터 떨어져 나와 자연에 행위를 가하는 존재가 됐다. 과학이 최고라는 믿음과 과학적 관점이 초래하는 지식의 파편화는 근대의 불가피한 속성으로 받아들여졌다. 서구는 과거와 현재, 개인과 공동체, 인간과 자연환경 등으로 사물을 분리하려는 충동을 아시아에 수출했다. 지속성이나 총체성에 대한 인식 대신 파편화된 인식을 퍼뜨렸다. 그리고 그것이 곧 근대적인 것으로 여겨졌다.

아시아는 이런 문제들로 오랫동안 힘들게 고민했고, 이를 아직 깨끗이 해결하지 못한 상태다. 그 대신 이중성의 기술을 연마하거나 아니면 그냥 자기모순과 역설 속에 살아갔다. 그러나 다른 종류의 세상으로 진입하는 지금, 이 문제들은 재조명되어야 한다. 시간, 자아, 자연을 다시 정의하는 일은 탈서구 시대의 핵심적인 측면이 되리라는 것이 나의 믿음이다. "과거의 그림자는 미래의 희망이다." 오카쿠라 가쿠조가 『동양의 이상』 결론 부분에서 했던 말이다. 한 세기 앞을 내다본 선견지명이 아닐 수 없다. 우리는 지금 과거 속에 버려둔 모든 것들과의 관계를 전면적으로 재설정해야 할 운명이다. 우리는 더 이상 과거로부터 자유로운 척하며 살 수도 없고(시간), 극단적인 개인주의에 관한 '환상'—이것도 실은 완곡한 표현이다—도 계속 지탱하기 어렵고(자아), 인간이 자연을 지배할 무한한 특권을 누린다는 서구식 관점도 우선 이 지구가 오래 버텨내지 못할 것이다(자연).

어떤 의미에서 앞으로 세계에 대한 우리의 인식은 뒤집힐 것이다. 시간, 자아, 자연 관념과 관련하여 한때 아시아가 부딪친 난관과 서구가 누렸던 우위는, 이제는 반대로 아시아의 강점, 서구의 약점이 되어가고 있다. 이종교배나 국민국가 개념도 마찬가지다. 이종교배는 이제 피할 수 없는 운명이다. 아시아는 이미 이종교배에 익숙한 곳이고, 이번에는 서구가 여기에 익숙해질 차례다. 19세기 서구가 강요한 것들 가운데 가장 의미심장했던 국민국가 개념을 한 번도 편안하게 생각해 본 적 없는 아시아는, 별로 영속적이라 할 수 없는 이 개념을 21세기의 불빛으로 재조명할 태세다. 이 또한 옛날과는 달리 아시아가 서구보다 앞서가는 부분이다.

내가 묘사한 이 과정은 니체의 용어로 설명할 수 있다. 니체는 이를 '가치전도'라고 불렀다. 이것은 '가치의 재평가'를 의미한다. 우리가 따르는 가치의 가치는? 근대가 도래하기도 전에 벌써 이를 선포했던 철학자가 우리에게 던진 결코 쉽지 않은 질문이다. 우리가 따르는 가치가 임시적이고 잠정적임을 인정해야만 할 수 있는 질문이기 때문이다. 예를 들어 과학은 과연 우리의 생각만큼 지식과 이해의 통로로서 난공불락의 위치를 점하는가? 쉽지 않더라도 '가치의 가치'를 묻는 일은 진정한 새 출발을 위해 꼭 필요하다. 이를 자문하는 사회는 건강한 사회라고 니체는 말했다. 오늘날 아시아가 자문하는 것도 바로 이것이다. 오랜 세월 파묻혔던 과거와의 유대, 자연과의 유대를 재발굴해 21세기 삶 속에서 21세기의 기술로 그 가치를 재평가하자. 전통적인 소속감에서 일정한 측면을 되살려 새로운 소속감과 혼합해보자. 이것이 기타큐슈가 시도한 사업의 골자다. 아시아 전역에서 이와 같은 주제의 변주를 찾아볼 수 있다. 형식은 달라도 이 모든 현상의 공통점은 자아를 회복하는데 있다. 이것이 바로 가치전도다.

이 같은 노력은 문명에 새롭고 강력한 힘을 불어넣는다. 그 힘은 니체가 말한 삶에 내재된 지속력이자 미래로 이행하는 방식이다. 그런 힘을 획득한 국가와 단순히 강한 권력을 휘두를 뿐인 국가는 구별된다. 아시아는 이러한 재평가 과정에 막 돌입한 상태이며, 이를 통해 지난 몇 세기 동안 경험하지 못했던 힘을 되찾을 것이다. 그렇다면 탈서구 시대가 어떤 모습일지 상상할 수 있다. 탈서구 시대에는 좋든 싫든 온 세상이 지금까지 익숙했던 19세기적 개념틀, 생활방식, 사고방식을 극복해야 한다. 탈서구 시대는 그런 틀을 뛰어넘어 생활하고 사고하는 시대다.

나는 '바스쿠 다 가마 시대'를 늘 입에 올리는 말라바르 해안의 캘리컷 주민들의 말버릇을 잊지 못한다. 많은 것을 시사하는 흥미로운 용어다. 우리는 보통 서구가 우세한 시대가 영원히 지속될 것처럼 생각하지만 '바스쿠 다 가마 시대'라는 용어는 서구가 우세했던 시대에도 기승전결이 있음을 암시한다. 모든 '시대'에는 용어의 정의상 기승전결이 있다. 그리고 지금 우리는 한 시대의 끄트머리에 와 있다. 바로 그렇기 때문에 전체적인 그림이 보이면서 포르투갈 선원 한 명이 5세기 전에 열어젖힌 시대가 캘리컷에서 하나의 '시대'로 언급되는 것이다.

° 탈서구 시대의 서막

우리는 오랫동안 근대적 상태를 과거와의 관계를 단호하게 끊어내는 상
태로 이해해왔고 또 대체로 그것을 바람직하게 여겼다. 이는 서구의 신
념이었고, 서구는 그 신념을 19세기 아시아에 전달했다. 과거는 감옥이
고 부담이고 속박이고 족쇄였다. 이를 자명한 진실로 받아들이지 않으
면 근대적 인간이 될 수 없었다. 속도, 고도, 기계가 근대화 초기를 제패
했다. 그것들이 인간을 자유롭게 하는 것처럼 보였다. 예술가들이 특히
이를 강조했다. 이탈리아 미래파는 1909년 발표한 선언문을 통해 박물
관과 도서관을 철거할 것을 주장했다. 굉음을 내며 돌진하는 자동차 쪽
이 '사모트라케의 니케' 조각상의 하얀 대리석보다도 아름다웠다. 그 유
명한 그리스 조각상도, 이를 전시하는 루브르박물관도, 그들이 보기에
는 다 쓸모없는 유물에 불과했다. 그런 시각이 초래한 '영예로운' 결과는
'역사 없는 삶'이었다.

미개한 나라들은 어떻게 해야 자국을 근대화할 수 있을까? 이것은
온 세상이 보다 확실하게 자기를 '동양' 또는 '서양'으로 규정하도록 요
구받았던 1950~1960년대에 수없이 던져진 질문이다. 서구의 답변은 간
단했다. 뒤쳐진 민족은 진보라는 개념 자체를 고안해낸 유럽인과 미국
인을 본받으면 근대인이 된다는 것이었다. 진보는 '발산'되는 속성이 있
어서 '여기'를 근원지로 하여 '저기'로, 즉 '우리'로부터 '타자'에게로 퍼
져간다. 따라서 근대화는 곧 서구화를 뜻했고 '타자'의 입장에서 이것
은 자신의 과거를 뒤에 남겨두고 떠나야 함을 의미했다. 학계에서는 이
를 가리켜 '근대화 이론'이라 부른다. '후진적'이거나 '전통적'인 모든 것
을 ─ 즉 역사 전체를 ─ 새로 조명한 뒤 결국 쓸모없는 것으로 치부해

버리는 이론이다.

일본인은 비서구인으로는 최초로 이런 관념을 받아들였다. 이 같은 근대화 개념은 냉전시대에 최고조에 달했다. 이 문제는 이데올로기가 되어 핵탄두 같은 위력을 발휘했다. 주체의 정체성이나 과거라는 문제에 있어서 '서구와 발맞추느냐 아니면 동양이라는 암흑 속에 머무를 것이냐' 하는 결정만큼 중요한 것은 없었다.

냉전이 초래한 결과를 온전히 깨닫기 까지는 여러 해가 걸렸다. 그러나 한 가지 현상은 이미 완연했다. 1989년 독일 베를린장벽의 붕괴와 동시에 근대성의 의미에 관한 새로운 관념이 등장했고, 이후 이것은 억눌린 충동이 폭발하듯 — 역사는 그것이 실제로 '억눌린 충동의 폭발'이었음을 밝혀줄 것이다 — 놀라운 속도로 확산됐다. 그리고 1990년대 초반부터 나라나마다 전통과 근대의 오랜 대립이 해소되면서 우리는 상황이 완전히 역전되는 광경을 목격했다. 물론 과거에 관해 여전히 많은 의문이 남는다. 과거에서 무엇을 건지고, 수정하고, 버릴 것인가? 그러나 자신들의 역사와 진정한 유대를 맺는 일은 진정한 근대성을 획득하기 위해 반드시 필요한 조건이 됐다. 그 함의는 깊다. 그러면 이제 진보란 우리에게 어떤 의미인가? 진보의 길은 우리가 서 있는 지점에서 앞을 향하는가 아니면 뒤를 향하는가? 과학기술은 적절하게 적용해야 한다던 한 세기 전 타고르의 견해는 어떻게 볼 것인가? 타고르가 말하려던 것은 무엇인가? 적어도 우리는 두 세기 넘게 지속된 서구의 사고방식이 전복됐음을 인식해야 한다. 근대적이란 의미는 더 이상 자신의 과거를 희생하면서 서구화를 진행하는 것이 아니다. 이 책에서 말하는 탈서구 시대도 바로 그런 뜻이다.

그러나 이것이 단순한 역할의 뒤바뀜을 의미하지 않는다는 점을 먼저 분명히 해두자. 아시아가 힘을 축적함에 따라 상대적으로 서구의 영향을 덜 받고 있는 것은 분명한 사실이다. 이런 추세는 쉽게 바뀌지 않을 것이다. 서방 정부들이 재정적으로 중국과 일본에 의지하고, 서구 기업이 아시아 자본을 유치하고, 서구가 해결 못하는 분쟁에서 아시아가 외교적 리더십을 발휘하는 세상이라면 분명히 우리는 더 이상 서구가 우세한 시대라고 말하기 어렵다. 그러나 자기주장이 뚜렷해진 아시아를 보며 서구가 초조해하는 것은 권력 개념을 여전히 19세기식으로 이해하는 것이며, 지금 깨지고 있는 것들이 바로 그러한 19세기적 고정관념이다. 오히려 우리는 헤로도토스가 말한 "동서를 나누는 상상의 경계선"이 재규정되는 역사적 순간을 기대해볼 수 있다. 동서가 경계선을 가로질러 서로 마주하는 일은 우리 시대의 중대한 사건 가운데 하가 될 것이며, 영향력은 일방이 아닌 양방향으로 미치게 될 것이다.

니시타니 게이지는 흥미로운 20세기 철학자로, 근대 일본의 독특한 위치를 고민한 교토학파 학자다. 니시타니는 니체를 꼼꼼하게 연구했고, 니체가 오해받았듯 자신의 사상을 오해한 사람들에게 비방을 받았다. 특히 역사와 전통의 유용성에 관한 그의 사상이 문제시됐다.

니시타니는 말년에 발표한 논문에서 과거에 대한 오카쿠라의 관점에 비견될 만한 놀라운 통찰력으로 일본의 운명을 예측했다. 그의 견해는, 이전 시대의 끄트머리, 혹은 새 시대의 출발점에 서 있는 우리의 현 관점을 투명하게 비춰준다. 그것은 지금 우리가 말하는 '탈서구 시대'의 초기모형이며, 일본에 대한 그의 언급은 아시아 전체에 적용될 만하다.

> 우리 일본인은 이제 두 가지 완전히 다른 문화의 계승자가 됐
> 다. (……) 이것은 서양인은 누리지 못하는 우리만의 특권이다.

(……) 그러나 그와 동시에 그것이 우리에게 부여하는 책임감으로 인해 어깨가 무겁다. 우리는 아직 형성 중에 있는 세상, 즉 동서의 차이를 초월해 통합될 새로운 세상을 위해 사상의 기반을 다질 책임이 있다.

°목적 없는 국가

도쿄에서 나는 국회의원 가토 고이치와 오랜 친우 관계를 유지했다. 그는 자민당 내에서 상당한 영향력을 지닌 인물이다. 폭넓은 여행 경험은, 여행의 효과가 늘 그렇듯, 그에게 제2의 관점을 부여했다. 가토는 일본을 타자의 관점에서 바라볼 줄 아는 사람이었다.

가토를 가장 최근에 본 것은 그가 막 일흔 살이 되던 무렵이었다. 의원 생활도 벌써 40년째였다. 그는 일본 사회가 달려가는 방향을 궁금해했고, 무엇보다도 일본의 부유함 속에 내재된 공허함을 걱정했다. 직접 그 용어를 사용하지는 않았지만, 그는 일본인들 사이에 만연한 허무주의를 언급했다. 나라가 1990년대 초부터 20년 가까이 방황했고, 전 국가적 열망이나 목적은 보이지 않는다고 말했다. 미국에는 항상 그런 종류의 국가적 목표가 있고, 프랑스에는 자국에 대한 자신감이 있고, 중국은 여전히 근대화 과제를 완성하느라 바쁜데 일본은 특별히 할 일도, 할 말도 없다는 것이 가토의 견해였다.

"우리의 다음 목표는 뭘까요?" 그가 물었다. "어느 나라나 제일 먼저 그 질문을 할 겁니다. 그런데 우리는 아직 답을 못 찾았어요. 서구를 따라잡기는 했는데 그러고 났더니 아무 특징도 없는 국가가 된 거지요."

　가토와 나는 서류와 물품으로 꽉 들어찬, 정리정돈 안 된 그의 국회의사당 사무실에서 만났다. 그가 앉은 자리 뒤쪽에 난 창밖으로 도쿄의 기하학적인 스카이라인이 보였다. 일본이 전후 재건기에 선호했던 근엄한 국제주의 양식의 마천루들이 줄지어 있었다. 지평선 부근에서 간간이 기중기가 회전했다. 그 광경이 내 마음속에서 우리의 대화와 결부돼 갔다.

　가토는 이렇게 예측했다.

　"우리는 아마 환경 분야에서 리더 역할을 할 수 있을 거예요. '일본, 자연을 존중하는 나라.' 그게 우리의 본질일지 몰라요. 어쩌면 중개자 역할을 맡을 운명인지도 모르고요. '일본, 동서를 잇는 나라.'"

　가토는 말을 멈추고 천장을 올려다보더니 다소 지친 듯이 한숨을 내쉬었다.

　"좋습니다. 자연보호도 좋고 중개자 역할도 다 좋아요. 그런데 문제는 그걸 어떻게 내세우느냐는 거지요. 중개자는 자기를 내세우면 안 되는 법인데 우리는 우리의 속성과 본질에 자부심을 갖길 원하거든요."

　가토의 사고방식은 일본인들 사이에서 일반적이다. '목적 없는 강국'은 여러 해 동안 일본에 가해진 전형적인 비판이었고, 그들은 그런 비판을 아프게 받아들였다. 1990년대는 일본에게 잃어버린 10년으로 인식된다. 이 시기에 일본은 경제적 활력을 잃고, 분명한 목표도 없이 보다 드넓어진 세상에서 표류했다. 외관상 그런 비판은 당연한 것처럼 보인다. 일본은 지금도 표류 중이다. 기존의 안락과 안녕을 유지하는 것만이 일본의 유일한 관심사인 듯하고, 그것을 적절한 국가의 목적으로 보는 사람은 거의 없었다.

　"국가에 왜 목적이 필요하죠?" 도쿄의 지인이 꽤 도발적으로 내게 물었다. "어떤 목적이 국가의 목적인가요?"

이 질문이야말로 서구의 의문에 대한 아시아의 반문으로 최적임을 나는 몇 년 전에 깨달았다. 이 반문은 서구에게 '당신이야말로 국가의 목적이라는 관념을 무비판적으로 받아들여서 당연한 것으로 전제하지 않느냐'고 묻고 있었다. 시간이 흐르면서 나는 그런 문제 제기로부터 '일본은 표류하는 국가, 이기적인 국가, 열망이 없는 국가'라는 관념을 우리가 거부해야 하는 이유에 대한 열쇠를 찾았다. 우리는 이것을 탈서구 국가의 등장으로 파악해야 한다. 그리고 그런 입장을 확고히 표명하는 일이 얼마나 어려운지—니시타니 게이지의 말대로 일본의 어깨를 무겁게 할 책임감이 여기에 동반되므로—이해해야 한다.

국가 목적이라는 개념은 어디에서 유래하는가? 우리는 그런 관념을 어디에서 얻었는가? 한 국가가 다른 국가들을 통솔할 때 우리가 이를 대단하게 여기는 것은 왜인가? 위대한 국가가 되려면 반드시 막강한 군사력을 지녀야 한다고 전제할 필요가 있을까? 국가는 항상 자기를 강하게 내세울 준비가 돼 있어야 할까? 그렇지 않으면 약한 나라일까? 주권은 왜 불가침인가? 이런 의문들을 제기할 때 우리는 마음을 단단히 먹어야 한다. 순진한 낙관주의는 금물이다. 이런 문제를 바닥까지 파고들 때 천진난만한 이상주의는 도움이 안 된다. 잘못하면 문제 제기 자체를 포기하게 되기 때문이다.

위 질문들의 해답은 늘 같은 곳에서 발견된다. 국가와 관련된 가치관들은 19세기, 서구에서 유래한다. 서구가 160년 전에 정교하게 고안해 전 세계에 수출한 국민국가 개념이 거기에 담겨 있다. 실험은 성공했고 그 과정에서 많은 나라가 '실패한 국가'라는 딱지를 달았다. 현재 지구상에는 약 200개 나라가 있다. 탈서구 시대가 와도 국경은 지워지지 않을 것이다. 국경은 앞으로도 오래 존속할 가능성이 높다. 오히려 더 늘지 않으면 다행일 것이다. 그럼에도 우리는 국가의 의미와 역할이라고 당연히 전제해온 것들을 다시 검토할 필요가 있다. 이것이 가치전도의 출발점이다.

서구인은 물론 수많은 비서구인들도 '국가는 목적을 지녀야 하고 강해야 한다'라는 생각에서 벗어나지 못하는 것이 현실이다. 그런 생각이 자아와 존재의 의미에 대한 가장 기본적인 전제들과 너무나 깊이 결부되기 때문이다. 그래도 우리는 시도해야 한다. 서구의 사상이 서구 문화의 가치를 반영하듯, 아시아의 국가 관념은 아시아 문화의 가치에 근거한다는 점을 인식하는 것이 그 첫걸음이다. 그렇다면 우리는 전후 일본의 저명한 사상가 마루야마 마사오가 말한 '집요저음'basso ostinato, 즉 밑에 깔려 있되 절대로 완전히 사라지지 않는 특성을 되짚어봐야 한다. 그러면 거기에서, 예컨대 인간이 지구상에서 점하는 위치에 대한 아시아적 관념을 반영하는 '무위'無爲의 가치, 즉 '부자연스러운 인위를 가하지 않는다'는 매우 불교적인 가치관을 찾을 수 있다. 이것은 물론 일본에만 국한되지 않고 동양 문화 전반에 깊이 뿌리내린, 전혀 이국적이지 않은 관념이다. 중국의 현인 노자는 이미 기원전 6세기에 무위자연의 이치를 가르쳤다.

이것은 우리를 특정한 역설로 이끈다. 필시 이 책에서 언급되는 역설 가운데 가장 만만찮은 것이리라 짐작된다. 가토 고이치를 비롯한 수많은 일본인도 그렇겠지만 우리 서구인도 기존에 가지고 있던 관념을 포기하라는 제안에 당황하게 된다. 그러나 그것이 탈서구 시대의 본질적 속성이며, 우리는 이를 긍정하고 수용해야 한다. 그게 바로 '목적 부재의 목적'이다. 궁극적으로 탈서구 시대는 달라진 국력에 대한 개념과 국력 행사 방식, 달라진 국가의 의미를 반영한다. 거창한 국가 목적들이 지난 20세기에 어떤 결과를 초래했는지부터 한번 되돌아보라. 별로 아름답지 않는 광경이다.

특히 미국이 이런 발상의 전환에 어려움을 겪을 것이다. 미국인들은 힘세고, 자기주장이 강하고, 남과 함께 일해야 할 때 개별 행동을 하는 나라를 위대한 국가라고 생각한다. 그게 미국인에게 중요한 가치다. 미국인의 눈에는 목적 없는 국가는 국가가 아니다. 미국이 한 번도 적敵 없이 오래 살아본 역사가 없는 것도 바로 그 때문이다. 적의 존재는 실제든 가상이든 한 나라에 목적을 부여한다. 그런데 지금 우리는 목적을 갖지 않는 것도 한 국가의 목적이 될 수 있는 시대로 접어들고 있다. 미국이 이런 새로운 현상을 받아들이기까지는 오랜 세월이 걸릴 것이다. 아예 불가능할 수도 있다. 탈서구 시대적 현상이 아직까지는 우리 시대의 여러 가지 이상 증세 가운데 하나로 보이지만, 조만간 우리는 문명개화의 사명과 작별을 고할 날을 맞을 것이다. 우리가 아는 문명개화의 사명이란 지나간 시대의 것이다.

아닌 게 아니라 이런 새로운 관념을 조금 덜 낯설게 하는 용어들이 벌써 고안되기 시작했다. 예를 들어 '소프트파워'라는 말은 '지도하지 않는 지도력'을 의미한다. 19세기식의 공격적인 리더십이 아니라 하나의 모델을 제시하되 거기서 의도적으로 자기주장을 제거하는 것이다. 기타큐슈의 환경친화적 사업의 핵심도 바로 여기에 있다. '우리는 예로부터 지녀온 자연에 대한 깊은 경외심에 첨단기술을 결합시켜 삶을 개선할 수 있다고 믿으며, 이를 군말 없이 실천함으로써 솔선수범할 뿐'이라는 것이 기타큐슈가 세상에 전하는 메시지다.

'다극화'라는 말도 이와 비슷하다. 미국이 아무리 저항해도 국제체제의 다극화 현상은 피할 수 없다. 이 용어는 시대에 뒤떨어진 관념을 버리라는 말을 훨씬 품위 있게 하는 것에 불과하다. 다극화 현상은 우리가 인정하든 말든 철저히 '탈서구적'이다. 다극화된 세상은 다수가 공동으로 지도자 역할을 하거나 전통적인 의미의 지도자가 없는 세상이다. 어떤 용어를 사용하더라도 요점은 같다. 우리는 탈서구 시대를 맞아 리더십의 본질과 국가의 사명 및 목적을 재평가해야만 할 운명에 처해 있다.

아시아 국가가 새로운 국가 관념을 선보인 것은 처음 있는 일이다. 메이지유신 이래 일본은 내내 서구식 관념에 맞춰 살아왔다. 아시아태평양 전쟁 도발도 서구의 공격적 국가 모형을 따른 결과로 볼 수 있다. 그러나 전후에 일본은 소극적으로 변했다. 더는 서구의 방식을 따르기 싫다는 거부의 몸짓이었다. 이 변화는 많은 것을 시사한다. 무엇보다도 자기 전통에 다시 손을 내밀고 서구와는 사고방식을 달리하겠다는 의지가 엿보인다. 일본의 국가 관념과 서구의 국가 관념이 완벽하게 일치한다면 그게 오히려 더 이상한 일이 아니겠는가.

이런 관점에서 재조명할 만한 사항이 적지 않다. 예컨대 대다수 일본인들의 굳은 신념으로 자리잡은 평화주의를 다시 생각해 볼 수 있다. 평화주의 원칙은 1947년 미국이 일본 헌법에 삽입해 수용을 강제했던 사항이다. 이후 일본 헌법 제9조는 줄곧 논란거리였다. 많은 국민은 이 조항을 강력히 지지하지만 국가주의자들은 일본이 '정상 국가가 되는 일'을 방해하는 강요된 조항이라는 이유로 이에 반대한다. 최근 심화되고 있는 이 논쟁은 근본적으로 국가에 대한 두 개의 이질적인 관념이 충돌한 것이다. 보수파와 극렬 국가주의자들은 19세기 관점을 고수한다. 이들이 '일본은 정상 국가가 돼야 한다'라고 주장할 때의 국가 개념은 100년 전의 국가 개념이다. 이 관점에 의하면 일본이 전쟁 중에 저지른 만

행도 서양으로부터 배운 것을 따라한 일에 불과하다. 한편 평화헌법을 지지하는 이들은 21세기적 관점, 즉 탈서구적 관점을 취한다. 이 관점에서 보면 일본이 아시아태평양전쟁기에 저지른 실수는 스스로 근본 원칙을 저버린 자기기만 행위다. 나는 오래전부터 일본이 헌법에 대해 토론하고 스스로 헌법을 다시 써야 한다고 생각해왔다. 그러나 그럴 경우에도 새 헌법은 현행헌법 제9조의 평화주의 원리나 그와 유사한 조항을 담을 가능성이 크다.

같은 관점에서 일본의 이른바 '잃어버린 10년'을 돌아보자. 당연히 잃어버린 것은 없다. 그런 표현은 우리들의 공리주의적 사고방식을 드러낼 뿐이다. 전체 그림은 못 보고 놓치고 있다. 우리의 인식 습관이 얼마나 부적절한지 보여주는 대목이다.

1990년대에 일본은 많은 이들에게 실망을 안겼다. 일본이 엄청난 부를 축적하는 모습을 목격한 세상은 일본의 새로운 국제적 영향력이 어떤 식으로 발휘될지 궁금히 여겼다. 엔화는 달러화와 경쟁하는 준비통화가 될 것인가? 일본은 세계은행 같은 곳에서 적극적으로 자기주장을 펴고, 국제분쟁에서 분명한 목소리를 낼 것인가? 그렇지 못했다. 대신 일본은 만성적 불안증을 보이며 코앞에 놓인 리더십조차도 거머잡지 못하는 모습을 보였다. 아시아에서뿐 아니라 국제적으로도 그러했다. 외관상 수줍거나 무심한 태도가 지배적이었다. 사람들이 '잃어버림'을 언급하기 시작했고 일본인들도 이에 동의하는 듯했다.

나는 그런 논지에 동의할 수 없다. 거기에는 무언가 놓치기 쉬운 제3의 요소가 있다. 일본을 잘 살피면 새로운 대규모 프로젝트에 착수하고 있는 모습이 보인다. 바로 '땅에 파묻힌 일본'과 '그런 매장을 이행한 근대 일본'이라는 두 개의 일본을 재평가하는 작업이다. 이제 일본인들은

'있는 그대로의 일본'에서 살아갈 방법을 묻기 시작했다. 일본은 그 질문을 체계화하는 일에 1990년대를 소비했다. 그러나 그런 작업은 절대로 손해나 낭비가 아니다. 일본이 현재 '명료하게 표현하느라 떠듬대고 있는' 것은 옛것인 동시에 새것이고 또 비서구적인 것이다. 일본이 그것을 표현하는 방식 역시 서구의 방식과는 다를 것이다. 이것이 일본의 1990년대에 대한 보다 정확한 설명이다. '잃어버린 10년'이라는 딱지는 지나치게 단순한 논리이고 색안경을 낀 외부인의 시각이며 공리주의적인 관점이다. 목적 없는 강국은 시대에 뒤처지는 관념을 전제로 하는 19세기식 잘못된 해석이다. 정확한 풀이는 '설치지 않는 강국'이다. 요컨대 일본의 외관은 목적을 잃은 듯했지만 실제로는 그게 아니었다는 얘기다.

내가 묘사한 일본의 '프로젝트'는 기타큐슈 같은 곳에서 가시화되기는 했지만 삶의 겉면으로 쉽게 드러나지 않는다. 메이지 시대처럼 일본에 제철공장이나 조선소를 갖다 안기는 것도 아니다. 그럼에도 이 주제를 논하는 일본인 다수가 이를 메이지 시대와 연관 짓는다. 새 프로젝트는 역사적 중요성과 진행 기간이라는 두 가지 측면에서 메이지 시대에 맞먹으리라는 것이다. 메이지 시대는 일본의 미래를 영원히 바꿔놓았다. 아시아 최초의 탈서구 국가로 변신하는 일 또한 그에 못지않게 일본의 앞날에 결정적인 영향을 미칠 것이다. 한편 메이지 시대는 약 40년간 이어졌다. 물론 정확하게 예측하기는 어렵지만 만약 역사에 대칭성이라는 것이 존재한다면, 자국의 존재 의미와 국제사회에서의 위치를 재평가하는 일본의 작업이 현재 약 절반 정도 진행된 상태가 아닐까 짐작해본다.

지금으로부터 약 20년 후 일본은 어떤 모습으로 변해있을까? 일본은 어떤 방식으로 행동할까?

이 질문은 일본뿐 아니라 아시아 전역에 적용된다. 아시아의 수많은 국가가 19세기에 일본을 모범으로 삼았던 것처럼 이번에도 일본의 예를 따를 것으로 보이기 때문이다. 그렇다면 위 질문은 더욱더 중요하다. 그 답을 찾으려면 우리는 또 한 번 시간, 자아, 자연이라는 핵심 주제로 되돌아가야 한다. 일본이 앞으로 어떤 국가가 될 것이냐 하는 문제는 시간, 자아, 자연에 대한 일본의 관념이 어떻게 달라질 것이냐 하는 문제와 직결되기 때문이다.

°빌딩 속 일본식 정원

8월 어느 날 도쿄에서 나카무라 센자쿠를 만났다. 그는 일본 최고의 가부키 배우 중 한 명이고 대대로 가부키 연기자를 배출한 가문 출신이다. 일본에서는 그냥 '센자쿠'로 널리 알려져 있다. 우리는 약간 기묘한 모임에서 서로 옆자리에 앉았다. 모 기업 최고경영자가 주최하는, 갖은 멋을 낸 저녁식사 모임이었다. 샴페인이 흐르고 현악 사중주가 울려 퍼지고 아름다운 음식들이 식탁에 올랐다. 그러나 파티 장소는 완벽하게 일본식 시골집으로 복원한 다다미 깐 목조 주택으로 또 다른 멋이 있었다. 식사 장소 바깥으로 보이는 정원은 선불교 사원에 있는 정원에 필적할 만했다.

그날 저녁 나는 센자쿠와 많은 얘기를 나눴다. 훌륭한 전통 예술에 평생을 바친 배우로서 그는 동서양이 뒤섞인 이 광경을 어떤 눈으로 바라볼까? 21세기에 가부키를 연기한다는 것은 어떤 의미일까? 그날 설정된 환경 자체가 우리에게 정면으로 그런 질문을 던졌다. 결국 우리는 따로 한번 만나기로 약속했다. 긴자의 유명한 공연장 가부키자에서 새 시즌 공연이 막 개막된 참이었다. 나는 공연 막간에 센자쿠의 분장실에 들렀다.

센자쿠는 속옷 바람으로 나를 맞았다. 좀전에 마친 공연—오래된 노能 작품에 기초한 춤이었다—때문에 아직도 땀을 흘렸다. 우리는 함께 다다미 바닥에 앉았다. 그는 야구 경기를 보며 분장을 지웠다. 나와 얘기하는 동안에도 계속 야구를 봤다. 나는 그런 행동에 센자쿠가 하려는 말의 요지가 일부 담겨 있음을 알아차렸다.

"중요한 것은 역사 깊은 위대한 예술 장르를 지속하는 게 아니라 공연을 보러온 관객을 즐겁게 해주는 일입니다. 가부키는 단순한 박물관 전시물 이상의 존재여야 합니다." 그가 말했다. "공연을 볼 때 제가 한 말을 기억하세요."

센자쿠의 말대로 그날 공연은 재미있었다. 1746년에 초연된 노 단막극을 개작한 작품, 1920년대에 쓴 가부키용 풍자극, 일본식으로 바꾼 베르디의 오페라 「아이다」 번안극이 차례로 공연됐으나 그날 최고의 작품은 누가 뭐래도 1970년대 작 「제비는 돌아간다」였다. 어린 소년 야스노스케가 몇 년이나 떨어져 살던 엄마와 상봉한다는 줄거리인데, 설정부터 흥미로웠고, 현대를 살아가는 사람이면 누구나 공감할 만한 근대적인 갈등과 감정들로 가득했다. 그러나 극의 시대적 배경은 메이지 근대화가 개시되기 직전인 1830년대 덴포天保 시대였고, 연기자들은 그 시대의 의상을 입고 있었다.

센자쿠와 가부키자는 서서히 드러나는 일본의 새로운 모습과 관련해 어떤 중요한 점을 암시했다. 일본은 영원히 과거에 매달린 채 살아갈 운명처럼 보일 때가 많다. 이것은 일본의 독특한 근대로의 여정을 반영한다. 센자쿠가 180년 전을 배경으로 하는 작품 속에서 연기하듯, 일본은 늘—매장되기 이전의—과거를 매개로 자기에게 스스로를 표현하는 것처럼 보인다. 어딜 가나 그런 경향을 발견한다. 센자쿠와 내가 만난 계기가 된 그 저녁 모임의 주최자는 자기 분야에서 첨단을 달리는 고위경영자다. 그런 그가 희한하게도 도쿄 중심가에 있는 본사 지하에 작은 계단식 논을 마련했다. 엘리베이터에서 내리면 조명이 번쩍이는 가운데 두엄과 화학비료 냄새가 진동한다. 내가 궁금해하자 그가 설명했다. "우리의 가치관은 시골의 가치관입니다. 제게 이 광경은 근사한 꿈이에요. 이야말로 우리가 이루어낸 일본이지요."

아일랜드 출신으로 일본에 귀화한 작가 라프카디오 헌은 이미 100년 전에 이 같은 현상을 경고했다. 그는, 일본은 근대화 과정에서 포기했던 모든 것을 아쉬워하게 될 거라고 20세기가 시작되던 시점에 적고 있다. 그 선견지명대로 우리는 이제 후회와 향수만 그득한 막다른 골목을 벗어나려는 굳은 결심을 본다. 그러한 결단은 일본으로 하여금 옛것과 새것을 '합'하여 21세기다운 완전히 새로운 제3의 것을 추구하도록 유도하고 있다. 여기까지는 현재, 여기까지는 과거라고 서구가 그어놓았던 경계선들은 이제 지워지고 있다.

현 단계를 메이지 근대화 프로젝트의 최종 단계라고 생각하면 이해하기 쉽다. 자아와 소속감의 재규정이라는 근대 일본의 고민은 여전히 해결되지 못한 상태다. 일본이 해결하려고 벼르고 있는 이 문제는 1950년대에 활발히 논의되던 '주체성' 문제이기도 하다. 그로부터 반세기가 흘렀다. 당시의 논의나 주체성에 대한 욕망은 서구의 '주체' 개념을 기반으로 했다. 주체성 개념이 제대로 자리 잡지 못한 것은 바로 그 때문이다. 이제부터 우리가 추구해야 할 것은 변증법적 합이고 이종교배다. 옛날식 소속감도 폐기처분할 것이 아니라 되살려 재구성해야 한다. 안심과 신뢰라는 두 관념도 동시에 거둘 수 있다. 시골마을처럼 서로 알고 지내는 사회를 통해 안정감을 얻고, 낯선 사람들과도 상호 신뢰라는 사회계약을 맺고 더불어 살아갈 수 있다. 합의 세상은 안심과 신뢰의 세상이다.

우리는 벌써 일정한 진화의 조짐을 느낀다. 특히 2009년에는 전후 줄곧 집권해오던 자민당이 선거에 패해 정권을 빼앗기는 역사적인 사건이 발생했다. 지난 60년을 미국의 보호감독을 받으며 살아왔지만 새로운 일본은 미국보다는 유럽식 사회민주주의에 훨씬 가까운 모습일 것이다. 일본이 오랜 세월 계속했던 경제개혁을 마치고 나면 독일식 체제와 유사한 '사회적 시장경제 체제'가 모습을 드러낼 것이다. 정치방정식을 놓고 100년 가까이 고민해온 일본의 정치체제 또한 미국이 아닌 유럽 대륙의 것을 닮아가고 있다. 일본의 기업들도 재무와 테크놀로지는 서구식을 따르되 회사, 지역사회, 종업원 간의 공생을 도모하는 하이브리드 경영 모델을 개발해왔다. 일본에서 기업은 17세기 이래 (최초의 기업 미쓰이 탄생 이후) 줄곧 일종의 가문이나 대가족처럼 여겨졌다. 탈서구 시대에도 이런 관념은 존속하겠지만 그 형태는 21세기형으로 진화할 것이다.

일본에 갈 때마다 꼭 구경하는 빌딩 한 채가 있다. 도쿄 도심의 한 건물 높은 층에 자리한 해외특파원클럽 도서관에서 창밖을 내다보면 그 빌딩의 전경이 보인다. 수년 동안 내가 이 특이한 빌딩을 바라본 시간을 다 합치면 아마 꽤 될 것이다. 지금도 내 수첩에는 이 빌딩을 찍은 사진이 끼어 있다. 거기에 중요한 가르침이 담겨 있기 때문이다.

길에서 올려다보면 다른 빌딩과 그다지 다를 바 없는 상업용 건물같다. 1층에는 판유리를 끼운 소매점들이 입점해 있고, 그 위로 층층이 올라가는 창문을 통해 같은 간격으로 설치된 사무실 조명이 보인다. 그러나 10층 정도 높이에서 보면 좀 다른 것이 눈에 들어온다. 건축가가 일부러 건물 속에 거대한 빈 공간을 내놓은 것이다. 그 안에는 잘 관리된 일본식 정원이 들어 있다. 완벽하게 손질된 소나무와 관목, 자갈길, 여기저기 세심하게 배치된 바위들.

물론 무조건 칭찬하는 오류는 범하지 말자. 사실 건축적인 측면에서 봤을 때 이 빌딩은 여러 채 있을 필요 없이 단 한 채로 충분할, 좀 기묘한 건축물이다. 그러나 열망을 표현하는 능력이라는 면에서 이 건물은 '달변'에 속한다. 있는 그대로의 일본을 더 이상 부인하지 않고 이종교배된 현실을 포용한다.

몇 년 전 어느 여름날, 한 젊은 친구와 함께 문제의 빌딩 앞을 지나던 중이었다. 그에게 이 얘기를 꺼내자 그가 차도를 건너더니 목을 길게 빼고 공중정원을 보려고 애썼다. 정원의 가장자리가 간신히 엿보였다. 그는 내게 '진베이'甚平에 대해 설명하기 시작했다. 진베이는 근대화 이전에 입던 전통 의복으로 지금도 여름철 축제나 주말에 실내복으로 입는 헐렁한 면직물 옷이다. "훨씬 자연스럽게 느껴져요." 그는 진베이로 갈아입었을 때의 느낌을 그렇게 설명했다. "그게 다 '조화'의 문제예요. 내가 나 자신과 조화를 이루는 거죠. 스스로가 더 일본인처럼 느껴지는 거예요."

처음에 나는 그가 무슨 말을 하는지 이해하지 못했다. 그는 그 정원을 보며 왜 진베이를 연상한 걸까? 그러다 깨달았다. 전통 의복과 빌딩 속에 마련된 정원은 모두, 한때 지녔던 이중성에 대한 충동의 자취였다. 그러나 이제 이중성은 물러가고 대신 일본을 있는 그대로 받아들이는 일체감이 깃들었다. 이중적 충동이나 감정은 계속 남아 있겠지만, 거기에 상실감과 후회, 저항은 없을 것이다. 상실하고 후회하고 저항할 일이 더는 없기 때문이다. 허무감은 진정한 의미의 충만함과 태연함으로 대체될 것이다.

°아시아식 사회 계약

중국에서 가장 흥미로운 곳을 꼽으라면 쑤저우에 있는 조용한 장소를 고를 수 있다. 양쯔강 하류에 위치한 쑤저우는 한때 비단 생산의 중심지였고 인근 상하이와 더불어 상업이 융성했던 곳이다. 명대에 건립된 졸정원拙政園은 쑤저우의 명소로, 이곳에서 우리는 근대 중국에 관한 하나의 서사를 발견한다.

명나라 때 지은 다리를 건너 삼십육원앙관三十六鴛鴦館으로 입장한다. 실내에 들어서면 분위기가 사뭇 다르다. 청나라 때인 19세기에 손을 많이 댄 까닭이다. 서구 열강이 도래하자 중체서용을 논하던 바로 그 무렵이다. 삼십육원앙관은 그 이름처럼 연못에 떠 있는 원앙과 연꽃이 내다보이는 고요한 안식처다. 잘 관리된 방마다 서예, 도자기, 기타 국보급 전통 예술품이 가득했다. 그러나 청대에 와서 교체된 벽에는 새파란 유리가 규칙적으로 박힌 스테인드글라스가 끼워져 있었다.

"진품이에요." 가이드가 벽을 가리키며 말했다.

"중국에서 만든 건가요?"

"아니요, 제 말은 1860년대에 프랑스에서 수입한 진품이라고요."

삼십육원앙관의 출구는 입구와는 별개의 다리로 이어진다. 이 다리역시 청대에 개조됐다. 석조 다리가 아닌 장식적인 연철 다리였다. 연철은 유럽 산업혁명기를 대표하는 금속이다. 이 철교에는 명대의 처마 대신 포도덩굴이 달리고 '건강장수'라는 글자가 수놓여 있다. 중국풍에 심취한 모네가 지베르니에 있는 그 유명한 정원에 옮겨다놓았을 법한 풍경이다. 모네가 상상한 중국도 필시 중국이 상상한 19세기 서구에 못지않았을 것이다.

중국에서 정원은 전통적인 서사 수단이다. 정원 조경은 더 넓은 세상을 상징하고 있는 듯한 착각을 일으킨다. 그래서 우리는 연철 다리를 건너다가 발걸음을 멈추고 뒤를 돌아본다. 그리고 삼십육원앙관과 출입로와 스테인드글라스를 물끄러미 바라본다. 기묘한 풍경이고 흥미로운 서사다. 시작은 중국, 중간은 중국과 서양의 혼합, 마지막은 정교한 장식과 함께 완전히 서구적으로 끝나는…….

삼십육원앙관은 중국 근대의 이야기를 들려준다. 그 점을 전혀 의식하지 못하는 듯 앉아 있는 이 건물은, 중국을 있는 그대로 절묘하게 묘사한다. 아직도 서구 물건에 집착하는 현 중국을 1980년대가 아닌 1880년대 일본에 비교해야 하는 이유도 바로 그 때문이다.

천안문항쟁 20주년을 맞고 나서 몇 달 뒤인 2009년 가을, 나는 이 책의 원고를 마무리했다. 씁쓸한 순간이었다. 천안문항쟁이 중국의 집단기억 속에서 너무나 철저히 지워졌다는 것 외에도, 1989년 이래 중국이 밟아온 길이 사람들이 꿈꾸던 미래와 너무나 다르다는 현실 때문이었다. 중국인에게는 물질이 중요했다. 빈곤한 곳에서 물질적 풍요를 우선순위로 삼는다고 해서 우리가 이를 폄하할 수는 없다. 그러나 물질만 강조하다 보면 소비주의적 허무주의가 뒤따를 수밖에 없고, 지금 중국에는 바로 그런 현상이 만연해 있다. 천안문은 중국에서 잊혔지만 씁쓸한 미소는 그 흔적이라 할 수 있다. 인도에서 배운 진실은 중국에도 적용된다. '성공의 순간이 곧 패배의 순간'이다. 역사의 농간은 그렇게 되풀이된다.

탈서구 시대에 접어든 아시아라고 다 같은 상황은 아니다. 일본은 안정감과 자신감을 향해 미묘한 발걸음을 옮긴 데 반해, 중국에서 그런 현상은 아직까지 제한적이다. 지금도 중국은 100년 전 일본이 그랬듯이 기술적인 근대화와 문화는 서로 상관없다는 것을 증명하려고 애쓴다. 특히 중국 정부는 이 방면에서 주도적인 역할을 담당한다. 여기서 우리는 일정한 현실과 맞닥뜨린다. 중국공산당이 구태로부터 벗어나는 데에는 예나 지금이나 한계가 있다. 청나라가 망하고 1세기가 지났지만 무엇이 그 뒤를 이을지 규정하는 문제는 아직 매듭지어지지 않았다. 중국은 아직도 황제나 그에 상응하는 존재 없이는 잘 꾸려가지 못하는 듯하다. 그런 경향을 청산하지 못하면 근대성은 획득할 수 없다.

오늘날 중국인은 특정한 사회계약에 따라 살아간다. 공포된 적은 없어도 중국인이라면 누구나 그 내용을 안다. 그것은 권력을 쥔 자와 그렇지 못한 자 간의 거래를 본질로 한다. 권력자는 아무 도전도 받지 않는 대신 비권력자는 부를 추구하도록 허락 받는다. 다시 말해 정치는 엘리트 관료와 당의 몫이어야 하고, 시민이 참여할 수 있는 분야는 상업과 경제에 국한된다. 민주주의를 포기하는 대신 물질적인 풍요로 위로 받는다.

이 같은 사회계약을 지지하는 자들은 틀림없이 높은 경제성장률과 특정한 유형의 자유를 장점으로 내세울 것이다. 아닌 게 아니라 중국이 다른 여러 민주주의 국가보다 실질적으로는 더 자유롭다는 소리도 자주 들린다. 하지만 이것은 그 '자유'에 내재된 한계를 정확히 이해한다는 전제 하에서만 사실이다. 중국에서 사업상 부정부패를 저지르거나 각종 법규를 어기고 싶은 사람들은 대체로 그럴 자유가 있다. 그러나 이 경우에도 합의된 사항은 명백하다. "규정된 틀 안에서는 마음대로 하라. 그러나 그 틀의 경계 근처에도 가지 말라."

이 사회계약이 초래하는 문제점 또한 분명하다. 이런 거래는 특히 경기 침체기에 깨지기 쉽다. 경제발전이 둔화되면 시스템이 붕괴될 수 있을 뿐 아니라 그런 종류의 사회계약은 (어느 인도 사상가의 용어를 빌리자면) 이른바 '정부의 기계화' 현상을 낳는다. 이런 식의 단절된 관료체계는 인기나 심지어 국민이 소극적으로 허용하는 것만으로도 정당성을 획득하지만, 이 정당성은 명목에 불과하다. 정부는 오로지 서비스를 제공하고 효율성을 발휘할 때에만 정당화된다. 이것은 아시아에 어떻게 국가라는 관념이 들어섰는지를 일부 반영한다. 아시아에서 국가 개념은 그 안에서 살아갈 사람들이 선택해서 도입된 것이 아니라 다른 수입품들처럼 하나의 기계적 장치로 도래했고, 결과적으로 기계처럼 작동하는 경향을 가지게 됐다.

이 중국식 사회계약은 다른 아시아 국가에서도 쉽게 찾아볼 수 있다는 점에서 '아시아식 사회계약'이라고 부를 만하다. 한국의 군사독재 정권, 인도네시아의 수하르토 정권, 필리핀의 마르코스 정권, 리콴유 및 그 후임자들 치하의 싱가포르 정권은 전부 냉전기에 미국의 동맹국이었다. 이 가운데 싱가포르를 제외한 나머지 국가들은 냉전이 끝나면서 문제의 사회계약을 폐기했다. 그런 의미에서 중국의 사례는 기이하다. 남들은 폐기하는 사회계약을 중국이 가져다 쓰는 이유는 무엇일까?

나는 이 문제를 오랫동안 생각해봤다. 그리고 질문이 잘못됐다는 결론에 이르렀다. 아시아식 사회계약은 일본 메이지 시대에 처음 등장했다. 서구에서 수입하는 품목을 물질적인 것에 한정하여 가치관이 유입되는 것을 막기 위해 지도 세력이 취한 조처였다. 즉 아시아식 사회계약은 체와 용을 분리하기 위한 방편이었다. 아시아식 사회계약을 정당화하는 데 종종 이용되는 '아시아적 가치관'이라는 용어는, 정신과 물질을 구별하던 과거의 오류를 반복하는 것에 불과하다. 이것이 중국의 현주소다. 인류 역사상 가장 큰 규모의 서구화가 진행되는 와중에도 기술과 방법론을 끌어들이는 것만이 허용되고 있다. 이런 상태라면 삶은 온통 용이고 물질일 수밖에 없다. 이것이 씁쓸한 미소를 일으킨다. 그리고 그 미소 뒤에는 거대한 허무주의가 자리한다. 그렇기 때문에 중국이 근대성을 획득하는 데 성공하고 싶다면 문제의 사회계약은 반드시 깨져야만 한다.

이것은 어떻게 성취될 수 있을까? 중국이 자신의 과거에서 자아를 재발견하고 미래를 재구상하게 될 지점은 어디쯤일까?

홍콩에서 베이징까지 가는 긴 기차 여행에서 나는 왕안을 만났다. 이 중년 여인은 내가 중국에서 만나본 이들 중에서도 가장 수수께끼같은 인물이었다.

왕은 화학을 전공하고 지방에서 학생들을 가르치다가 개혁개방이 시작되자 사업가로 변신했다. 그녀는 이를 '바다에 잠수한다'라고 표현했다. 비즈니스 세계로 뛰어든다는 의미였다. 왕은 우선 여행사를 차렸다. 비행기도 몇 대 구입했다. 우리가 만났을 즈음에는 손을 댄 사업이 너무 많아, 이를 다 열거하기 위해 두 겹으로 접히는 명함을 사용했다. 광고, 무역, 첨단기술, 투자, 의료기구 등이 전부 대기업 시노웨이Sinoway 산하의 사업 부문이었다.

열차가 베이징에 도착했을 때 우리는 다시 만나기로 약속했다. 이후 몇 주 동안 나는 왕에 대해 자세히 알게 됐다. 아니, 그녀 쪽에서 내게 많은 이야기를 들려주었다고 해야 옳을 것이다. 알고 보니 시노웨이가 사무실로 사용하는 거대한 저택은, 정부가 보통 영빈관 용도로만 사용하는 건물 단지 안에 위치했다. 시노웨이가 관여하는 사업 중에서 왕이 가장 열의를 보이는 것은 건강 관련 사업이었다. 시노웨이가 베이징 교외에 개장한 테마파크 '페리랜드헬스'Fairyland Health는, 이 분야에서 세계 최초로 중국의 풍성한 의학 전통과 고대 의서에 담긴 지혜를 디즈니랜드식의 서구적 오락 형태와 결합시킨 곳이라는 게 그녀의 설명이었다.

하루는 왕의 저택에서 함께 식탁에 앉아 대화를 나누는데 그녀가 이렇게 말했다. "제 목표는 과거와 현재, 동양과 서양을 혼합하는 데 있습니다. 그게 시노웨이의 철학입니다. 현대 과학과 현대적 형식을 빌려 중국의 훌륭한 전통을 해석하고 현대인들이 이를 이해할 수 있도록 하려는 겁니다. 조상의 옛 지혜를 계승하는 일은 21세기 중국에 있어서 중요한 일입니다."

왕은 이런 식으로 말을 장황하게 이어가곤 했다. 그런 그녀가 말을 꺼리는 부분도 있었다. 그녀는 페리랜드헬스에 10억 위안(약 1,700억 원)을 투자했다. 급속도로 성장하는 수도권에 마련한 부지니 얼마나 비쌌겠는가. 그런데 어떻게 그 넓은 땅을 구입했는지, 토지 매입 비용은 어떻게 마련했는지, 정부 소유의 건물에 사무실이 들어가 있는 까닭은 무엇인지에 대해 그녀는 언급을 거부했다. 금융업에 종사하는 지인 가운데 시노웨이에 대해 들어본 사람은 아무도 없었다. 나는 왕이 중국공산당 내에 연줄이 있으리라고 짐작했다. 그러나 끝내 확인할 수 없었다. 왕이 좋아하는 『주역』이나 노자 얘기 대신 내가 자꾸 자세한 내막을 캐묻자 우리의 관계는 멀어졌다.

돈이나 자산의 출처가 분명하지 않은 경우는 중국에서 흔한 일이다. 그보다 내가 궁금했던 것은 왕의 야심이었다. 스스로 그 점을 얼마나 인식했는지는 알 수 없으나 그녀의 야심은 세상에 무언가 새로운 것을 내놓겠다는 야심, 지난 한 세기 동안 들볶인 중국의 과거를 현재로 전진 배치하겠다는 야심이었다. 그리고 무엇보다도 그것은 서구에 보내는 일종의 답신이었다. 중국에서 진척되고 있는 서구화는 매우 근대 아시아적인 단순한 모방에 불과하며, 따라서 중국은 여전히 모방자로서의 위치에 머물러 있다는 점을 그녀는 알고 있었다.

이 어려운 문제의 해답을 찾으려는 왕의 모습은 나를 감탄시켰다. 그러나 그녀도 결국은 향수병 환자일 뿐이었다. 그녀가 장황하게 설명한 사업은 한나라 복장을 하고 완벽한 동작을 추구하는 유교 부활 운동가들을 연상시켰다. 다시 말하지만 이것은 유용한 과거가 될 수 없다. 유용한 과거를 찾고 싶다면 중국인들은 앞에서 언급했던 역사의 전경으로 걸어 들어가야 한다. 거기에 비옥한 토양이 있다. 우리는 거기서 1911년 청이 멸망하면서 구질서가 붕괴한 시점부터 1949년 마오쩌둥 집권에 이르는 기간을 발견한다. 40년이 채 안 되는 기간이다. 이때가 바로 시에용이 말한 "대학이 상실"된 시대이며, 청두에 사는 공산당 원로 시에타오가 다양성, 탐구심, 지적 자유 등의 용어로 감동적으로 표현했던 시대다. 무질서 속에서 희망이 엿보이던 시대다. 이 짧은 기간에 중국은 동양적일 필요도, 서양적일 필요도 없었다. 아니, 양쪽의 속성을 동시에 지닐 수 있었다. 중국은 이 시기에 잠시나마 '이중성'을 극복하고 일치된 자아를 경험했다. 현대 중국의 운명을 밝힐 열쇠도 이 시기에서 찾을 수 있다. 그때 거의 도달할 뻔했던 상태에 중국은 이제 다시 한 번 도전할 수 있다.

현 상황에 맞게 달리 표현하면 이렇다. 양차 세계대전 사이에 등장한 민주 선생과 과학 선생, 민주주의와 과학은 마침내 서로 협력하는 법을 배워야 할 때가 왔다. 양자의 협력은 중국 특유의 듀엣 행진이 될 것이다. 중국은 스스로의 선택에 따라 민주화되어야 한다. 이것은 사실 새삼스러울 것도 없는 이야기다. 그러나 여기서 주목할 점은, 중국의 과거에도 참고할 만한 근대적 전통이 존재한다는 사실이다. 따라서 우리는 중국의 민주화는 실현할 수 없는 꿈이라는 식의 발상을 반박해야 한다. 그런 발상은 중국인과 그들의 능력을 잘못 이해하는 것이고 중국의 역사적 전경 속에 잠재된 가능성을 간과하는 것이다. 천안문항쟁은 우리가 아무리 영웅적으로 조명하고 싶어도 현 시점에서 평가했을 때 확실히 정치적으로 미숙했던 사건이었다. 그러나 민주화를 불가능한 것으로 단정하고 포기하려는 충동도 그에 못지않게 미성숙한 처신이다.

얼마 전 음력 설 직후에 베이징을 방문했다. 나는 시내 북서쪽에 위치한 친구들의 집에 묵었다. 친구들이 사는 신규 주택가는 도시화가 진행 중인 중국에 새로 솟아난 고층 아파트, 상업용 빌딩, 모노레일, 고속도로, 순환도로 등과 마찬가지로, 현 중국이 강박적으로 재구성하고 있는 경관에 최근 추가된 부분이다.

　어느 늦은 오후에 중국을 여행하는 동안 줄곧 나를 도와준 동료가 찾아왔다. 주앙시와 나는 중국 남서부를 폭넓게 돌아볼 계획을 짜고 있었다. 주앙은 새로운 중국을 대변하는 젊은이였다. 캐나다에서 석사학위를 취득하고 돌아온 그녀는 완벽한 영어를 구사했고 직업 선택의 여지가 굉장히 많았다. 나는 본인이 원하는 대로 그녀를 '쉐이'라는 서구식 이름으로 불렀다.

　해가 지자 우리는 문밖에 나가 쉐이가 타고 갈 택시를 기다렸다. 주변에 새로 지은 주택 수백 채가 자리하고 있었다. 전부 단단한 3층 양옥이었다. 박공지붕이냐, 2단 박공지붕이냐, 빅토리아식 탑이 달렸느냐, 팔라디오식 창문이냐 하는 대단치 않은 변형을 제외하면 다 비슷한 구조였다. 우리가 서양 어느 나라에 와 있지 않다는 징표라고는 설을 맞아 내거는 종이 등불과, 저쪽 길 끄트머리에 자전거와 녹색 쓰레기통 사이에 덩그마니 서 있는 한 쌍의 돌사자상 뿐이었다.

이런 식의 주택 개발은 베이징, 상하이, 광저우 등 대도시에서 흔히 볼 수 있다. 포스트 개혁기에 접어든 야심찬 중국의 얼굴이다. 그러나 쉐이는 이런 광경에 익숙지 않은 듯했다. 주변을 돌아보던 그녀의 표정이 다소 어두워지면서 침착함과 생기가 사라졌다.

"이상하지 않아요?" 땅거미가 그녀의 말을 휘감았다.

"속도가 참 대단해요. 몇 년 전만 해도 여기가 전부 논밭이나 헛간, 돌담이었을 텐데." 내가 대답했다.

"그게 아니고요, 중국적인 것이 다 없어졌다는 점이요." 쉐이가 말했다.

그때 쉐이의 말이 뇌리에 남아 있다. 그녀의 애통한 마음속에 또 하나의 씁쓸한 미소가 지어지고, 그녀의 눈에 담긴 의문 속에 꿈 하나가 깨진다.

° 인도의 평정심

인도 남서부의 넓지만 빈곤한 카르나타카 주에서 하르샤 모일리를 만났다. 30대의 모일리는 벵갈루루의 유력한 집안 출신이다. 그는 미국에서 석사학위를 받고 월스트리트와 런던에서 몇 년 일하다가 두어 해 전에 비거주 인도인으로 살아왔던 해외 생활을 접고 귀국했다. 그는 카르나타카 주 28구역 중에서도 제일 빈곤한 바갈코트로 거처를 옮겨 그곳 농민과 주민을 위해 소액대출 사업을 시작했다.

모일리가 설명했다. "2004년 선거에서 힌두 민족주의를 내세우는 바라티야 자나타 당*이 '눈부신 인도'라는 선거운동 슬로건을 내걸었어요. 저는 그걸 이해 못하겠더라고요. 인도 인구의 70퍼센트는 인도가 눈부시다고 생각하지 않거든요. 그래서 잘 지켜봤지요. 인도 전역에서 전자 투표 기계를 처음으로 도입해 사용했는데 시골에서 역사상 최고의 투표율을 기록하면서 바라티야 자나타 당을 패배시켰어요."

모일리가 잠시 생각에 잠겼다. "제게는 결정적인 순간이었어요. 가난한 시골 사람들이 '접근로를 열어주면 이용하겠다' '우리는 기술 발전을 불편하게 여기지 않고 적극 활용하겠다'고 선언했던 거예요. 이걸 보고 저는 '시골에서 뭔가 해야 할 시간이 왔다'고 생각했지요."

많은 것이 담겨 있는 이야기다. 모일리의 이야기는 우선, 해외에 사는 인도인의 이야기다. 밖에서 아무리 성공해도 인도인이라는 정체성 문제는 늘 남게 마련이라서, 비거주 인도인 중에는 종종 귀국해서 더 나은 삶을 찾으려는 충동을 느끼는 이들이 있다. 둘째, 모일리의 이야기는 가난한 시골 유권자의 이야기다. 우리는 여기서 공존하는 이질적인 시간을 느끼고, 첨단 기술의 혜택이 가장 가난한 지역에까지 도달해 마침내 그 진가를 발휘할 때 어떤 일이 일어날 수 있는지를 맛본다. 또한 모일리의 이야기는 인도의 다양성, 즉 인도인들 간에 존재하는 다양한 형태의 소속감과 그런 다면적 정체성을 포용하기 위해 구축해야 할 민주주의의 모습을 암시한다. 나는 특히 그 전자 투표 기계가 궁금해서 꼭 한번 구

* Bharatiya Janata Party(인도인민당): 힌두 민족주의를 표방하는 전국 정당이다.

경해볼 작정이었다. 알고 보니 이 기계는 순전히 인도에서 고안한 물건으로 국영기업이 제조했다. 대당 200달러(약 22만 원)인 이 서류가방 크기의 기계는 먼지에도 끄떡없고 조작도 불가능했다.

카르나타카의 빈민들과 함께 일하는 모일리의 이야기를 들으며 나는 네루의 『인도의 발견』 속에 담긴 짤막하고도 통렬한 구절을 떠올렸다. 평정심에 관한 내용이었다. 근대적인 것을 받아들여도 그 때문에 마음의 평정을 잃거나 자신의 과거를 상실하는 일 없이 편안함을 느끼는 상태. 나는 네루가 말한 평정심을 그렇게 이해했다. 인도에는 그런 평정심이 있었는데 어느덧 그것을 잃고 근대의 희생자가 됐다고 네루는 말했다. 그리고 이렇게 적었다.

> 평정심은 본질적으로 고정적이어서 진보적 변화에 반대하는가? 우리는 둘 중 하나를 꼭 희생해야만 하는가? 평정심과 내외면적인 진보가 조화를 이루고, 옛것에 담긴 지혜와 과학처럼 새것에 담긴 활기가 양립할 방법이 분명히 있을 것이다. 이런 조화로움을 택하지 않는다면 양자 모두는 파괴와 파멸을 피하기 어려울 것이고, 실제로 우리는 그런 세계사적 단계에 도달한 것으로 보인다.

네루는 영국 감옥에서 이 글을 썼다. 카르나타카 주민들이 전자 투표에 참여하기 60년 전의 일이다. 그런데 네루가 찾던 것—자기 과거에 대한 확신에서 오는 평정심과 그런 자세를 현재로 견인해오는 능력—을 카르나타카 주민들이 보여주었다. 이것이 탈서구 시대로 들어서는 인도의 모습이다. 독립하기 몇 년 전 네루가 위의 글을 남긴 이래, 인도는 평정

심을 일부 되찾았다. 과연 인도는 이 방면으로 남다른 재주가 있는 듯하
다. 그러나 인도의 평정심은 지속될 것인가? 역사가 후하게 물려준 듯한
그 침착성을 앞으로도 계속 유지할 수 있을 것인가? 이것이 지금 인도
가 직면한 문제다.

내가 '난다'라고 부르는 미술가 S. 난다고팔은 마드라스 인근 해안에 있
는 예술인 공동체에서 생활한다. 인도 문화예술계에서 꽤 이름난 이곳
에서 난다는 이른바 '서사조형물'narrative sculptures을 제작한다. 그의 작
품은 고대의 모티프를 현대미술의 형식에 결합시켜 구리와 놋쇠를 용접
한 것이다. 그 효과는 독특했다. 거칠고 원시적인 기운이 현대미술 언어
로 표현되어 있었다. 그가 어느 날 오후 자신의 작업실에서 말했다. "이
일을 시작할 때 보니까 인도의 현대미술 역사가 벌써 50년이더라고요.
그 점을 간과할 수 없었어요. 한때 '인도적인 작품이냐 서구적인 작품이
냐'를 논하던 시절도 있었지만 이제 그건 옛날 이야기지요. 내가 속한 시
대를 인식하지 못하는 작품 활동은 못 하겠어요."
　난다의 작품 세계에는 신비한 역설 같은 것이 있다. 그의 작품은 인
도의 느낌을 진하게 풍긴다. 인도 외에 다른 어떤 곳에서도 이런 작품은
만들어질 수 없을 것이다. 그럼에도 그는 '인도적인 것'을 어떻게 정의하
느냐, 동양적이냐 서양적이냐, 과거의 '우리' 것이냐 근대의 '타자' 것이냐
하는 문제를 전부 뛰어넘고 있다. 난다의 작품에는 풍요로운 과거가 스
며 있지만 향수는—그의 말대로 "과거에 연연하는 모습"은—없다. 이
렇게 난다는 '탈서구'라는 관념에 내포된 역설을 내게 가르쳐주었다. 탈
서구란 서구적인 것을 무시하고, 반대하고, 소용없는 것으로 여기는 것
이 아니라 사물을 배경, 전경, 서구적, 인도적인 방식으로 규정하는 틀에

박힌 사고에서 벗어나자는 것이다. 이것은 네루가 말한 평정심이자 새 시대에 진입하는 인도가 참고하고자 마음만 먹으면 당연히 그렇게 할 수 있는 내용이기도 하다.

인도는 지금 두 가지 중대한 결정을 내려야 한다. 하나는 세계화 과정에 참가하는 일과 관련된다. 이제 서구는 인도에 어떤 존재여야 할까? 난다의 금속 조형물에서 느껴지는 것 같은 하나의 영향력이어야 할까? 아니면 모델이어야 할까? 일본이나 중국에 비하면 인도에는 이 문제를 결정해야 할 순간이 다소 뒤늦게 찾아왔다. 그러나 현재라는 역사적 순간과 그 타이밍 덕택에, 인도는 남다른 상상력을 발휘해 우리 모두를 위해 세계화를 재규정할 기회를 얻게 됐다. 근대화 과정에서도 그랬듯이 인도는 독특한 전통을 매개로 세계화에 비판적이고 예민한 감수성으로 접근할 것이다. 그리고 근대성이 획일적이지 않듯 세계화의 양상 또한 획일적일 수 없다는 근본적인 진리를 보여줄 것이다. 세계화는 서구에서 다른 지역으로, 오직 한 방향으로 확산되는 게 아니라 늘 혼합된 양상을 보이는 쌍방 통행으로 이해하는 것이 적절하다. 세계화된 사회라고 해서 꼭 '대중사회'가 되라는 법도 없다. 둘은 일치하지 않을 수 있고 서로 대체할 수도 있다. '다름'은 이겨내야 할 아쉬운 현상이 아니라 포용하고 초월해야 할 대상이다. 진정한 주체성은 20세기를 결정적으로 특징지었던 '원자화된 개인'을 대체할 수 있다. 진정으로 21세기형 인간이었던 폴란드 저널리스트 리샤르드 카푸시친스키는 자신의 다채로운 여정이 종결되던 그 순간까지 이와 같은 관점이 중요하다고 역설했다.

이런 관점을 취하면 동서양의 어느 것도 쉽게 버릴 까닭이 없다. 버릴 것은 어느 한 가지 사고방식이 더 우월하다는 관념뿐이다. 인도는 역사적 특징과 현 상황으로 인해, 다른 어떤 나라보다도 그런 관념을 전환하는 일을 담당하기에 적합하다. 인도가 마주한 문제들은 서구와는 다른 지극히 인도적인 것들이므로 자체적으로 해결책을 찾아야만 하며, 우리 모두는 그런 사례를 참고로 삼을 수 있다. 전자 투표 기계는 작지만 돋보이는 사례다. 인도 전역에 촘촘히 짜인 카펫처럼 확산된 소액대출 제도 역시 그런 사례에 속한다. 인도를 한 번만 잘 들여다봐도 빈곤 문제에 대처하는 방안을 그 누구보다도 제대로 고안할 나라라는 걸 알 수 있다.

인도가 결정해야 할 두 번째 사항은 세속적 민주주의 국가로서의 미래에 관한 것이다. 만약 인도가 앞으로도 계속 세속적 민주국가이고 싶다면 자국을 새로이 조명해야 한다. 어느 하나의 문화가 지나친 우위를 점하지 않도록 민주주의와 국가를 재창조할 필요가 있다. 세속주의나 민주주의가 다른 나라에서 잘 기능하니까 이를 당연하게 여기라는 뜻이 아니다. 특히 세속주의를 서구처럼 절대적 신조로 내세울 필요는 없다. 그런 것은 진정한 진보가 아니다. 오히려 인도는 자국의 역사를 토대로 인도의 현실을 가감 없이 반영하는 세속주의 및 민주주의 관념을 독자적으로 찾고 판단해야 한다.

"인도에서는 전 국민이 종교에 대해 알아요." 아메다바드에서 만난 RSS 소속 젊은이가 했던 말이다. 인도에서는 전 국민이 '종교를 통해서' 안다고 말했더라면 아마 그의 의도가 한결 정확히 전달됐을 것이다. 그러나 종교가 그와 같은 역할을 하는 것이 인도의 현실이라 할지라도 세속적 민주주의가 보장하는 자유의 가치를 포기해서는 안 된다. 특히 인도 사회가 '정치적 힌두 근본주의'에 항복한다면 반드시 비극적 결과를 면치 못할 것이다. 그렇다고 해서 종교와 정치를 엄격히 분리하는 서구식 세속주의 모델을 계속 쓸 수도 없다. 그렇다면 인도는 인도 나름의 세속주의를 고안해야만 한다. 종교색이 다소 짙어지는 한이 있더라도 포용과 공존이 승리하는 세속주의를 구축해야 한다. 사실상 이것이 영국의 저널리스트 겸 사상가 조지 홀리오크가 19세기 중반에 만든 '세속주의'라는 용어의 원뜻에도 더 가깝다. 또 그것은 어느 한 문화가 지배적이지 않은 민주주의여야 한다. 수많은 문화가 깊고 다양하게 뿌리 박혀 있는 사회에서 그것 말고 다른 지속가능한 대안은 없다.

이것이 인도가 결정해야 할 사항들이다. 아직 결론은 내려지지 않았다. 2002년 구자라트 폭력 사태가 발생했을 때 인도의 어느 저명한 저널리스트가 인도의 역사적 궤적과 자기회의와 약점에 관한 감동적인 글을 발표했다. "이 모든 호들갑에도 인도 민주주의의 절정기는 혹시 이미 지나버린 것이 아닐까? 자꾸 부유해지는 인도인은 많아도 국민 전체로 보면—문명이라는 측면에서—앞으로 점점 가난해지는 것이 아닐까? 거인들의 비전에서 탄생한 나라가 이제는 한낱 부질없는 문제에 몰두하는 소인배들만을 지탱해 주고 있는 것은 아닐까?" 21세기에 들어선 인도가 느끼는 두려움을 이보다 더 적나라하게 표현한 글을 본 일이 없다.

하이데라바드에서 만난 기업 간부 아지트 랑네카르가 유리상자 같은 사무실에서 내게 물었다. "우리가 협상 테이블에 내놓을 수 있는 카드는 뭘까요? 우리가 독자적으로 뭔가를 해낸다는 것이 가능할까요? 이 불안감이 우리로 하여금 대안을 찾도록 만들까요?" 적어도 확실한 것은, 앞서 구자라트 사태와 관련한 저널리스트의 언급이나 이 기업인이 품는 의문과 같은 종류의 문제가 지금 인도 전역에서 제기되고 있다는 점이다. 인도가 지혜롭게 결정만 내린다면, 인도도 충분히 근대성의 진정한 창조자로 변신할 수 있다.

인도가 직면한 두 가지 결정과 관련하여 아메다바드의 어느 학자가 매우 인상적인 언급을 했다. 우리는 독특한 전통을 보존하는 일에 대한 전망과, 인도가 이를 활용했을 때 그것이 발휘할 엄청난 유용성에 관해 이야기하던 중이었다.

내가 말했다. "그렇게 하는 것이 인도가 스스로에 대해 갖는 의무입니다."

그러자 그가 말했다. "아니죠. 인도가 세계에 대해 지는 의무입니다."

°탈서구 시대를 맞으며

> 당신에게 그것을 권하는 '타자'의 얼굴을 보라. 그 얼굴에 당신
> 자신의 얼굴이 보일 것이다.
> _ 리샤르드 카푸시친스키, 『비엔나 강연』(2004)

얼마 전 이탈리아의 비교문학자 프랑코 모레티가 소설의 역사에 관해 흥미로운 관점을 제시했다. 우리는 보통 근대 소설을 서구적 형식으로 본다. 비서구인이 근대 소설을 창작할 때는 서구의 형식과 기교를 그 지역의 고유한 경험에 적용하는 것이고, 그래서 서구적인 방법론과 비서구적인 내용 간에는 불협화음이 존재한다고 여기곤 한다.

하지만 모레티의 생각은 달랐다. 18세기 이래 수천, 수만 편의 소설이 쓰였고, 이제 서구 작가의 소설이 전체에서 차지하는 양은 줄어들었다. 그렇다면 우리의 일반적인 생각, 즉 '소설은 서구적 경험에 적용되는 서구의 형식'이라는 생각은 이제 예외적인 것이 됐다고 결론내릴 수 있다. 관례는 오히려 역전되어 서구의 형식이 이제는 비서구적 경험에 적용되

는 경우가 더 일반적이고, 그 변주되는 방식 또한 무한하다. 그렇다면 세계문학이라는 관점에서 소설의 의미는 처음부터 끝까지 완전히 재고되어야 한다는 것이 모레티의 견해였다.

그의 견해에는 여전히 논쟁의 여지가 있지만 여러 가지 문제를 던진다. 여기서 그의 발상을 우리의 목적에 맞게 변형시켜볼 수 있다. 만약 거의 온 세상이 민주주의를 보편적인 가치로 받아들이고 전 세계 민주 사회의 총 인구 중 서구인은 소수에 불과한 시대가 온다면, 그때 민주주의란 무엇을 의미하는가? 이에 대한 해답은 아직 정확히 알 수 없지만, 분명한 것은 그 해답이 우리를 기다리고 있다는 점이다. 민주주의는 수용되는 곳마다 의미가 조금씩 달라질 운명이다. 민주주의를 확산하려는 서구의 욕망이 충족된 후에도 우리는, 주제부만 같고 변주부는 무한히 다른 세상에 살게 될 것이다. 서구적인 형식에 지역성이 가미되는 현상은 앞으로도 되풀이될 것이다. 예컨대 낯선 것과 익숙한 것, 타인에 대한 신뢰와 안심하고 사는 것 사이에서 새로운 균형을 모색하는 일본과 여러 아시아 국가의 노력은, 결국 자기만의 민주주의를 찾으려는 시도로 볼 수 있다.

그렇다면 다른 질문들이 끊임없이 꼬리를 잇는다. 정치조직체란 무엇인가? 정치조직체 내에서 개인이 갖는 권리는 무엇을 뜻하는가? 세속주의 사회란 무엇을 의미하는가? 자유시장에는 어느 정도의 자유가 주어져야 하는가? 지역 공동체에서 기업은 어떤 위치를 점하는가? 이 가운데 몇 가지는 벌써 코 앞에 닥친 상태다. '기업의 사회적 책임'이라고 부르는 개념은 탈서구적 사고에서 영향받은 것이다. 2008년 경제 위기도 시장을 관리하는 문제는 탈서구적 발상을 통해서만 해결되리라는 점을 시사한 사건으로 볼 수 있다. 서방 국가가 대부분이던 G7은 러시아를 포함하면서 G8이 됐고, 이것은 다시 서방 국가와 비서방 국가를 골고루 포함하는 G20로 확대됐다. 이것도 일종의 탈서구적 현상이다.

"계몽이란 인간이 스스로 초래한 미성숙에서 벗어나는 것이다." 1784년 칸트가 쓴 글이다. "미성숙이란 타인의 도움 없이 자신의 오성을 사용하지 못하는 상태다." 칸트의 말을 아시아에 액면 그대로 적용하는 것은 지나치게 가혹하다. 아시아의 오랜 '미성숙' 상태를 '스스로 초래한' 것으로 보는 것은 불공평하기 때문이다. 그러나 칸트의 말에 함축된 의미는 여전히 유효하다. 미성숙에서 벗어나면 정해진 답이 없는 상태에 이른다. 칸트에 따르면 계몽된 자는 당연히 자기 고유의 방식으로 사물을 이해해야 한다. 주어진 문제를 누구나 똑같은 방식으로 이해한다면 세상이 얼마나 이상해지겠는가.

결론은 자명하다. 서구는 더 이상 근대의 주인이 아니다. 프랑코 모레티가 소설을 재조명했듯이 계몽에 대한 서구의 시각도 비서구적 관점에서 재조명, 재구축되어야 한다. 미국과 유럽은 더 이상 근대의 유일한 생산자가 아니다. 이를 깨닫고 인정하면 다른 깨달음이 뒤따른다. 칸트의 말을 다시 한 번 생각해보자. 계몽은 애초부터 그 안에 서구의 전성시대가 끝나리라는 것을 암묵적으로 전제하고 있었다. 이것은 긍정적으로 봐야 할 일이다. 계몽은 결코 유럽의 전유물이 아니었다. 서구가 앞장서서 타지에 전파해야 할 어떤 것이 절대로 아니었다는 말이다. 탈서구 시대에 다다른 우리는, 계몽이란 인류 전체의 것이었음을 깨닫는다. 계몽이 서구에서 먼저 나타난 데에는 역사적인 이유가 존재하지만, 그뿐이다. 누구도 그 이상이라고 우길 수는 없다.

아시아에 체류하는 동안 나는 서구가 아시아에 가하는 도전의 정체를 이해하고자 고심했고 이를 이 책에 담고자 했다. 이제 나는 시선을 다시 서구로 돌려놓고 글을 마무리할까 한다. 어쨌든 아시아는 어려움을 예상하면서도 이미 도전에 맞서고 있거나, 막 맞서려는 참이거나, 혹은 맞서겠다고 다짐하고 있다. 문제는 서구인들이다. 서구는 현 상황을 어떻게 이해하고 어떻게 받아들여야 할까? 선생은 학생이 필요한 법인데 아시아는 이제 서구의 제자가 아니다. 아시아는 이미 졸업해버렸다. 그렇다면 탈서구 시대에 서구는 도대체 어떤 존재인가?

'자기 자신을 아는 문제'에 관한 한 니체의 출중한 필력을 따를 자가 없다. 어떻게 나 자신을 아느냐 하는 질문이 니체의 주요한 물음이다. 그의 답은 자신의 과거를 되짚어 '재평가'하는 것이었다. 그러려면 스스로를 완전하게 조망할 수 있는 위치, 즉 '관점'을 획득해야 한다. 그는 이를 "현재로부터의 이탈"이라고 부르며 목적의식을 갖고 추구하라고 역설했다. 이와 관련하여 "이면으로부터의 탐구" 또는 "낯선 관점"이라는 표현도 사용한 바 있는 니체는 익숙한 해변을 떠나 바다로 나가라는 유명한 비유를 통해 익숙한 것들로부터 한발 물러나 바라볼 것을 권했다. "이만큼 떨어진 거리에서 해변을 돌아보면 처음으로 전체적인 조망이 한눈에 들어온다. 그러고 나면 한 번도 떠나보지 않은 사람보다 해변을 더 잘 이해할 수 있다."

니체는 자신의 발상이 매우 마음에 들었던 듯하다. 니체는 독일인이 아닌 유럽인의 눈으로 독일을 바라봤다. 서구인들도 렌즈를 활짝 열고 '아시아의 눈'으로 세상을 살펴야 삶을 온전히 바라볼 수 있다. 니체는 이렇게 부연했다. "자신만을 관찰해서는 자기를 제대로 알 수 없다. 역사의 아버지 헤로도토스가 여행을 했던 것처럼 우리는 다른 나라를, 소위 야만인과 준 야만인이 사는 곳, 인간이 유럽의 옷을 벗어버렸거나 아직 걸쳐보지 않은 곳을 여행해야 한다."

서구가 '문명개화의 사명'을 띠고 "소위 야만인과 준 야만인"을 식민화하던 즈음에 이 글이 쓰였다는 것은 결코 우연이 아니다. 니체의 선견지명에 감탄하지 않을 수 없다. 서구는 지금 자신에 대한 새로운 관점을 절실히 필요로 한다. 서구는 그 대안적 관점을 서구 자신 속에서 찾아내야 한다. 그러려면 서구가 고수하는 가치들을—'서구'라는 관념에서부터 시작해서—재평가하는 일이 시급하다.

서구가 아시아를 아는 것보다 아시아는 서구를 훨씬 더 잘 안다는 말이 있다. 아시아는 서구를 연구하고 학습한 뒤 서구의 관점으로 자기를 이미지화했다. 역사적인 상황이 그랬다. 근대가 아시아로 하여금 그렇게 할 것을 요구했다. 지금도 우리는 중국에 대한 서구의 견해를 근거로 중국의 어떤 측면을 단정 짓는 중국인들을 쉽게 찾아볼 수 있다.

사람들은 그런 성향을 기이하게 여기지만 나는 그렇게 생각하지 않는다. 이것은 다른 관점으로 '여행하는' 아시아인의 자연스러운 반응이다. 이들은 서구화의 여정을 한 번 거치고 나서야 비로소 자신을 파악하고 회수할 준비를 하게 됐다. 이 점은 중요하다. 그렇다면 서구의 관점에서 자신을 바라보는 아시아의 '기이한' 습관은, 아시아가 서구를 얼마나 따라잡았는지를 가늠하는 하나의 척도로 기능한다.

탈서구 시대로 진입하면서 많은 것들이 전복되기 시작했다. 19세기에 아시아는 자기 뿌리와는 아무 관련도 없는 남의 것을 억지로 수용해야 하는 불리한 위치에 있었다. 전부 다 남의 땅에서 만들어진 낯선 것들이었다. 그러나 이 낯선 경험은 오늘날 아시아의 장점이 됐다. 예를 들어 아시아는 서구와는 달리 민첩하다. 원본과 유리된 상태에서는 모든 것이 편의에 따라 날렵하게 변경, 변형, 재창조될 수 있기 때문이다. 반대로 서구는 변화에 대한 반응이 느리다. 변화하려면 문물이나 가치에 결부된 기나긴 역사를 비롯해 포기해야 할 것들이 많기 때문이다. 새 철도를 깔려고 해도 먼저 걷어내야 할 오래된 철길이 한둘이 아니다. 한때 장점이던 것이 시대가 변하면서 약점으로 바뀐 것이다. 시간, 자아, 자연. 아시아가 서구를 처음 마주할 때 고민했던 세 가지 관념이다. 이에 대한 아시아의 관점은 이제 유리하게 작용하고 있다.

서구는 아시아가 자신들의 문물을 대규모로 차용했던 일을 특이한 역사적 현상으로 취급하는 경향이 있는데, 이는 잘못된 이해다. 문물을 빌리는 과정은 곧 문화가 재구성되는 과정이고, 이를 통해 모든 것은 '퓨전'이 된다. 그리스 시대 이후로 많은 것들이 언제 그런 선이 있었냐는 듯 동서양의 경계선을 넘나들었다. 이제 아시아는 19세기에 뒤쳐졌던 만큼 21세기에 선두로 나설 것이다. 차용하는 법을 다시 익히고, 가상의 경계선을 넘어야 하는 일은 이제 서구의 몫이다. 서구가 아시아의 눈으로 바라보는 법을 배운다면, 아시아는 서구가 자신을 탐색하는 작업을 도울 수 있다. 그러기 위해서 서구는 아시아를 알아야 한다. 아시아의 복잡한 심리를 파악해야 한다. 이것은 서구식 사고방식을 포기하라는 이야기가 아니다. 그런 사고방식의 한계를 명확히 이해하고 그것을 뛰어넘자는 뜻이다.

현상을 유지하려면 변화해야 한다는 '람페두사의 테제'는 19~20세기에 아시아가 채택했던 전략이다. 이것 역시 전도되어 이제는 서구가 이 전략을 취해야 할 차례다. 모든 가치의 잠정적 속성은 근대적 경험의 일부분이다. 그게 우리가 구축한 근대다. 그러나 서구는 아시아만큼 변화하는 연습이 덜 되어 있다. 앞서 말했듯이 장점이 단점으로 바뀐 것이다. '현상유지', 즉 타자와 교배되지 않은 상태를 유지하는 것은 우리의 대안이 될 수 없다. 따라서 우리는 변화하고, '타자'에게 배우고 차용하는 능력, 즉 서구가 한때 아시아에게 한 수 가르쳐주던 바로 그 능력을 다시 키워야 한다. 그러려면 우선, 우리는 배에 올라타고 노를 저어 바다로 나가 알맞은 거리에서 해변을 되돌아보며, 우리 자신을 있는 그대로 총체적으로 바라봐야만 한다.

°마지막 18세기 국가 미국

미국은 세계 최후의 '18세기형' 국가로서 21세기를 완고하게 거부하는 유일한 나라다. 미국은 시대에 뒤떨어진 문명개화의 사명을 고수하며 이를 이행하려고 애쓰는 세상에 단 하나 남은 국가다.

냉전 체제가 막을 내린 이후 전개된 일련의 사건을 객관적으로 분석하면 그런 결론이 도출될 수밖에 없다. 미국은 '유일한 초강대국' '선의의 헤게모니' 혹은 '필수불가결한 국가'를 자칭해왔다. 그러나 이런 표현은 정당화되기도 어려울 뿐더러 그 의미부터가 불분명하다. 미국은 스스로를 거부할 수 없는 권력으로 묘사하지만 실은 미래로 향하는 세상 속에서 고립되어 있다. 미국은 본뜻 그대로의 계몽주의적 가치를 홀로 떠받들고 있다는 사실을 알게 모르게 자인하고 있다. 이것은, 변화란 불필요하며 200여년 전에 형성된 가치들이 지금까지 유효하다고 주장하는 것과 같다. 그런 주장은 아무도, 심지어 영국조차도 지지해주지 않는다.

유럽은 베를린장벽이 붕괴한 이후 미국이 가진 무소불위의 권력이 덧없는 것임을 이미 알고 있던 것 같다. 미국의 힘이 과도기적이고 곧 끝날 운명임을 알았던 것이다. 게다가 유럽은 베를린장벽 붕괴를 계기로 계몽주의를 포기하지 않으면서도 이를 재평가할 수 있었다. 이것이 20세기말을 가장 간명하게 파악한 묘사다. 유럽은 진보가 지구상 한편에서 다른 한편으로 한 방향으로 확산되는 일이 더는 없을 것으로 이해했다. 1989년 11월에 일어난 사건은 유럽인들의 표현을 빌려 묘사하면, 인류가 동서 경계선을 (말 그대로) 지워버린 사건이었다. 이것은 역사의 종결이 아닌 재출발이었다. 그렇다면 이것은 매장된 과거를 되찾는 "특수주의 르네상스"—어느 훌륭한 작가의 훌륭한 표현이다—로 볼 수 있다. 이 르네상스는 때로 폭력적인 방식으로 찾아오기도 하지만, 나는 이 현상이 지니는 광범위한 함의를 대체로 긍정한다. 누군가 탈서구 시대의 시작점을 찾는다면, 단연 22년 전 그 극적인 가을날이 될 것이다.

나중에 역사가들도 그렇게 결론 내리겠지만, 냉전이 종식되기 훨씬 전부터 유럽은 이미 냉전을 회의적으로 생각했고, 그런 상태를 유지하려는 욕망을 근본적으로 상실했다. 미국과는 달리 유럽은 냉전시대를 '문명개화의 사명'을 고수하던 서구의 '최후의 보루'로 보았고, 18세기식 계몽 프로젝트에 넌더리를 냈다. 그 점을 짐작하는 데 특별히 색다른 요령은 필요하지 않다. 냉전이 끝난 다음 미국의 사명으로 새롭게 부상한 '테러와의 전쟁'이 국제무대에서 실패한 이유도, 그것이 '우리'와 '저들'을, '자기'와 '타자'를 나누는 계몽주의적 서사의 21세기식 풀이에 불과했기 때문이다.

우물 안을 벗어나 본 미국인이라면 남들이 미국에 대해 뭐라고 하는지 들었을 것이다. 그중 두드러지는 것은 진로 변경에 능한 미국의 특성에 관한 언급이다. "당신네 미국인들은 새로운 상황에 맞춰 늘 변화하더군요." 그러나 지난 이십여 년을 돌아보면 사실 그렇지 못했다. 냉전시대 말기부터, 즉 대략 레이건 행정부가 들어선 뒤부터 한때 역동성으로 유명했던 미국이 '변화불능' 증세를 겪기 시작했다. 그 대신 기술혁신에만 매료되어 새것을 발명하는 일을 진정한 변화로 착각했다. 그러나 발명과 변화는 동의어가 아닐 뿐더러 서로 아무런 관계도 없다. 원자폭탄 정도를 제외하면, 자국의 국제적 지위에 대한 미국의 인식을 본질적으로 바꾼 새로운 장치는 없었다. 바뀌어야 하는 것은 물건이 아니라 가치관과 정신이다.

참신한 것에 대한 미국의 물질적 집착은 조지 부시가 집권한 8년 동안에 정점에 달했다. 그러는 동안 묘하게도 진정한 혁신은커녕 그 비슷한 것도 성취하지 못했다. 그 8년이 엄청난 시간 낭비였다는 지적은 새삼스러울 것도 없다. 이제 미국이 '잃어버린 10년'의 대가를 곱씹을 차례다. 미국과 나머지 세상, 계몽주의 국가와 탈계몽적 세상의 간격은 그 대가를 가늠해볼 수 있는 하나의 척도다. 이 기간에 미국이야말로 정신과 물질을 별개로 취급하는 오류를 저질렀다. 명백하고도 모순의 극치를 달리는 오류였다. 특히 아시아의 입장에서는 미국의 그런 모습이 더욱 기이할 수밖에 없었다. 미국이 '미국적 정신'의 효율성을 강조하면 할수록 그것은 점점 더 공허한 신화로 느껴졌고, 기술 우상화 현상이 더욱 선명히 그 모습을 드러냈으며, 그런 습성 뒤에 놓인 허무주의는 점점 더 부인하기 어려워졌다. 한때 아시아에서 목격되던 '불변 속 격변' 혹은 '격변 속 불변'을, 이제 미국은 자기 자신 속에서 발견한다.

2008년 버락 오바마 대통령의 당선은 미국인들이 자신의 신념을 재고하고 스스로를 재평가할 준비가 됐음을 시사하는 강력한 순간이었다. 오바마가 쉴 새 없이 강조하는 '변화'도 이런 견지에서 이해해야 한다. 그가 원하는 변화는 참된 변화다. 이 변화를 통해 미국은 18세기에서 취할 만한 것은 취하되, 드디어 21세기를 살아가야 한다. 자기를 타자와 분리된 존재가 아닌, 타자와 공존하는 존재로 바라볼 수 있어야 하고, 계몽적 사고방식이 탈계몽적인 것으로 진화해야만 한다. 오바마의 목표는 그렇게 이해하는 것이 정확하다. 긍정적인 전망이다.

내가 이 책을 마무리할 즈음 오바마 행정부가 막 첫돌을 맞았다. 비전을 실행하는 일이 물론 쉽지는 않겠지만, 그래도 벌써 중요한 발걸음을 내디뎠다는 느낌이다. 이제 미국이 또 다른 조지 부시를 대통령으로 뽑을 확률은 또 다른 페리 제독을 탄생시킬 확률만큼이나 낮은 듯하다. 일정한 역사적 전환이 이뤄졌다. 이 점에 관해 낙관적이어도 되는 이유가 있다. 오바마에 대한 반대 세력도 현재 만만치 않게 커지고 있지만 어떤 결과가 초래될지는 아무도 장담할 수 없다. 오바마는 집권하자마자 현재 큰 문제인 서구와 중동 이슬람 문화권을 가르는 상상의 경계선을 가로질러 손을 내밀었다. 그러한 몸짓에서 탈서구적 사고가 느껴진다.

비서구 세계는 서구를 보며 무슨 생각을 할까? 서구인들은 이것을 자문해볼 필요가 있다. 아시아가 이 질문에 대해 벌써 160여 년 전에 내놓은 대답이 아직까지도 유효하다는 사실은 서구로 하여금 정신이 번쩍 나게 만든다. 비서구 세계는 서구를 보며 주로 과학과 방법론을 생각한다. 서구의 가치관은 서구의 기술만큼 설득력을 갖지 못한다. 비서구 세계의 입장에서 볼 때 서구에서 가져다 쓸 만한 것은 여전히 물질뿐이다.

탈서구 시대를 맞아 우리는 서구의 물질적 성취에 대해서도 토론해볼 수 있다. 여러 식민지가 독립하던 20세기 중반까지 서구의 물질적 우위는 확고했다. 그러나 탈식민지화와 그로 인해 다양한 양상으로 초래된 결과들은 이미 진실로 드러난 일을 다시 한 번 강조했다. 지금으로부터 30년 전, 독일의 저명한 철학자 한스-게오르크 가다머는 1914년 이래 서구가 '변방이 됐다'고 주장하면서 "오로지 서구의 자연과학만이 즉각적인 국제적 반향을 일으킬 수 있다"고 점잖게 덧붙였다. 요즘은 서구의 매력에 대중문화도 포함된다. 그러나 비서구 세계가 서구 대중문화를 소비하는 방식은 특정 상품에 대한 기호, 즉 서구의 가치관이나 (진정한 의미의) 문화가 아닌 서구의 물건에 대한 선호를 반영할 뿐이다. 그리고 서구의 '변방화'가 시작된 시점을 굳이 따지자면 1914년보다 더 거슬러 올라갈 수 있다. 후쿠자와 유키치와 메이지 정부의 지도층이 벌써 1870년대에 서구는 '숫자와 합리성'을 대표한다고 명백히 선언하지 않았던가? 말하자면 '숫자와 합리성'을 제외한 나머지 것들은 필요 없으니 권하지 말라는 의미였던 것이다.

세상이 서구로부터 원하는 것에는 제한이 있음을 인정하자. 역설적인 점은 있다. 계몽주의가 기승전결을 거쳐 역사 속으로 사라져가도 일정한 보편가치는 존재한다. 개인의 자율성과 민주사회의 구성원으로 살아갈 권리는 서구에서 생겨났지만, 여기에 아무리 수많은 변주를 가하더라도 결국 이것은 나침반 발명을 취소할 수 없는 것만큼이나 철회할 수 없는 사실이다. 그러나 결국 비서구 세계는 서구가 그랬듯이 보편성에 이르는 자신만의 길을 찾아낼 것이다. 이것은 가치라는 관념에 내재되어 있는 속성이다. 가치는 한마디로 말해서 수출 품목이 아니다. 계몽의 영향은 우리가 영원이라는 개념을 이해하는 한도만큼만 영원하며, 누가 어디로 실어 보낼 수 있는 물품은 확실히 아니다.

19세기는 아시아에 많은 것을 요구했다. 앞서 살펴보았듯이 자아를 다시 창조하는 일은 그중에서도 가장 본질적인 요구에 속했다. 아시아의 자아는 근대가 도래하면서 두 쪽이 났고 그로부터 이중성이라는 현상이 생겼다. 전통적인 아시아의 자아는 유연하고 다면적이며 과거와 유대를 맺는 자아였다. 그러나 근대적 자아는 그렇지 못했다. 근대적·서구적 자아는 전통적·동양적 자아 위에 덧씌워졌다.

이제는 정반대의 관점에서 이 문제를 바라봐야 한다. 19세기는 아시아의 자아에만 영향을 미친 것이 아니라 서구에도 일정한 자아 —국민국가에 소속된 고정적이고 단면적인 자아— 를 부여했다. 그리고 19세기 아시아가 근대에 적응하도록 강요받았던 것과 똑같이 지금 서구는 새 시대에 적응하기 위해 변해야 할 압박감을 느낀다. 쉽게 말해서 우리는 지금까지 어떤 존재였고 앞으로는 어떻게 변해야할 것이냐 하는 문제에 당면한 것이다.

해안을 벗어나 바다로 멀리 나가보지 않으면 이 문제의 핵심을 파악하기가 무척 어렵다. 자아 관념은 우리의 사고틀과 직접적으로 관계를 맺는다. 자아를 안정적이고 변하지 않는 것으로 여기곤 한다. 어떻게 해야 새로운 자아를 형성할 수 있을까? 자아를 성찰하고 재고하는 행위는 자신의 내면에서 이루어져야 한다. 이것이 니체의 '거리두기'의 목적이다. 이 거리두기를 통해 '우리를 이루는 요소'로 전제되는 것들이 얼마나 일시적인지를 깨닫는다. 아시아는 자아의 문제를 아직 완전히 해결하지 못했다. 소속감의 문제는 터키, 이란에서부터 일본에 이르기까지, 동양의 모든 곳에서 가장 근본적인 어려움으로 남아 있고 이 점은 다양한 방식으로 자주 언급된다. 그러나 서구가 자신을 아시아의 눈으로 바라본다면 자아와 소속감의 문제가 서양에서도 동양만큼이나 해소되지 못한 상태임을 깨닫게 될 것이다.

앞서 등장했던 매슈 아널드의 시에서 두 구절만 상기해보자.

아! 이제 변했다. 밝은 햇빛을 정복하며
담대한 서양인이 지금 도착했다.

이 서양인은 대체 누구며, 이 시가 발표된 1867년에 그가 어떻게 '변했다'는 것일까? 그 서양인이 이전엔 그렇지 않았는데 달라졌다는 뜻으로 아널드의 표현을 액면 그대로 받아들여야 할까?

해답은 아널드가 살던 시대에 놓여 있다. 19세기는 서구의 기질을 변화시켰다. 서구는 '자신들의 세기'에 타자를 규정하기에 바빴고, 그 과정에서 자기 자신도 함께 규정해버렸다. 아널드는 이런 맥락에서 새롭게 등장한 자아를 묘사했던 것이다. 여기에는 확실히 축하의 어조가 담겨 있다. 시인이 선택한 어휘에는 지구상에 새로운 존재가 등장했다는 놀라움과 신기함이 묻어난다.

이 새로운 존재의 속성을 보자. 아널드의 시는 유용한 참고 자료다. 19세기 서구의 자아는 담대하고, 정복욕과 자기주장이 강했다. 전부 남성성과 동일시되는 가치들이다. 이 남성적 자아는 수동성이나 후퇴하는 일을 단호히 거부했고 지극히 개인주의적이며 행동지향적이었다. 눈에 보이는 결과가 제일 중요했고 눈에 보이지 않는 은근함은 하찮게 여겼다. 서구적 자아가 부정한 특질은 전부 인간의 자연스런 속성이라는 점에서, 서구는 인간의 속성을 스스로 거부했다고 볼 수 있다. 이 '새로운 존재'는 공동체 안에서 공존하기보다는 단호하게 선언된 개인성을 특별히 우선시하며 자신이 자연의 일부임을 느끼지 못한다. 현재가 중요하고 과거에는 가치를 두지 않는다. 부분만 보고 전체를 보지 못한다. 성찰이나 직관보다 행동을 중시 한다. 영국 소설가 E. M. 포스터는 「영국인의 기질에 관한 메모」*Notes on the English Character*에서 감정을 못 느끼는 "덜 발달된 심장"을 이야기한 바 있다. 무언가 결여된 느낌을 잘 전달하는 유용한 표현이다.

서구는 아널드가 표현한 자아를 물려받았다. 그 자아의 가치가 곧 서구의 가치다. 그러나 시대가 달라졌다. 아널드가 살던 시대에 서구가 행하던 일은 이제 행해지지 않는다. 서구는 지금 과거와는 다른 문제를 신경 써야 하는 상황이다. 그렇다면 스스로를 재고하는 일은 불가피하지 않은가? 생각과 행동을 달리하고 지금까지와는 다른 존재가 되어야 하는 것이 아닌가? 유효기간이 지난 서구의 공리주의적 사고도 이제는 사물에 대한 이해를 돕기보다는 제한하는 요소가 되었다. 삶과 경험은 순수하게 논리로만 따질 수 없고, 서구의 개인이란 개념도 현대를 설명하기에는 적합하지 않다. 탈서구 시대는 자기중심적 주체와 관련해 새로운 사고를 요구한다. 서구적 개인도 그 수명을 다했다. 따라서 진화해야 한다. 명령을 받들듯 하루아침에 변하는 대신 제기되는 질문에 하나씩 대응하고, 떠오르는 문제마다 하나씩 해답을 찾아가며 진화해야 한다. 간단히 말해서 서구는 '서구'라는 관념 없이 사는 법을 터득해야 한다. 서구의 개념은 장기간 큰 추진력으로 스스로를 뒷받침했지만 이제 대세가 바뀌었다. 이런 주장이 극단적으로 들릴 수도 있을 것이다. 세상과 맺는 관계를 근본적으로 변화시켜야 한다는 말로 들릴지 모른다. 그렇다. 그게 정확히 내 의도다.

공리주의적 사고방식에 젖은 서구는 아시아 하면 물질적인 발전을 떠올린다. 경제력이 쉽게 눈에 띄니 그럴 수 있다 하더라도, 이는 논리적으로 옹호될 수 없는 태도이다. 오랫동안 고전하던 동양이 재부상하는 역사적인 상황에서, 상품에 '메이드 인 OOO' 딱지가 붙는 것 이상의 중요성을 보지 못하는 것은 지극히 근시안적인 일이다. 세상을 다른 방식으로 바라보는 대안적 의식 또한 재부상하고 있다. 기존의 우열 관념을 전부 떨쳐버리고 이 같은 현상을 반드시 이해해야만 한다. 그러고 나면 새로운 대안적 의식의 부상이 세상에 끼칠 영향을 인정하지 않을 도리가 없다.

°아시아가 보낸 초대장

현재 우리는 익숙한 경계선 없이 떠도는 상태다. 지도상의 국경은 여전히 존재하지만 상상 속의 경계선은 사라져가고 있다. 피할 수 없는 현상이다.

우리는 현시대의 불확실성, 즉 탈서구 시대의 줄거리가 어떤 양상으로 전개될지 모른다는 점을 반갑게 여겨야 한다. 인간의 속성을 '서양적' 혹은 '동양적'으로 구분하지 않을 때 우리는 많은 것을 얻게 될 것이다. 부분이 아니라 총체와 연속성을 보는 데카르트적 관점을 획득하게 될 것이다. 삶에서 '다층적 시간 개념'을 활용할 줄도 알게 될 것이다. 과거를 뒤에 남겨두거나, 접근할 수 없게 만들거나 없애버리는 심리적 기만을 멈추고, 현재 속에서 과거를 직시하게 될 것이다.

이런 미래는 생각보다 멀지 않다. 이 여정이 시작된 지 벌써 오래임을 잊지 말자. 탈서구적 사고는 이미 둥지를 튼 상태다. 19세기 영국에서 '독특한 전통'이 떠오른 방식에도 탈서구적 사고가 담겨있었다. 인도인이 '서구의 대안적 전통'이라 불렀던 '독특한 전통'의 역사는 꽤 길지만 늘 주변부에 머물러 있었다. 뒤돌아보려는 충동, 방향을 재조정하려는 충동은 베이컨과 데카르트로 거슬러 올라간다. 스피노자는 도덕과 권력은 궁극적으로 나눌 수 없음을 설득력 있게 역설했다. 좀 더 새겨들어야 할 말이다. 지난 한 세기 동안 최고의 사상가들이, 관점을 파편화하는 과학의 속성을 극복하고 평소에 서로 연관 짓지 않는 것들을—과거와 현재를, 우리 자신과 자연을—연결할 것을 촉구했다. 베르그송, 하이데거, 사르트르도 동양사상의 영향을 받았다. 사고가 바뀌는 현상은 어떤 것이 지배적이냐의 문제일 뿐이다. 탈서구적 세상에서는 이전에 주변성을 띠던 사고가 지배적인 성격을 획득하면서 주류의 일부를 구성하게 된다.

우리는 현재의 일부로서 현재 속에 매몰되어 현재를 과거만큼 잘 알지 못한다. 그런 의미에서 한 시대의 역사를 다음 시대 사람들이 기록하던 중국의 관습에도 일리는 있다. 그럼에도 현재를 최대한 잘 꿰뚫어보는 방법은, 실패의 순간이 아닌 가능성의 순간을 포착하는 것이다. '바스쿠 다 가마 시대'가 눈앞에서 막을 내리고 있다. 시대를 이보다 더 적확하게 표현할 수 있을까. 결론은 사실상 1945년에 났으나 냉전 때문에 시대의 종언이 45년가량 늦춰졌다고 설명할 수도 있을 것이다. 그런 관점에서 본다면 미국의 '테러와의 전쟁'은 현재 우리가 서 있는 지점에 대한 '오판'이다. 지금 우리가 처한 역사적 상황은 바람직하다. 르네상스 이후로 전 인류적 대의를 도모할 실로 중차대한 기회가 바짝 다가왔다. 한 시대의 종말은 새 시대의 출발을 인식하는 순간, 아쉬워해도 소용없는 것이 된다.

특히 우리는, 탈서구 시대가 서구를 배제하리라는 생각을 거부해야 한다. 그런 생각은 서구식의 향수와 르상티망을 생성하고 '무력함'에 관한 허구적 피해망상을 초래할 우려가 있다(벌써 그런 조짐이 보인다). 하지만 사실은 그 반대다. 배타적 성향을 ─미국적 용어로는 '예외주의' 를 ─포기해야 하는 것은 오히려 서구 쪽이다. 서구는 다른 '문명과 충돌'하는 대신 '대화'하는 길을 택할 수 있다. 대화를 요청하는 초대장은 이미 도착했다. 이를 수락하느냐 거부하느냐는 이제 서구에게 달렸다.

아시아 역사의 한 순간을 음미해보면 혹시 도움이 될지도 모르겠다. 938년 베트남의 응오 꾸옌 장군이 남한南漢의 군대를 물리쳤다. 이로써 현 베트남에 해당하는 지역에서 1000년 동안 이어진 중국의 지배가 돌연 막을 내렸다. 베트남의 새 지도자들은 왕조를 세우고 나라의 기틀을 마련하면서 중국을 모델로 삼았다. 남의 지배를 거부한다고 해서 남이 끼친 영향, 그들이 자신의 역사 속에 남긴 자취까지 거부한다는 뜻은 아니었던 것이다. 가만히 귀 기울이면 '아시아의 시대'라는 관념 자체도 서구적인 사고방식일 뿐이라고 말하는 아시아인들의 목소리가 들릴 것이다. 우리 시대는 끝났고 이제부턴 남의 시대라고 단순히 결론짓기에는 현실은 훨씬 복잡하다.

나는 이 마지막 장에 제기되는 문제를 이리저리 바꿔 보았다. 아시아는 독창성을 회복할 수 있을까? 남이 만든 세상을 그대로 수용하는 대신 세상에 실질적인 내용을 부여할 수 있을까? 서구라는 막강한 '타자'의 존재와는 별개로 자기를 이해할 수 있을까? 그런 다음 이런 질문을 여러 곳에서 많은 사람들에게 던져보았다. 예상대로 반응도 다양했다. 중국인은 대부분 활달하게 '그렇다!'고 외쳤다. 대다수의 인도인은 그런 것은 실현될 수 없는 꿈이라며 고개를 저었다. 다른 곳에서는 신념, 세대, 역사에 따라 사람들의 반응이 다채로웠다. 일본인은 이 질문을 조용히 심사숙고하는 경향을 보였다. 하지만 이런 식의 구분은 별 도움이 안 되는 평범한 일반화에 불과하다.

그런데 고대 동서문화의 통로에 놓여 있는 인도 북서부의 상업 중심지이자 간디의 아슈람이 있던 도시 아메다바드에서 인도인 친구가 정말로 내 마음에 드는 대답을 했다. 단단한 몸집과 장난기 어린 미소를 가진 이 명민한 사상가는 앞에서도 언급했던 시브 비스바나탄이다. 어느 날 오전, 그가 일하는 연구소에서 우리의 긴 대화가 마무리되어가고 있었다. 이후에는 다른 사람들과 점심을 먹을 예정이었다. 나는 대화의 맥이 완전히 끊기기 전에 재빨리 그에게 물었다.

"시브, 내가 궁금해 하는 것을 아주 간단히 표현해 볼게요. 우리가 지금 어떤 새로운 현상을 목격하고 있나요? 아시아는 서구를 참조하지 않고도 자기를 이해할 수 있을까요?"

시브는 이 질문이 마음에 드는 듯했다. 그가 씽긋 웃더니 주저 없이 대답했다.

"아니 왜 우리가 서구를 참조하지 말아야 합니까?"

감사의 말

친구, 동료, 지인, 이외 많은 사람들이, 어떤 이는 30년 가까이, 어떤 이는 송구할 정도로 후한 마음씨로 이 책의 탄생을 도와주었다. 그들의 이름을 일일이 열거할 수는 없지만, 모두들 내가 얼마나 감사하는지 알고 있으리라 믿는다.

본서의 출간에 직접적인 도움을 준 이들이 있다. 나의 에이전트 캐롤 맨이 던진 두 가지 훌륭한 질문은 이 프로젝트의 촉진제가 됐고, 책에 포함될 내용에 관해 생각을 바꿀 계기를 마련해주었다. 판테온 출판사의 댄 프랭크는 한 세대에 한두 명 나올까 말까한 예리하고 직관력 있는, 천부적인 재능을 지닌 편집자다. 집필 초기에 그가 정중히 제안한 사항은 글의 방향을 크게 바꾸었다. 그의 편집 작업은 사려 깊고, 절대로 정도를 넘지 않으면서도 필요한 것을 늘 정확히 짚어냈다.

내 원고를 읽어준 이들은 단순히 읽는 것 이상의 역할을 해주었다. 그들은 나를 격려하고, 부추기고, 끌어주고, 당겨주었다. 코네티컷 주 스토닝턴의 새라 발리아노는 손에 필기도구 없이는 신문도 못 읽는 친구인데, 그녀의 그런 버릇이 큰 도움이 됐다. 뉴욕 주 킹스턴의 린 데니슨은 원고를 읽고, 비평하고, 내가 (꽤 자주) 필요로 하는 안식처를 제공했다. 하노이의 수잔 레트는 원고를 읽은 후 끝없는 질문으로 답했다. 그녀에게 깊은 애정과 감사의 마음을 보낸다.

몇 사람을 더 언급하고자 한다. 베이징에 있는 앤드루 브라운과 그의 가족, 캘커타의 무커지 가족, 뉴욕의 뮤리엘 데이비스는 인심이 각박한 오늘날 후한 인심으로 나를 맞았다. 특별히 실라와 찰머스 존슨 부부를 언급하며 이 글을 마치려 한다. 두 사람은 결정적인 순간에 또 한 번 우정과 보살핌, 격려를 아끼지 않았다.

도서관 세 곳이 중요한 역할을 했다. 도쿄 해외특파원클럽 도서관, 홍콩대학 도서관, 뉴욕 유니버시티클럽의 스태프들은 찾기 어려운 자료들을 어김없이 찾아주었다. 고마운 마음을 전한다.

마지막으로 인용문 번역에 관해 말한다. 2장, '서하사의 부처들' 도입부분에 삽입한 사르트르 인용문은 시중에 출판된 글에 우아함을 더할 목적으로 살짝, 엄격하게 변화를 주었다. 르낭 인용문은 내가 재량껏 번역한 것이며 원 강연의 의미에 충실하도록 노력했다.

옮긴이의 글

갓 도착한 패트릭 스미스의 신간을 받아들고 원서 표지를 살피던 나는, 이 책의 묘한 제목(*Somebody Else's Century*, 다른 누군가의 세기)이 주간지 『타임』과 『라이프』의 발행인 헨리 루스가 선언했던 "미국의 세기"와 무관하지 않다는 걸 짐작했다. 장로교 선교사의 아들로 중국에서 태어나 그곳에서 어린 시절을 보낸 루스는 1941년 『라이프』 사설에서 "구대륙의 세기"는 저물고 있으며 이제 미국은 고립에서 벗어나 착한 사마리아인으로서 전 세계에 민주주의를 선교해야 한다고 역설했다. 그리하면 20세기는 정치, 경제, 문화적으로 미국의 세기가 될 것이라고 그는 내다보았다. 이후 "미국의 세기"는 익숙한 시사용어로 자리 잡으면서 긍정, 분석, 비난, 야유의 대상이 돼왔다(예를 들어 곤조 저널리스트 겸 작가 헌터 톰슨은 자기 자서전의 제목을 『공포의 왕국: 미국의 세기 말을 사는 불운한 아이의 혐오스런 비밀』 *Kingdom Of Fear: Loathsome Secrets of a Star-*

*crossed Child in the Final Days of the American Century*이라고 붙인 바 있다).

　그런 의미에서 저널리스트로 아시아에서 오랜 세월을 보낸 미국인 패트릭 스미스가 21세기는 더 이상 '우리'(미국)의 세기가 아니라 '다른 누군가'의 세기라고 주장한다는 점은 의미심장하다. 아시아를 알았던 출판업자가 자랑스럽게 붙여놨던 '미국의 세기'라는 이름표를, 70년 후 아시아를 아는 또 다른 언론인이 거두어들이며 종언을 고한 것이다. 그러나 스미스가 자신의 주장에 근거를 확보하기 위해 중점적으로 연구한 것은 미국이 아니다. 대신 그는 자신이 여행하고 살고 경험하고 공부한 세 나라, 즉 일본, 중국, 인도의 근대화 과정과 그 결과로 생성된 현재를 되짚어보고, 이 세 나라와 아시아라는 광범위한 지역의 미래를 점치는 접근법을 취한다. 다시 말해 저자 자신이 가장 잘 알고 오래 살았던 아시아를 자신만의 독특한 시점과 서술방식으로 드러내면서, 독자로 하여금 21세기가 어떤 세상이 될지를 그려보도록 하는 것이다. 흥미롭게도 저자는 책 제목을 '아시아의 세기'라고 확실하게 붙이는 일도 의식적으로 피하고 있다. 그냥 미국도 서구도 아닌 다른 누군가가 미래의 주인공이 될 것임을 부드럽게 암시할 뿐이다. 여기에는 어떤 현상을 단정하지 않는 저자의 조심스러움과 함께, 읽는 사람에게 선입견을 불어넣거나 결론을 강요하지 않고 스스로 생각할 여지를 남겨 두려는 의도가 있으리라 짐작한다. 그리고 저자 자신도 지적했듯이 '21세기는 아시아의 전성시대'라는 식의 단순한 관점은 자칫 누가 우등하고 누가 열등하냐를 가르던 구시대의 이분법을 답습하는 일이 될 수 있다.

　2008년 국내에서 전작 『일본의 재구성』이 출간되던 당시 스미스는 한국 독자들을 위해 마련한 서문에서 근대화와 근대성은 구별된다는 인상적인 언급으로 주목을 받았다. 전자는 과학기술이나 공업화 같은 물질적인 발전을 의미하고, 후자는 개인이 자주적으로 성숙하게 사고할 수 있느냐 하는 문제와 관련된다. 저자는 그 두 가지는 서로 별개이며, 아시아의 많은 나라가 이를 혼동하여 근대성을 획득하기보다는 근대화에만 몰입하는 실수를 저질러왔다고 지적했다. 그 무렵 저자는 이번 신간을 한창 집필하던 중이었고, 근대화와 근대성의 문제는 역시나 이번 책에서 수미일관하는 주제로 전면에 부각된다. 『일본의 재구성』을 읽으며 근대화와 근대성의 차이 및 아시아에서 그것이 갖는 의미에 대한 부연설명에 목말랐던 독자들은, 이번 기회에 중국, 인도, 일본을 넘나드는 풍부한 사례들을 통해 호기심을 풀 수 있으리라 생각한다.

여담이지만 이 책을 번역하는 동안 국내에서는 4대강 공사가 이슈로 부각되면서 이를 둘러싸고 정치적·법적 공방이 심화됐다. '서구처럼 선진적인' 하천 환경을 만들겠다는 미명하에, 생태계와 경제에 미칠 영향을 충분히 고려하지 않고 급하게 강행한 정부의 생뚱맞은 대규모 토건사업은, 서구에서는 이미 폐기되고 있는 구시대의 방식으로 서구를 따라잡으려는 역설과 안이함과 지적 게으름을 드러냈다. 인간이 자연과 별개의 존재로서 자연 위에 군림하는 근대화·산업화의 판타지가 21세기 한국에서 아직도 위력을 발휘한다. 혹 저자가 본서에서 한국을 소재로 삼았더라면, 한국 독자들을 위한 서문에서 언급된 '황우석 사건'과 더불어 4대강 문제를 근대화와 근대성을 혼동한 전형적인 사례로 들지 않았을까 하는 생각을 지울 수 없다.

전작과 관련하여 한 가지 더 언급하고 싶은 것은, 『일본의 재구성』과 비교했을 때 저자의 관점에 미묘하나마 달라진 부분이 있다는 사실이다. 이번 책에서 전면적으로 채택된 탈서구적 관점의 논리적 귀결로 여겨지지만, 저자는 『일본의 재구성』에서 취했던 입장에 비해 본서에서 일본 평화헌법을 긍정적인 시각으로 바라보고 있다. 저자는 이렇게 말한다. "한편 평화헌법을 선호하는 이들은 21세기적 관점, 즉 탈서구적 관점을 취한다. 이 관점에서 보면 일본이 아시아태평양전쟁기에 저지른 실수는 스스로 근본원칙을 저버린 자기기만 행위다. 나는 오래전부터 일본이 헌법에 대해 토론하고 스스로 헌법을 다시 써야 한다고 생각해왔다. 그러나 그럴 경우에도 새 헌법은 현행 헌법 제9조의 평화주의 원리나 그와 유사한 조항을 담을 가능성이 크다." 즉 저자는 일본은 미국이 만들어 떠안긴 헌법을 뒤로 하고 자기들 손으로 헌법을 다시 쓰는 것이 바람직하다는 견해를 여전히 유지하면서도, 이전보다는 한결 직접적으로 평화헌법이라는 개념을 지지하고 있다. 개헌을 하는 경우에도 평화주의 원리가 유지됐으면 하는 소망, 그것이 유지될 만큼 일본 국민이 성숙했으리라는 믿음이 그의 글에서 감지된다. 이를 친일로 해석하는 것은 물론 오독이다. 이 믿음과 소망은 성숙해가는 아시아인들에 대한 저자의 일반적인 기대와 신뢰로 해석되어야 한다. 개인적으로는 이 같은 관점의 진화가 반갑다.

2011년 3월, 일본에서 대지진과 쓰나미에 이어 후쿠시마 원전 사고가 일어났다. 방사능 누출로 일본 전역이 공포에 휩싸인 가운데 '원전은 안전하다'는 환상이 무너지고, 시위가 드문 일본에서 일부 시민들이 거리로 나서 원전 운영 중단을 요구하기도 했다. 전 세계에서 유일하게 원자폭탄의 피해를 입은 나라가 원전을 55개나 보유한다는 사실은 자못 역설적이다. 패트릭 스미스는 1장 도입 부분에서 자신들을 패전시킨 서구를 따라잡으려는 전후 일본의 '광기' 서린 산업화를 묘사하며 기타큐슈를 예로 들고 있는데, 실은 그보다 더 적확한 예가 대지진과 함께 갑자기 우리 앞에 모습을 드러낸 것이다. 발전發展, 혹은 문자 그대로 (원전의 존재목적인) 발전發電이라는 미명하에 국민의 진지한 고민과 토론 없이 정부와 대기업의 주도로 건설되고 운영된 원전이 지금과 같은 사태를 낳은 것은, 어떤 의미에서 맹목적인 서구 따라하기, 근대성 없는 근대화의 끔찍한 귀결이다.

이제 사람들의 관심은, 일본이 과거의 정책적 오류를 극복하고 앞으로 사회적·경제적인 재기를 이뤄낼 수 있을지에 모이고 있다. 세간의 예측은 비관에서 낙관까지 다양하지만, 서구적 발전모형을 넘어설 탈서구 사회를 예견하는 패트릭 스미스의 관점을 따른다면 일본은 이번 원전 사고를 계기로 자신들을 이런 상황으로 밀어 넣은 구조적인 문제들을 성찰하고, 무비판적인 기술주의를 벗어나 인간과 자연과 기술의 유기적 관계를 다시 생각하는 탈서구 시대를 서서히 열어갈지도 모른다. 최근 친환경 도시로 재탄생한 기타큐슈를 비롯해 일본 전역에서 생각 있는 사람들을 중심으로 조금씩 싹트고 있는 변화의 움직임이, 이번 기회에 오히려 본격화될 가능성도 배제할 수 없다. 그리고 그런 방식으로 실패를 딛고 일어나는 일본의 모습을 지켜보며 한국 사회도 원전 강국이라는 위험한 꿈을 버리는 길을 택하게 될지 누가 알겠는가. 독일 시민들은 벌써 선거를 통해 원전 없는 사회를 향한 자신들의 의지를 천명했다. 서구도 지금 자신들이 아시아에 수출했던 과학 맹신의 유산을 거울처럼 바라보며 스스로를 점검하고 있는 것이다.

저자와 이메일을 교환하면서 나는 그에게 아시아의 미래를 너무 낙관적으로 보는 것은 아닌지 물었다. 그리고 그런 낙관적인 글쓰기를 통해 혹시 아시아인들을 응원하고 그들로 하여금 적극적으로 탈서구적 세상으로 향하도록 독려하고 유도하려는 것인지를 물었다. 저자는 "그렇다"

라고 답했다. 자신이 이 책을 집필한 것은 서구 독자들에게 새로운 관점을 제공하려는 의도도 물론 있지만, 그와 동시에 아시아 독자들에게 읽힐 것을 분명히 염두에 두고 작업했다고 말했다. 그리고 이런 의도는 아시아인의 가능성에 대한 자신의 전적인 믿음을 바탕으로 한다고 했다.

이번 원전 사태도 그렇고, 일본의 우경화와 군사력 증강, 인도의 살벌한 종교 갈등, 중국의 심각한 인권 침해에 대한 언론 보도를 거의 매일같이 접하는 우리의 입장에서 저자의 관점이 지나치게 낙관적인 것은 아닌지, 최근 들어 유행처럼 아시아의 부상을 논하는 수많은 외국 저술가들 틈에서 또 한 명의 서구인이 쓴, 또 한 권의 책을 우리가 거울삼아—서구인은 우리를 어떻게 보는가 하는 정도의 호기심을 가지고—들여다보고 있는 것은 아닌지 자문하는 것은 어쩌면 자연스러운 일일 것이다. 그럼에도 우리가 잊지 말아야 할 엄연한 사실은, 언론을 통해 짤막하게 드러나는 외국 정부의 실망스러운 '공식 입장' 뒤에서는 다양한 색깔을 지닌 사람들이 다양한 방식으로 사고하며 살아가고 있다는 사실이다. 즉 그들 모두가 자국 정부가 공식적으로 내세우는 입장을 지지하는 것은 아니며, 현실에 안주하는 대신 대안을 찾아 나선 건강한 시민들, 우리가 멀리서도 응원하고 연대할 수 있는 시민들이 적지 않다는 점이다.

스미스가 이 책을 통해 서구와 아시아의 독자들에게 제공하는 것도 바로 중국, 인도, 일본에 사는 이런 보통사람들의 삶 속으로 들어가 그 잠재력을 보는 여행이다. 저자가 니체에게 빌린 표현을 다시 인용하자면 "노를 저어 바다로 나가 해변을 관찰하는" 관점 바꾸기 여행이다. 여행이 끝나고 나면 해변이 어떻게 달라 보일지 아무도 모른다. 그러나 열린 마음으로 여정에 몸을 맡기고, 이 여행이 과연 우리를 물질 만능주의의 환상에서 벗어난 대안적인 시대, 어느 한 세력만이 우월하지 않은 다자가 협력하고 공존하는 시대, 아시아가 마침내 서구를 극복하되 정체성의 일부를 이루는 역사적 자취를 자의적으로 삭제하고 편집하지 않는 시대, 이제 더는 이 시대의 주인공이 아닌 서구에게도 철 지난 우월 관념을 넘어서는 태도를 기대할 수 있는 그런 탈서구 시대로 데려다 줄는지 여부를 지켜보는 일은 근대화의 생채기와 후유증으로 아픈 우리들에게 그 자체로 고무적이고 의미 있는 일이 될 것이다.

2011년 3월
노시내

참고문헌

Bharucha, Rustom. *Another Asia.* New Delhi, 2006.

Bergson, Henri. "The Perception of Change." Oxford, 1911. Reprinted in *The Creative Mind.* New York, 1946.

Chakrabarty, Dipesh. *Provincializing Europe.* Princeton, NJ, 2000.

Chatterjee, Partha. *Nationalist Thought in the Colonial World.* Minneapolis, 1986.

______________. *The Nation and Its Fragments.* Princeton, NJ, 1993.

______________. "Our Modernity." Rotterdam and Dakar, 1997.

______________. *The Politics of the Governed.* New Delhi, 2004.

Ci Jiwei. *Dialectic of the Chinese Revolution.* Stanford, CA, 1994.

______________. "The Confucian Relational Concept of the Person and Its Modern Predicament." *Kennedy Institute of Ethics Journal* 9, no. 4 (1999).

Coker, Christopher. *Twilight of the West.* Boulder, CO, 1998.

Connerton, Paul. *How Societies Remember.* Cambridge, UK, 1989.

Dallmayr, Fred R. *Twilight of Subjectivity.* Amherst, MA, 1981.

Fabian, Johannes. *Time and the Other.* New York, 1983.

Gadamer, Hans-Georg. *Truth and Method.* New York, 1992.

Gray, John. *Enlightenment's Wake.* London and New York, 1995.

Gupta, Dipankar. *Learning to Forget.* New Delhi, 2005.

Halbwachs, Maurice. *On Collective Memory.* Chicago, 1992.

Harootunian, Harry. *History's Disquiet.* New York, 2000.

______________. *Overcome by Modernity.* Princeton, NJ, 2000.

Isozaki Arata. *Japan-ness in Architecture.* Cambridge, MA, 2006.

Kamenka, Eugene, ed. *Nationalism.* Canberra, 1973.

Kant, Immanuel. *Foundations of the Metaphysics of Morals and What Is Enlightenment?* Indianapolis and New York, 1959.

Kapuściński, Ryszard. *The Other.* London, 2008.

Lange, Frederick Albert, *The History of Materialism,* London, 1925.

Levenson, Joseph R. *Confucian China and Its Modern Fate.* London, 1958; Berkeley, CA, 1964, 1965.

Mitscherlich, Alexander, and Margarete Mitscherlich. *The Inability to Mourn.* New York, 1975.

Nandy, Ashis. *The Intimate Enemy.* New Delhi, 1983.

——————. *The Illegitimacy of Nationalism.* New Delhi, 1994.

——————. *Time Warps.* New Brunswick, NJ, 2002.

Nietzsche, Friedrich. *Untimely Meditations.* Cambridge, UK, 1997.

Nishitani Keiji. *Religion and Nothingness.* Berkeley, CA, 1982.

——————. *The Self-overcoming of Nihilism.* Albany, NY, 1990.

Nora, Pierre. "Between Memory and History: Les Lieux de Mémoire." *Representations* 26 (Spring 1989).

Parkes, Graham, ed. *Nietzsche and Asian Thought.* Chicago, 1991.

Ricoeur, Paul. *Memory, History, Forgetting.* Chicago, 2004.

Sakai Naoki. "You Asians." In *"We Asians": Between Past and Future.* Singapore, 2000.

Sarkar, Sumit. *Beyond Nationalist Frames.* New Delhi, 2002.

Scheler, Max. *Ressentiment.* Milwaukee, 2007.

Schorske, Carl. E. *Thinking With History,* Princeton, NJ, 1998.

Sen, Amartya. *Development as Freedom.* New York, 1999.

——————. *Identity and Violence.* New York, 2006.

Tagore, Rabindranath. *Nationalism.* Calcutta, 1996.

Wagner, Roy. *The Invention of Culture,* Englewood Cliffs, NJ, 1975.

Watsuji Tetsuro. *Ancient Japanese Civilization.* Tokyo, 1920.

Yates, Frances A. *The Art of Memory.* Chicago, 1966.